大数据应用与创新创业

主　编　孙小华

副主编　俞华锋　张　颖

ZHEJIANG UNIVERSITY PRESS
浙江大学出版社

图书在版编目(CIP)数据

大数据应用与创新创业 / 孙小华主编. —杭州：
浙江大学出版社，2019.11（2024.9重印）
ISBN 978-7-308-19686-4

Ⅰ.①大… Ⅱ.①孙… Ⅲ.①数据处理－应用－创业
－研究 Ⅳ.①F241.4-39

中国版本图书馆 CIP 数据核字（2019）第 237408 号

内容简介

本书主要内容包括认识大数据、大数据分析的基本理论与技术、大数据分析软件的使用、大数据的典型应用、大数据在创新创业中的应用等。本书注重培养读者的大数据思维能力和数据洞察力，在介绍大数据应用技术的基础上，侧重阐述如何利用大数据知识及应用能力来提高其创新水平、创业能力。同时，教材内容中渗透了课程思政改革的内容。本书可作为高等院校大数据应用及创新创业教育通识类课程的教材，也可作为大数据应用的培训用书。

大数据应用与创新创业

主　编　孙小华

副主编　俞华锋　张　颖

责任编辑　杜希武
责任校对　陈静毅　王建英
封面设计　刘依群
出版发行　浙江大学出版社
　　　　　（杭州市天目山路 148 号　邮政编码 310007）
　　　　　（网址：http://www.zjupress.com）
排　　版　杭州好友排版工作室
印　　刷　广东虎彩云印刷有限公司绍兴分公司
开　　本　787mm×1092mm　1/16
印　　张　12.75
字　　数　318 千
版 印 次　2019 年 11 月第 1 版　2024 年 9 月第 6 次印刷
书　　号　ISBN 978-7-308-19686-4
定　　价　59.00 元

版权所有　侵权必究　印装差错　负责调换
浙江大学出版社市场运营中心联系方式：(0571) 88925591；http://zjdxcbs.tmall.com

前　　言

教育部在 2015 年 12 月印发《关于做好 2016 届全国普通高等学校毕业生就业创业工作的通知》，明确提出，从 2016 年起所有高校都要设置创新创业教育课程，对全体学生开发开设创新创业教育必修课和选修课，并纳入学分管理。随着计算机技术、移动互联网技术及人工智能的快速发展，大数据的概念应运而生，具有大数据思维能力成为创新创业人员的必备素质，因此很多高校开设了大数据应用与创新创业通识类课程。本书主要目的在于培养读者的大数据思维，让读者了解大数据对传统行业的冲击和影响。通过理论结合案例，让读者清晰认识到大数据的价值，以及企业对大数据的处理技术和处理方式，使读者具有进行大数据分析的基本能力和对数据的洞察力，从而提升其创新知识水平和创业能力。

本书共五章，内容主要包括：

第 1 章介绍大数据及其价值、大数据产生的时代背景、大数据的特征和类型等，并阐述了大数据与小数据的关系。最后，在延伸阅读部分介绍了阿里巴巴的城市大脑平台和大数据时代个人信用的重要性。

第 2 章首先介绍了大数据分析及处理流程，然后详细阐述了大数据分析的基本理论与技术，包括数据采集与存储、数据预处理、数据分析与可视化方式、方法等。

第 3 章介绍了常用大数据分析软件的使用与操作流程，包括八爪鱼数据采集软件、大数据分析软件 Hadoop 和 Weka、可视化工具 Echarts 及国云大数据魔镜平台等。

第 4 章介绍了大数据在不同行业的典型应用。首先介绍了大数据在企业的应用现状，然后详细阐述了大数据在电子商务及零售业、商业决策、金融、智能物流等行业的应用，在延伸阅读部分介绍了时尚业、车联网应用大数据的案例。

第 5 章介绍大数据如何应用到创新创业中去，阐述了大数据时代的创业机会、创业特征和创新特征，介绍了大数据带来的四个思维方式的转变及大数据技术给创新创业带来的机遇，说明了小企业如何利用大数据进行创新创业，同时指明了大数据时代创新创业的方向，并对创新创业所面临的挑战进行了阐述。

本书以理论介绍为主，配以相应的软件操作使用说明和应用案例，将大数据技术理论融入实践中，提高读者的学习热情。在介绍大数据应用技术的基础上，侧重阐述如何利用大数据知识及应用能力来提高其创新水平、创业能力。同时，本书配有大量大数据应用案例供读

1

者在线上阅读学习,并在教材内容中渗透课程思政改革的内容。

本书面向高校各专业学生,可作为大数据应用及创新创业教育通识类课程的必修课或选修课的教材,也可作为大数据应用的培训用书。

本书由浙江经济职业技术学院孙小华任主编,俞华锋和张颖任副主编。其中第1~3章由孙小华执笔,第4章由俞华锋执笔,第5章由张颖执笔。本书的编写得到了浙江经济职业技术学院"大数据应用与创新创业"课程项目及高职优势专业2017计算机网络技术专业建设项目经费资助。同时,本书的编写得到了浙江大学出版社及杜希武编辑的大力支持,在此一并表示感谢。

由于笔者能力有限,书中内容难免有错误或不妥之处,恳请各位专家和读者批评指正。

编　者

2019 年 6 月

目　　录

1 认识大数据

作　者　孙小华

主题词　大数据;物联网;云计算;人工智能;小数据

摘　要　本章介绍大数据及其价值、大数据的四个基本特征、大数据的类型等,并阐述了大数据产生的时代背景。同时,对大数据与小数据的关系进行了说明。最后,在延伸阅读部分介绍了阿里巴巴的城市大脑平台和大数据时代个人信用的重要性。

1.1　大数据及其价值

1.1.1　什么是大数据?

在日常工作、生活和学习中,我们越来越多地接触到大数据这个词。如以"大数据"为关键词在百度进行搜索,大约可以得到 1 亿条搜索记录。从城市大脑到智慧农业,从腾讯公司的 QQ 机器人 QQ 小冰到 AlphaGo 围棋机器人,从在线教育网站 Coursera 到阿里巴巴的淘宝,许多产品和服务都用到了大数据处理技术。

大数据的英文名为"big data"。早在 1980 年,未来学家阿尔文·托夫勒便在《第三次浪潮》一书中提出了大数据这个名词,并将大数据赞颂为"第三次浪潮的华彩乐章"。但真正引起人们对大数据关注是在云存储和云计算著名厂商 EMC 公司在其 EMC World 2011 技术大会上提出主题"云计算相遇大数据"之后。

大数据到底是什么呢?著名咨询机构麦肯锡公司于 2011 年 5 月发布了一份从商业及经济角度诠释大数据发展的报告《大数据:下一个创新、竞争和生产力的前沿》。该报告系统阐述了大数据的概念,详细列举了大数据的核心技术,深入分析了大数据在不同行业的应用,明确提出了政府和企业决策者应对大数据发展的策略。麦肯锡认为,"大数据"是指其大小超出了典型数据库软件的采集、储存、管理和分析等能力的数据集。该定义有两方面内涵:一是符合大数据标准的数据集大小是变化的,会随着时间推移、技术进步而增长;二是不同企业或组织符合大数据标准的数据集大小存在差别。而根据维基百科的定义,大数据指的是所涉及的资料量规模巨大到无法通过目前主流软件工具,在合理时间内达到撷取、管理、处理,并整理成为帮助企业经营决策的更有效的资讯。

虽然不同机构给出了大数据的不同表述,但这些表述的实质是类似的,即现有的一般技术无法处理的数据。

目前,大数据的一般范围是从几个 TB 到几个 PB(数千 TB)。表 1.1.1 是数据基本单位换算表,其中 bit 是二进制下最基本的存储单位。1ZB 约为 1 万亿 GB。

表 1.1.1　数据基本单位及换算表

数据基本单位	英文缩写	简称	换算关系
Byte	B	—	1B＝8bit(比特)
Kilobyte	KB	—	1KB＝1024B
Megabyte	MB	兆	1MB＝1024KB
Gigabyte	GB	吉	1GB＝1024MB
Trillionbyte	TB	太	1TB＝1024GB
Petabyte	PB	拍	1PB＝1024TB
Exabyte	EB	艾	1EB＝1024PB
Zettabyte	ZB	泽	1ZB＝1024EB

1.1.2　浩瀚的数据海洋

我们每天都在用手机进行聊天、拍照、购物、玩游戏、看电影……在不经意间产生和使用了大量的数据。

以社交网站 Facebook 为例,它的后台服务器集群处理的数据量在 2012 年就达到了每天 80 亿条信息,每天要执行 750 亿次读写操作;搜索引擎 Google 每天需支持 10 亿次搜索请求;北京国家图书馆的存书量约为 2600 万册,大约有 40TB 的数据量;而在 2013 年,百度每天处理的数据量就达上百 PB,相当于 5000 个国家图书馆的数据量。英国闭路电视摄像头无处不在,早在 2007 年英国境内就有 420 万个监控摄像头,平均每 15 个人就拥有一个,每人每天平均要"上镜"300 次,从而产生大量的监控数据。

根据国际数据公司 IDC 的研究统计,在 2010 年全球的数据规模首次达到了 ZB 级别,而在 2005 年这个数字只有 130EB,五年间增长了 10 倍。根据该公司预测,全球的数据量在 2020 年将会达到 35ZB。

人类已经悄然进入了大数据时代,如此巨大的数据海洋对数据存储架构、分析算法都提出了全新的挑战。

1.1.3　应对大数据带来的挑战与机遇

为了应对大数据革命带来的挑战和机遇,世界各国政府纷纷出台相关政策来发展大数据应用产业。2012 年,美国奥巴马政府宣布了《大数据研究和发展计划》,以推进相关研究机构进一步进行大数据方面的相关科学发展和创新研究;2014 年,美国白宫发布了其大数据研究报告《大数据——抓住机遇,坚守价值》,并颁布了《美国开放数据行动计划》,要求其政府部门公开各类政府数据,鼓励企业进行开发与创新。欧盟委员会制定了数据价值链战略计划,以实现数据的最大价值,期望通过一个以数据为核心的连贯性欧盟生态体系,让数据价值链的不同阶段产生价值。2013 年,英国商务、创新和技能部发布《英国数据能力发展战略规划》,该战略在定义数据能力以及如何提高数据能力方面,进行了系统性的研究分析,并提出了举措建议,旨在使英国成为大数据分析与应用的领跑者。2013 年,日本公布了新IT 战略《创建最尖端 IT 国家宣言》,该宣言阐述了 2013—2020 年以发展开放公共数据和大数据为核心的日本新 IT 国家战略。

在我国当今大众创业、万众创新的时代,大数据的应用显得尤为重要。2015 年,国务院发布了《促进大数据发展行动纲要》,提出要坚持创新驱动发展,加快大数据部署,深化大数据应用,使大数据发展成为稳增长、促改革、调结构、惠民生和推动政府治理能力现代化的内在需要和必然选择。为贯彻落实该《纲要》和国家大数据发展战略,国内各个省市也相继发布了其大数据发展规划、行动计划和指导意见等文件。

目前,"大数据"成为省级机构改革一大亮点,截至 2018 年年底,全国已有山东、浙江等12 个省区市设立大数据局,负责推进政府数字化转型和大数据资源管理等工作。通过组建这一机构,进一步加强互联网与政务服务的深度融合,统筹管理公共数据资源和电子政务,推进政府信息资源整合利用,打破信息孤岛、实现数据共享,进一步助推"最多跑一次"改革和政府数字化转型,加快推进数字经济的发展。

1.1.4 大数据的价值与应用

2012 年,瑞士达沃斯论坛发布《大数据,大影响》报告,称"数据已经成为一种新的经济资产类别,就像货币或黄金一样"。在 2015 年的云栖大会上,阿里云发布了全新品牌口号及品牌广告——"为了无法计算的价值",深入地阐释阿里云的品牌定位及品牌价值。阿里云认为,计算的终极意义是发挥数字的力量,去解决问题、创造价值,让数字不止于数字,赋予数字以人的喜怒哀乐。大数据的价值主要体现在以下三个方面。

(1)得大数据者得天下

"大数据资源"成为一种重要的战略资源。互联网时代,"资源"的含义正在发生极大的变化,它已不再仅仅只是指房子、汽车、石油、矿产等一些看得见、摸得着的实体,"大数据"正在演变成不可或缺的战略资源。互联网、物联网每天都在产生大量的数据,这些庞大的数据资源,为人们依据数据了解世界、了解市场、了解人们的生活提供了可能。大数据已经被视为一种资产、一种财富、一种可以被衡量和计算的价值。

(2)"大数据决策"成为一种新决策方式

大数据带来的不仅仅是一种技术变革,而且是一种思想变革,为人们的创新思维注入活力。依据大数据进行决策,从数据中获取价值,让数据主导决策,是一种前所未有的决策方式,并正在推动着人类信息管理准则的重新定位。随着大数据分析对管理决策影响力的逐渐加大,依靠直觉做决定的状况将会被彻底改变。

谷歌公司通过观察人们在网上搜索的大量记录,在 2009 年甲型 H1N1 流感病毒爆发的几周前,就判断出流感是从哪里传播出来的,从而使公共卫生机构的官员获得了极有价值的数据信息,并做出有针对性的行动决策,而这比疾控中心的判断提前了一两周[8]。

美国的 Farecast 系统的一个功能是飞机票价预测,它通过从旅游网站获得的大量数据,分析 41 天之内的 12000 个价格样本,分析所有特定航线机票的销售价格,并预测出当前机票价格在未来一段时间内的升降走势,从而帮助乘客选择最佳的购票时机,降低可观的购票成本[16]。

（3）大数据引领技术革命的浪潮

大数据在精准营销、个性化教育、舆情监测预警、传染病预警、精准医疗、智慧交通（包括无人驾驶）、智慧物流、智慧金融等方面都有很广阔的应用前景，在全球范围内引领着新一轮技术革命的浪潮[16-17]。

从来没有哪一次技术变革能像大数据革命一样，在短短的数年之内，从少数科学家的主张，转变为全球领军公司的战略实践，继而上升为大国的竞争战略，形成一股无法忽视、无法回避的历史潮流。

在政府部门，2016年上半年，重庆市工商局通过建立大数据监测中心、数据模型等，对2500万条全市小微企业大数据进行挖掘与分析，动态监测小微企业存活率、成长率、活跃度、生存周期等，精准实施分类扶持监管政策，成功助力1.32万户享受创业补助的微型企业成长壮大为中小企业。

在客户流失分析方面，美国运通公司以前只能实现事后诸葛亮式的报告和滞后的预测，传统的商业智能系统已经无法满足其业务发展的需要。于是，运通公司开始构建真正能够预测客户忠诚度的模型，基于历史交易数据，用115个变量来进行分析预测。该公司表示，对于澳大利亚将于之后4个月中流失的客户，已经能够识别出其中的24%。这样的客户流失分析可以用于挽留客户[16]。

在旅游业方面，旅行社可以根据大数据分析结果为消费者定制相应的独特的个性房间，提供其可能会喜好的本地特色产品、活动、小而美的小众景点等，并由此来挽留游客，刺激游客的消费。

在市场物价预测方面，CPI能表征已经发生的物价浮动情况，但统计局的数据有一定的滞后。大数据则可能帮助人们了解未来物价走向，提前预知通货膨胀或经济危机。这方面最典型的案例莫过于马云通过阿里B2B（企业对企业）大数据提前知晓亚洲金融危机，这其中最主要的是阿里大数据分析团队的功劳。

同时，单个商品的价格预测更加容易，尤其是机票这样的标准化产品。"去哪儿"提供的"机票日历"就是价格预测，告知客户几个月后机票的大概价位。商品的生产、渠道成本和大概毛利在充分竞争的市场中是相对稳定的，与价格相关的变量相对固定，商品的供需关系在电子商务平台可实时监控，因此价格可以预测，基于预测结果可提供购买时间建议，或者指导商家进行动态价格调整和营销活动以实现利益最大化。

在用户行为预测方面，受益于传感器和物联网技术的发展，摄像头影像监控、室内定位技术、NFC传感器网络、排队叫号系统等可以探知用户线下的移动、停留、出行规律等数据，这些都有利于商家进行精准营销或者产品定制[17]。基于用户搜索行为、浏览行为、评论历史和个人资料等数据，互联网业务可以洞察消费者的整体需求，进而进行针对性的产品生产、改进和营销。《纸牌屋》选择演员和剧情、百度基于用户喜好进行精准广告营销、阿里根据天猫用户特征包下生产线定制产品、亚马逊预测用户点击行为提前发货均是受益于基于大数据分析的互联网用户行为预测。

在人体健康预测方面，中医可以通过望闻问切手段发现一些人体内隐藏的慢性病，甚至看体质便可知晓一个人将来可能会出现什么症状。人体体征变化有一定规律，而慢性病发生前人体会有一些持续性异常。理论上来说，如果通过大数据分析掌握了这样的异常情况，便可以进行慢性病预测。

智能硬件的发展使得慢性病的大数据预测变为可能。可穿戴设备和智能健康设备帮助网络收集人体健康数据,如心率、体重、血压、血脂、血糖、运动量、睡眠量等数据。如果这些数据足够精准且全面,并且有可以形成算法的慢性病预测模式,或许未来用户的这些设备会提醒用户的身体罹患某种慢性病的风险。众筹网站 KickStarter 上的便携而且可以和手机进行连接、能记录数据的尖峰吐气流量计 My Spiroo 便可收集哮喘病人的吐气数据来指导医生诊断其未来的病情趋势。由于 My Spiroo 的联网特点,My Spiroo 通过搜集设备上的数据,实现这种数据的可视化,掌握全球哮喘患者的总体情况,以向那些对某种花粉或污染水平有反应的患者发送警告信息,帮助用户管理他们的吸入器[17]。

1.2 大数据产生的时代背景

大数据技术及应用的发展与物联网、云计算以及互联网,特别是移动互联网的发展密不可分。互联网、移动设备、物联网和云计算等快速崛起,全球数据量大大提升。可以说,移动互联网、物联网以及云计算等崛起在很大程度上是大数据产生的原因。同时,大数据的发展推动了人工智能与机器学习技术的进步和推广应用。

1.2.1 移动互联网与大数据

随着智能手机的应用,中国的移动互联网已经步入大数据时代。社交网络逐渐成熟、移动带宽迅速提升,更多的移动终端、传感设备接入网络,由此产生的数据及其增长速度是前所未有的。随着移动支付、移动搜索、移动社交、移动阅读、移动购物、移动音乐视频下载等新型应用、业务的不断涌现,其产生的海量数据所带来的价值难以估量,移动互联网大数据对这些新兴产业和业务模式也产生了强有力的推动作用。

移动互联网大数据分析是针对移动互联网中的海量数据进行分析研究,以揭示其内部隐藏的模式和数据间的相关性。通过获得的有用信息帮助企业和机构,使其对客户的需求和体验、业务的发展具有更丰富、更深刻的理解,帮助其在竞争中取得优势。

大数据与移动互联网的发展相辅相成。一方面,移动互联网的发展为大数据的发展提供了更多数据、信息与资源;另一方面,移动大数据的发展为互联网的发展提供了更多支撑、服务与应用。

1.2.2 物联网与大数据

物联网的概念最早于 1999 年被提出,其最初是指物物相连的互联网形式,而在后期的不断总结与发展中,将其分为两层不同的含义[19]:(1)物联网主要是指在互联网的基础上,实现对互联网的延伸以及拓展;(2)物联网主要是将用户端延伸到了物品与物品之间,从而实现信息的传递、交换和通信。

目前,人们所接触到的物联网主要包括感知层、应用层以及网络层。感知层是物联网中产生数据的主要层次,应用层则主要负责对感知层内的基础信息数据进行处理和分析,网络层则是对所分析出的数据和内容进行储存和传递。综合来看,物联网主要是利用传感器、二维码等相关技术,实现对产品以及用户信息的获取,在对所获取信息进行全面感知的基础上,利用互联网以及通信网对信息进行传递并储存。

详细地说,物联网是指通过各种信息传感设备,如传感器、射频识别技术、全球定位系统、红外感应器、激光扫描器、气体感应器等各种装置与技术,实时采集任何需要监控、连接、互动的物体或过程,采集其声、光、热、电、力学、化学、生物、位置等各种需要的信息,与互联网结合形成的一个巨大网络,其目的是实现物与物、物与人,所有的物品与网络的连接,方便识别、管理和控制。

物联网可以分为传统物联网和工业物联网两大类[6]。传统物联网主要针对消费者以及智慧城市等,通过增加众多分布广泛的传感器采集和传输实时数据,构建具有实时监控、展示、告警和历史数据查询能力的系统;而工业物联网,则主要指的是通过采集现有工业设备的控制系统数据,在监控告警的基础上,通过深入的数据分析,找到提高设备可靠性、降低异常、提高生产和运营效率的途径。

物联网应用相当广泛,相关数据预测显示:作为物联网一个重要组成部分的射频识别(RFID)标签将从 2011 年的不到 30 亿个发展到 2021 年的 2090 亿个。

在生活领域,利用手机一卡通,用户可以用手机刷卡消费,如在公交车上用手机刷卡、坐地铁用手机刷卡、食堂吃饭用手机刷卡等,另外还有门禁、考勤等功能,如去图书馆凭手机刷卡进入。

在物流领域,在运输车上安装监控视频、GPS,随时了解车的状况,在海关或物流集散中心,安装视频和货物感应探头,随时监控每一批货物的位置与去向。

在家用领域,智能牙刷通过蓝牙与智能手机连接,可以实现刷牙时间、位置提醒,也可根据用户刷牙的数据生成分析图表,估算出口腔健康情况。智能灯泡可以通过手机应用实现开关灯、调节颜色和亮度等操作,甚至还可以实现灯光随音乐节奏闪动的效果,把房间变成炫酷的舞池。

物联网的目标是把所有的物体都连接到互联网,并把物体虚拟化,大量的数据上传之后自然就是大数据了。图 1.2.1 表示的是物联网与大数据的关系,从图中可以看出,物联网与大数据之间有着密不可分的关联性,具体表现如下[6]。

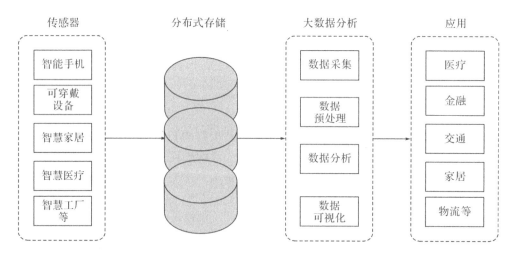

图 1.2.1　物联网与大数据的关系

(1)物联网给大数据提供分析原料。如今大多数数据不是直接通过人类收集,而是通过传感器进行采集。物联网产生的大数据受到信息技术行业的重点关注,从微软公司到谷歌公司,都在全世界范围内部署了数据中心用于采集移动通信终端、汽车、智能水电表等多种终端的数据。若将整个数据网络看作一个个体的人,有了大数据的神经中枢系统远远不够,我们还需要物联网作为皮肤、眼睛等身体上的一切感官作为获取信息的工具。大数据的广而泛的数据就来源于物联网传感器捕捉到的数据。

物联网所产生的大数据因为其特质,与一般的大数据有着不同点:首先,物联网大数据存在着独特的数据类型与结构,由于是通过传感器采集数据,这其中有可以直接处理的结构化数据,还有很多难以直接处理的非结构化的数据,以及暂时无法被及时处理的数据,如果这些数据的价值无法在第一时间被分析利用,就会被抛弃为休眠数据。其次,物联网大数据有着更加明显的时效性和未来预测性。由于传感器会源源不断提供数据,这些数据会以流数据的方式不断流通。有了物联网传感器的迅速采集和大数据的迅速分析储存,人们对数据能有更好的感知能力。

(2)大数据给物联网带来有效分析。作为储存、分析、应用效率更高的大数据,其价值体现在以下方面:首先,大数据可以对消费产品进行及时分析从而改进营销方式,进行更加精细化的营销。其次,大数据的分析也可以解决、分析故障根源,节省更多成本。大数据的充分利用,可以将分析结果更好地重新应用于采集端,重新更好地优化物联网关联的数据采集部分。通过大数据技术对数据进行更有针对性的分析规划,有利于研究物联网中的价值再创造。

1.2.3 云计算与大数据

根据美国国家标准与技术研究院的定义,云计算是一种按使用量付费的模式,这种模式提供可用的、便捷的、按需的网络访问,进入可配置的计算资源共享池(资源可以包括网络、服务器、存储、应用软件、服务等等),这些资源能够被快速提供,只须投入很少的管理工作,或与服务供应商进行很少的交互。就像购买水电一样,通过花费少量的费用按需要购买云计算平台的存储、计算等资源,一般的企业和个人就不需要自己去建立数据中心或者购买服务器,从而节省设备投入和运营维护成本。

云计算采用计算机集群构成数据中心,并以服务的形式交付给用户,使得用户可以像使用水、电一样按需购买云计算资源。从这个角度看,云计算与网格计算的目标非常相似。但是云计算和网格计算等传统的分布式计算也有着较明显的区别:首先,云计算是弹性的,即云计算能根据工作负载大小动态分配资源,而部署于云计算平台上的应用需要适应资源的变化,并能根据变化做出响应。其次,相对于强调异构资源共享的网格计算,云计算更强调大规模资源池的分享,通过分享提高资源复用率,并利用规模经济降低运行成本;最后,云计算需要考虑经济成本,因此硬件设备、软件平台的设计不再一味追求高性能,而要综合考虑成本、可用性、可靠性等因素。

基于上述比较并结合云计算的应用背景,云计算的特点可归纳如下:

(1)弹性服务。云服务的规模可快速伸缩,以自动适应业务负载的动态变化,满足应用和用户规模增长的需要。用户使用的资源同业务的需求相一致,避免了因为服务器性能过载或冗余而导致的服务质量下降或资源浪费。

（2）资源池化。资源以共享资源池的方式统一管理。利用虚拟化技术，将资源分享给不同用户，资源的放置、管理与分配策略对用户是透明的。

（3）按需服务。以服务的形式为用户提供应用程序、数据存储、基础设施等资源，并可以根据用户需求，自动分配资源，而不需要系统管理员干预。

（4）服务可计费。云服务是一个庞大的资源池，可以按需像自来水、电、煤气一样进行购买，云平台监控用户的资源使用量，并根据资源的使用情况对服务计费。

（5）虚拟化。用户可以利用各种终端设备（如 PC 电脑、笔记本电脑、智能手机等）随时随地通过互联网获取应用服务。所请求的资源来自"云"，而不是固定有形的实体。应用在"云"中某处运行，但实际上用户无须了解，也不用担心应用运行的具体位置。用户只需要一台笔记本电脑或者一个手机，就可以通过网络服务来获取需要的一切，甚至包括超级计算这样的任务。

（6）极其廉价。由于"云"的特殊容错措施可以采用极其廉价的节点来构成云，"云"的自动化集中式管理使大量企业无须负担日益高昂的数据中心管理成本，"云"的通用性使资源的利用率较之传统系统大幅提升，因此用户可以充分享受"云"的低成本优势。

正是因为云计算具有上述这些特性，使得用户能够通过云计算存储个人电子邮件、存储相片、从云计算服务提供商处购买音乐、储存配置文件和信息、与社交网站互动、通过云计算查找驾驶及步行路线、开发网站，以及与云计算中其他用户互动，使用户处理生活、工作等事务更加便捷快速。这也是云计算能在短时间内迅速地传播并流行发展起来的重要原因。

云计算的使用与一般计算机的使用类似，通过输入接口输入数据，然后通过云计算设备对数据进行分析处理，最后将处理结果通过输出接口呈现给用户。

由于云计算平台可以将计算机以扩展方式进行群组部署，因此可以提供很强的存储、计算能力。因此，"云"可以具有相当的规模，能赋予用户前所未有的计算能力。如 Google 云计算已经拥有 100 多万台服务器，Amazon、IBM、微软、Yahoo 等的"云"均拥有几十万台服务器。企业私有云一般拥有数百上千台服务器。

亚马逊公司旗下云计算服务平台 AWS 为全世界各个国家和地区的客户提供一整套基础设施和云解决方案。AWS 面向用户提供包括弹性计算、存储、数据库、物联网在内的一整套云计算服务，能够帮助企业降低设备投入成本和维护成本。

近年来，阿里云、百度云和腾讯云发展迅速，占领了国内大部分云计算市场份额。如阿里云为 12306 火车票订购网站提供了技术协助，负责承接 12306 网站 75％的余票查询流量；杭州市城市大脑的内核采用阿里云 ET 人工智能技术，可以对整个城市进行全局实时分析，自动调配公共资源，修正城市运行中的缺陷，最终将进化成为能够治理城市的超级人工智能平台。百度公司依托于自行研发的智能大数据平台——天算，为用户提供完备的大数据托管服务、智能应用程序接口 API 以及众多业务场景模板，帮助用户实现智能业务，引领未来。

云计算与大数据的发展是密不可分的，云计算的发展产生了大量的数据，大数据的产生离不开云计算的普及，没有云计算的处理能力，就无法获取大数据蕴含的信息。由于计算能力的不断增强，人们开始关注海量数据中可能隐含的信息及信息价值，没有大数据的发展，云计算的处理能力就无用武之地。

1.2.4　人工智能、机器学习与大数据

人工智能是研究和开发用于模拟、延伸和扩展人的智能的理论、方法、技术及其应用系统的一门学科。它是计算机科学的一个分支。20世纪50年代，一些计算机科学的先驱就在思考是否可以让计算机拥有人一样的智能，人工智能的概念就此提出，但直到近年人工智能才真正成为科学研究的热门方向。

机器学习是一门研究机器（指计算机）获取新知识和新技能，并识别现有知识的学问。人工智能是一个包括机器学习和深度学习的广义领域，它还包括其他不涉及学习的领域（如图1.2.2所示）。人工智能让计算机系统通过机器学习等方式，来获得可以履行原本只有依靠我们人类的智慧才能胜任的复杂指令任务的才能。人工智能是一种计算形式，它允许机器执行认知功能，例如对输入起作用或做出反应，类似于人类的做法。传统的计算应用程序也会对数据做出反应，但反应和响应都必须采用人工编码。如果出现任何类型的差错，就像意外的结果一样，应用程序无法做出反应。而人工智能系统不断改变它们的行为，以适应结果的变化并修改它们的反应。

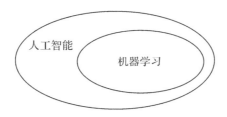

图1.2.2　人工智能与机器学习的关系

与传统编程方法根据输入的规则和数据来得到运行的结果不同，机器学习不是通过手动编码具有特定指令的软件代码来完成特定任务，而是采用输入数据和结果来训练模型达到学习目的，训练时需要向算法提供大量数据并允许算法自我调整和改进，以输出恰当的规则（如图1.2.3所示）。

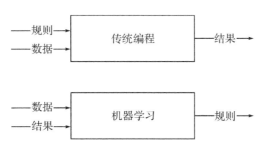

图1.2.3　机器学习与传统编程方法的区别

人类已进入大数据时代，产生数据的能力空前高涨，如互联网、移动互联网、成千上万的传感器、穿戴设备、GPS等等，存储数据、处理数据等能力也呈现几何级数的提升，Hadoop、Spark等技术为大数据存储、大数据处理提供有效方法。

大数据是人工智能的基础，而使大数据转变为知识或生产力，离不开机器学习，可以说

机器学习是人工智能的核心,是使机器具有类似人的智能的根本途径。人工智能其实就是用大量的数据作为导向,让需要机器来做判别的问题最终转化为数据问题,是人工智能的本质。人工智能应用的数据越多,其获得的结果就越准确。在过去,人工智能由于处理器速度慢、数据量小而不能很好地工作。以前也没有像当今这样先进的传感器,并且当时互联网还没有广泛使用,所以很难提供实时数据。如今,人们拥有快速的处理器、输入设备、网络和大量的数据集,人工智能技术自然会蓬勃发展起来。可以说,没有大数据就没有人工智能。

机器学习的任务,就是要在大数据量的基础上,发掘其中蕴含并且有用的信息。处理的数据越多,机器学习就越能体现出优势。以前很多用机器学习解决不了或处理不好的问题,如今通过提供大数据可以得到很好的解决或性能得到大幅提升,如语言识别、图像识别、天气预测等。机器学习方法已经为我们带来了无人驾驶汽车、实用的语音识别、有效的网络搜索等新系统和功能。

1.3 大数据的特征和类型

1.3.1 大数据的基本特征

不同机构虽然对大数据给出了不同的表述,但基本涉及四个基本特征[20]:数量大(volume)、多样化(variety)、快速化(velocity)和价值化(value)化,简称4V(如图1.3.1所示)。

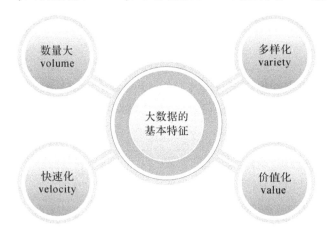

图 1.3.1　大数据的基本特征

(1)数量大

数量大指的是数据量用现有常规的技术无法进行管理。随着互联网、物联网和云计算的发展,特别是移动互联网的迅猛发展,人们的生产、生活很大一部分通过网络来进行,企业的业务数据、各种设备产生的传感数据、人的社会行为数据等呈现爆炸性增长,近几年生成的数据比之前人类文明史上 4000 多年积累的数据还要多。短信、微博、照片、录像都是数据产品。数据来自无数传感器,如生产监测、环境监测、交通监测、安防监测等;来自流程记录,如刷卡机、收款机、ETC 电子不停车收费系统,互联网点击、电话拨号等设施以及各种业务流程登记等。截至目前,人类生产的所有印刷材料的数据量是 200PB,历史上全人类说过的所有的话的数据量大约是 5EB,而一些大企业的数据量已经接近 EB 量级。一部家用轿车上有几十到几百个传感器,每个小时产生的数据可达几十 GB。而谷歌的无人驾驶汽车产生的数据更多,无人驾驶汽车每秒可以生成约 1GB 数据,每辆无人驾驶车辆每年产生的数据量将达到约 2PB。车辆利用这些数据确定行驶方向和速度,甚至能根据探测到的路上新出现的烟头,判断可能会有人突然现身。

(2)多样化

大数据的来源多,种类多。随着互联网和物联网的发展,各种设备、终端产生了很多类型的数据,如文本数据、图像、音频、视频、传感器数据、位置信息等。同时,为了使计算机能够理解人的意图,人类就必须要将需解决的问题的思路、方法和手段通过计算机能够理解的形式告诉计算机,使得计算机能够根据人的指令一步一步工作,完成某种特定的任务。

苹果公司 iPhone 手机上语音控制功能 Siri 就是多样化数据处理的代表。用户可以通过语音、文字输入等方式与 Siri 对话交流,并调用手机自带的各项应用,读短信、询问天气、设置闹钟、安排日程,乃至搜寻餐厅、电影院等生活信息,收看相关评论,甚至直接订位、订票,Siri 则会依据用户默认的家庭地址或是所在位置判断、过滤搜寻的结果。

为了让 Siri 足够聪明,苹果公司引入了谷歌、维基百科等外部数据源,在语音识别和语音合成方面,未来版本的 Siri 或许可以让用户听懂中国各地的方言,比如四川话、湖南话和上海话。

很多商场、超市安装了视频监控人数统计系统,利用摄像头采集的视频信息进行算法分析识别人脸或人头等典型的人的特征来对人数进行统计,还可按性别、年龄、提袋与否做基础分析,远程实时查看多店客流等。

数据的多样性又表现在数据来源和用途上。数据来源的多样性表现在数据获取方式的多元化,目前数据采集方法包括搜索引擎法、中间件法、基于 ETL 引擎法以及数据流引擎法。对于一些大数据公司,其获取数据方式包括广告联盟的竞价交易平台、用户 Cookie 数据、APP 联盟以及与拥有稳定数据源的公司进行战略合作。大数据的应用也呈现出多元化,其中最常见的就是购物信息提示,网商通过对客户前期的搜索信息进行整理,以一定的算法得出客户最有意向的产品,并将此产品推荐给客户;其次,大数据在社交网络中有着越来越多的应用,如 QQ、微信等社交 APP,通过后台数据整合匹配,不定时地向用户推荐自己可能认识的朋友,扩大用户的朋友圈。

(3)快速化

这是大数据区分于传统数据挖掘的最显著特征。根据 IDC 的"数字宇宙"的报告,预计到 2020 年,全球数据使用量将达到 35.2ZB。在如此海量的数据面前,处理数据的效率就是企业的生命。

快速流动的数据使得人们的生活变得多姿多彩,这就使得数据具有一定的时效性,数据的价值也就随着时间的推移而迅速降低,如果数据尚未得到有效的处理,就失去了价值,大量的数据就没有意义。批量化的处理方式是目前大数据常用的处理方法,该方法适用于数据处理频率较低的场合,对于数据处理频率达到分钟级或者秒级的场合,如股票、实时路况等场合,其对数据处理速度要求极高,要做到实时性。传统处理方法是对数据进行筛选并简化模型从而得出大致的结论,而随着云计算技术的不断发展,其为大数据提供了一个数据处理平台,较大的存储空间、丰富的计算资源以及分布式计算方法有效提高了大数据运算处理速度,从而为大数据高速处理提供了有效的支撑,使其运算处理水平显著提升。以电商平台为例,每一分钟就能发生数以万计的交易信息,这些交易信息为企业的营销决策提供了科学、可靠的依据,必须快速、即时地处理、应用,这就需要企业在大数据应用中必须有极强的速度观念,处理数据信息要科学、高速。此外,大数据应用中各种数据的交互、流转速度也要求非常快。

(4)价值化

价值密度低,商业价值高。在数据量不断增大的同时,有效的信息却十分有限,数据的单位价值不断降低,因此价值密度低,但数据总的价值在增加。

在大数据出现之前,传统的结构化数据通过对事物进行一定的抽象处理而得出其关键的数据信息,而大数据分析则对事物所有细节所包含的数据进行处理,通过对原始数据处理,即对全体数据处理,可以有效地减少采样和抽象,能够呈现所有数据和全部细节信息,可以分析更多的信息,但也引入了大量没有意义的信息,甚至是错误的信息,因此相对于特定的应用,大数据关注的非结构化数据的价值密度偏低。但价值性高低是相对的,从整体上来说,其价值是增加的。

价值密度的高低一般与数据总量的大小成反比。以视频为例,一部1小时的视频,在连续不间断的监控中,有用数据可能仅有一两秒。如何通过强大的数据分析算法迅速地完成数据的价值"提纯"成为目前大数据背景下亟待解决的难题。

不同行业的大数据除了以上四个基本特征之外,可能还有行业数据特有的特性,如物流行业中的大数据。不同于其他行业中的大数据,物流涉及运输、仓储、配送等多个环节,其空间大数据带有很强的行业属性和特色。具体说来,物流大数据除了数量大、多样性等特征之外,还具有稀疏性、复杂性等特点[18]。

(1)数量大

物流车辆作为物流行业的业务承载主体,其数量巨大,分布广泛,在运输、配送等环节发挥着至关重要的作用。在货物的运输和配送过程中,物流车辆一般以10～30s的间隔向数据中心发送当前位置信息,这些移动在全国各地路网中的物流车辆每天生成的定位数据都达到了GB甚至TB规模,并且还在不断增长中。这既是发展大数据分析的驱动力,同时也是大数据分析面临的难题。

(2)多样性

在海量的物流运输轨迹数据背后隐藏着全国实时路况信息、物流运输状态信息和我国不同区域经济发展水平以及供需关系的变化,并且物流运输承载的货物种类十分丰富,每种货物具有多种附加属性信息。这些数据一起构建了多级别、多层次、多维度的物流大数据,对于道路基础建设、交通路径规划、物流车辆调度、经济指标预测等方面有着积极意义。

(3)稀疏性

物流大数据的稀疏性主要体现在两个方面:一方面,在物流运输过程中,虽然轨迹数据规模庞大,但由于地理因素、天气因素、设备故障等原因,并不能保证每一个路段都有完整的定位信息,甚至有些是错误的定位数据;另一方面,由于用户分布不均匀,容易出现大城市数据量大,小城市数据量少,住宅区、商业区数据量大,工业区数据量小。这些都造成了物流数据在质量和分布上存在一定的稀疏性。

（4）复杂性

物流车辆在实际行驶过程中受各方面主客观因素影响，每个司机都有自己的驾驶习惯，即使同一个司机在驾驶过程中也会针对不同客观条件改变自己的驾驶行为，这些人为的改变无疑增加了轨迹数据分析的复杂性。此外，物流数据受到包括经济发展、需求变化等各种因素的影响，其流向具有一定的不确定性，也使得物流空间大数据更为复杂。这些都使得物流大数据难以简单地通过某个模型或者理论来进行评估和预测。

1.3.2　大数据的类型

大数据的来源主要有政府部门数据、企业内部数据、电信运营商数据等。这些数据可以分为：用户行为数据，如用户的搜索引擎搜索记录、广告的浏览记录、购买物品的喜好、支付信息等；传感器数据，如手机传感器、机器设备传感器产生的数据；社交行为数据，如用户的好友信息、社交网络使用记录、出行信息等。这些数据按照其存在格式可以分为结构化、非结构化两大类。

结构化数据也称作行数据，是由二维表结构来逻辑表达和实现的数据，严格地遵循数据格式与长度规范，主要通过关系型数据库进行存储和管理，如客户数据、交易数据、财务数据、网站访问记录等。与结构化数据相对的是不适于由数据库二维表来表现的非结构化数据，包括所有格式的办公文档、XML、HTML、各类报表、图片和音频、视频信息等。

结构化数据的优点是易于输入、存储，分析与挖掘，数据方式简单，但结构化数据中在可用数据中只占很小一部分。常见的结构化数据主要是数据库。

数据库是按照数据结构来组织、存储和管理数据的仓库，数据管理不再仅仅是存储和管理数据。数据库有很多种类型，从最简单的存储有各种数据的表格到能够进行海量数据存储的大型数据库系统都在各个方面得到了广泛的应用。

常见的关系型数据库有 MySQL、SQL Server、Oracle、Sybase、DB2 等。关系型数据库是目前最受欢迎的数据库管理系统，技术比较成熟。

（1）MySQL

MySQL 是目前最受欢迎的开源 SQL 数据库管理系统广泛地应用在 Internet 上的中小型网站中。MySQL 是一个小型关系型数据库管理系统，开发者为瑞典 MySQL AB 公司，在 2008 年 1 月 16 日被 Sun 公司收购。与其他的大型数据库 Oracle、DB2、SQL Server 等相比，MySQL 虽然有它的不足之处，但由于其体积小、速度快、总体拥有成本低，尤其是开放源码这一特点，许多中小型网站为了降低网站总体拥有成本而选择了 MySQL 作为网站数据库。

（2）SQL Server

SQL Server 是由微软公司开发的关系型数据库管理系统，一般用于 Web 上存储数据。SQL Server 提供了众多功能，如对 XML（可扩展标记语言）和 Internet 标准的丰富支持，通过 Web 对数据轻松安全地访问，具有灵活的、安全的和基于 Web 的应用程序管理，及容易操作的操作界面，受到广大用户的喜爱。

（3）Oracle

Oracle 公司是最早开发关系数据库的厂商之一，在数据库领域一直处于领先地位，由于有先进技术的不断更新，目前 Oracle 产品覆盖甚广，成为世界上使用最广泛的关系型数据系统之一。

相对于以往便于存储的结构化数据,非结构化数据越来越多,包括网络日志、音频、视频、图片、地理位置信息等,这么多类型的数据对数据的处理能力提出了更高的要求。在数据分析行业,大致的统计是,世界上约 80％ 的数据都是非结构化数据。根据中国信息通信研究院发布的《中国大数据发展调查报告(2018 年)》,2017 年,87.6％ 的企业非结构化数据已超过一半比例。其中,非结构化数据比例超过 90％ 的企业占比为 16.2％,与 2016 年相比上升1.5％;非结构化数据占数据总量 70％～90％ 的企业占比 55.8％,比 2016 年上升了 4.4％;非结构化数据比例在 50％～70％ 的企业占比为 15.6％。此外,还有 4.3％ 的企业非结构化数据比例在 30％ 以下。

非结构化数据是数据结构不规则或不完整,没有预定义的数据模型,不方便用数据库二维逻辑表来表现的数据。非结构化数据无法用传统格式或者数据库轻松存储与索引,通常偏重于文本。常见的非结构化数据有文本、Microsoft Excel 工作表、日志文件、音频、视频等。

(1)文本文件

文本文件是指以 ASCII 码方式存储的文件。文本文件中除了存储文件有效字符信息(包括能用 ASCII 码字符表示的回车、换行等信息)外,不能存储其他任何信息。由于结构简单,文本文件被广泛用于记录信息。它能够避免其他文件格式遇到的一些问题。此外,当文本文件中的部分信息出现错误时,往往能够比较容易地从错误中恢复出来,并继续处理其余的内容。

(2)Microsoft Excel 工作表

Excel 工作表是一种非常常用的电子表格格式。Excel 文件可以使用 Microsoft Excel 打开。使用 Microsoft Excel 可以将 XLS 或 XLSX 格式的表格转换为多种格式:XML 表格、XML 数据、网页、使用制表符分割的文本文件(∗.txt)、使用逗号分隔的文本文件(∗.csv)等。

(3)log 日志

log 日志通常是系统或者某些软件对已完成的某种处理的记录,以便将来作为系统维护或数据分析的参考,它并没有固定的格式,一般是文本文件,可以用记事本打开以查看内容,也可能是其他格式,直接打开就是乱码。大部分的 log 可以从文件名看出它的作用,比如 uninstall.log 或是 error.log,前者通常是软件安装过程中生成的记录,以便将来卸载时可以提供给卸载程序使用,后者通常是用来记录一些软件运行中的错误信息等。

1.4　大数据与小数据

1.4.1　什么是小数据

在大数据兴起之前,数据几乎没有"大数据"和"小数据"之分。在大数据应用发展得如火如荼的时候,人们也开始关注"小数据",并且发现小数据价值不菲,毫不逊色于大数据。

关于什么是小数据,目前国内外都还没有形成统一的定义。就现有文献来看[13-15],对小数据的理解主要有以下两种观点:一种观点认为小数据就是样本数据。有人认为,小数据是解决特定问题、通过传统抽样调查方式获得的数据,即小数据是基于抽样调查技术而建立的数据收集、存储、传输、处理的安全系统,认为抽样调查是"小数据"的本质特征;有人认为,小数据来源于实验室,来自于被测试者(样本)的调查;有人认为,数据体量小且通过传统抽样方式采集的数据就是小数据。

另一种观点则认为,个体信息才是小数据,以人为本是小数据的核心。小数据是单个"人"的某种行为的全部数据,即个体数据集。例如,美国康奈尔大学的德波哈尔·艾斯汀教授记录了其父亲去世之前几个月的行为数据——发邮件、去超市、菜市场买菜等数据,发现其频率逐步下降。这些个人社会行为数据都暗示着德波哈尔·艾斯汀的父亲生命特征正在逐渐衰落。然而医院的体检报告并未显示出这一讯息。正因为如此,德波哈尔·艾斯汀意识到"小数据"的重要性,也是世界上第一个认识到"小数据"价值的人。总之,这种观点认为"小数据"就是围绕个人中心全方位的数据,特别是围绕个人而采集的相关兴趣爱好、思想行为等数字特征化的数据。总的来说,小数据的基本内涵及其与大数据的关系,可以概括为如下五个方面。

(1)小数据应该与数据容量无关。我们不应该说20KB的数据才是小数据,而20MB的则不是小数据。

(2)小数据自身应该包含特定意义。与大数据中的那些不能反映趋势性价值判断的零星数据不同,小数据应该是那些自身包含特定意义的数据,特别是能够反映大数据的某种基本属性。

(3)小数据应该是一种结构化数据。从前面两条原则可以确定,小数据应该就是一种结构化数据,小数据的最大价值应该是既能够界定其他结构化数据的属性及结构,同时也能够被用于界定部分非结构化的数据。

(4)小数据应该是对于大数据(无论是结构化的还是非结构化的)的数据之间关系的宏观描述。"以小博大"(或者说"统筹大数据")应该是小数据相对于大数据的价值所在。这包含两个方面的内容:一是对于大数据的基本属性的描述,具体又包括两个方面,一方面是对于特定业务类型大数据的属性的描述;另一方面是对于大数据中的主体行为特征的描述。二是对于大数据中所包含的主体、客体的基本特征的管理数据。

(5)小数据与大数据形影相随。与大数据相比,小数据的4V(volume、velocity、variety、value)发生了不少变化:小数据的数据容量(volume)肯定无法和大数据相比;数据类型(variety)以结构化数据为主;与大数据的时刻变化(velocity)相比,小数据的属性相对稳定;就等容量的数据而言,小数据的价值(value)要比大数据的大得多且明确得多。

另外,大数据与小数据之间并不存在一一对应关系。网络大数据等通常只由个人某些方面的数据所组成而不是全部小数据,因而不利于进行深入的相关分析,更难以进行因果分析。虽然有些网络平台要求个人访问时必须填写相关资料,但很难去核实这些个人资料(数据)的真实性,使得大数据分析结论容易受到质疑。相反,如果我们能够对一些个体的小数据进行有针对性的专门研究,则会容易掌握比较全的数据,同时也容易掌握比较真实的数据,这对于客观的相关分析乃至因果分析都是极为重要的。可见,小数据质量决定着大数据分析质量。所以在大数据分析之前,应该先对大数据与小数据的匹配情况做出评估。如果我们发现小数据不够真实、不够完备,那么要采取专门的方法对其进行必要的核实、补充;若不完备、不真实的程度很严重,则不能盲目进行大数据分析,而是首先要研究小数据不完备、不真实的原因,是否存在系统性倾向等问题。其实在大数据分析中,噪声也是有价值的,关键取决于用户站在哪个角度看问题。基于小数据对噪声问题进行研究,如果能够发现其形成原因、表现特征和产生的影响,那将是极有价值的。

传统政府统计调查,无论是一定规模的企业的重点调查还是其他企业的抽样调查,无论是经济普查、人口普查还是城乡住户调查,其实都是为了获取各种所需的小数据,即企业或个人或住户的个体数据。政府有关部门例如工商管理局、财税局、公安局、人社局等所掌握的数据,也都是关于企业或住户(个人)的小数据。显然,如果这些小数据不完整、不真实,势必最终影响政府统计宏观数据的质量。以往我国所进行的基本统计单位普查,目的正是为了建立基于小数据的基本统计单位名录库。政府统计的核心要务就是确保小数据的完整与真实,否则就失去了基础。在大数据飞速发展的今天,各种各样的大数据无疑可以作为政府统计的重要补充,但一定要注意其小数据问题,一看全不全,二看实不实,三看其含义、界定等与政府统计是否一致,四看适用范围如何。政府统计利用大数据并非易事,需要做大量的前期对接工作。目前,我国正在致力于打通数据孤岛,其实就是要实现小数据的对接与融合,只有小数据对接融合了,数据孤岛的整合才能真正实现。作为发展趋势,政府统计必然要建设自己的大数据库,从小数据着手是不二的选择。分析大数据,研究小数据,这就是数据分析未来发展的道路。

1.4.2 小数据的作用

近年来,大数据产业的爆发式增长掩盖了人们对于传统数据库技术特别是结构化数据管理的关注,并给人造成一种假象,认为大数据技术本身就可以解决数据处理的一切问题。这种错误的假象也使得人们在认识小数据方面出现了诸多的混乱。实际上,尽管非结构化数据在大数据发展中占据日益重要的分量,但是作为结构化数据,元数据和主数据对于日益增长的大数据仍然发挥着重要的作用,在大数据系统建设中仍然占据重要地位。元数据和主数据要远比其他所谓的大数据的属性(如小概率事件、随机偏差、噪声或小容量数据等)更加科学、合理,也有助于人们深刻认识大数据的基本特征。

小数据具有如下优势[13-15]:第一,具有鲜明的个体独特性。大数据的分析结果主要用于发现一般规律,缺少对个体的精准分析。而小数据以发现事物的特殊性为出发点,分析特定用户的特定需求,因此利用小数据分析出的结果对单个用户更加具有指导性和实用性。小数据是围绕个体收集的数据集,具有极高的价值密度。对不同个体,其行为活动具有特异性,导致收集的小数据也差异较大,个体独特性极为显著。

第二,具有高度的隐私性和安全性。大数据的挖掘分析和价值发现是以牺牲用户隐私与安全为代价的,这是为了适应高速发展做出的牺牲,这样的代价过于巨大。小数据,由于其基于为用户服务的理念,在隐私保护和安全考虑上,都极为重视,然后在此基础上去发现信息,挖掘价值。

第三,小数据最大的优势在于对噪声和异常现象的解释。出于对异常值认识的出发点的差异,小数据在发现现象变化的拐点上十分有效。

数据大不大,与所要解决的问题的规模有关,如果要解决的问题本身规模很小,少量的数据就能覆盖不同的情况,这种数据也是大数据。比如抛掷硬币问题,掷硬币的样本空间只有正面向上和反面向上两种情况,如果要预测硬币正面向上或者反面向上的概率,抛掷 100 次或者 1000 次就足够了。因此,100 个或 1000 个样本对这个问题来说就是大数据了。

另外,与大数据相对,小数据更多用于分析当下的问题,可激发人们立即做出改变,这样未来就会充满变数和希望。

2013 年,一名小伙子应聘上海某高档小区的物业管理,自己配备扫描枪,每天盯着小区的垃圾堆,通过扫描垃圾上的条形码,整理出比如小区居民喝什么水、吃什么油、买什么衣服等的数据情况,将整个小区的消费种类和品牌偏好了解清楚,再形成报告卖给相关公司,报告价值数十万元。事实上,这个小伙子能把垃圾变废为宝的原因是他利用好了小数据,这只是当下大数据时代的一个缩影。

类似的,在某工厂的生产现场,工厂每天都会组织一线员工,统计当天的数据,找到当天的问题点,了解最核心的问题在哪里,为进一步改善设备和工艺做积累。这其中就有大数据与小数据的转化。生产现场的数据和问题是大数据,但由一线员工来分析这些数据,就使之转换成小数据——他们是数据的创造者,他们懂得在数据的背后隐藏着的本质和逻辑是什么。

小数据在其他领域的应用成效也很显著,某团队基于小数据的高效、实时、动态的优势特点,开发了用户个性化服务模式。该模式由三个模块构成:一是小数据分析与决策模块,该模块负责数据的采集、存储、传输,以及噪声过滤和标准化处理,然后进行小数据分析与决策;二是读者阅读兴趣发现模块,该模块通过对读者知识的获取,进而进行兴趣的匹配和推荐,同时构架读者兴趣数据库;三是服务内容与读者兴趣相关性评估模块,该模块负责定制推荐服务,通过上述模块的对比分析,定制个性化服务内容,进行智慧推荐,同时根据用户反馈,实现服务内容的优化更新。

所以一个问题是不是大数据问题,不能简单地看数据本身,而要看这个数据用来解决什么样的问题、规模有多大、和问题本身的相关性。不管是大数据还是小数据,能够为决策提供依据就是有价值的数据。

1.4.3 大数据与小数据的关系

如果脱离前人的经验和理论来研究小数据,不会长久,这样的小数据将难以应用到实际,无法为个体服务;相对应的,没有小数据评控的大数据分析,也只是数据的变化和重构,得到的也只是极为表面的结果,对研究分析现实世界的复杂关系不仅无益反而有害。只有研究大数据,发掘小数据,让数据呈现真实关系,映射真实世界,基于传统统计和大数据思维去研究发掘小数据,大小数据才能完美地结合起来[13-15]。

在大数据时代,人们必须认识到更多的问题是大数据分析才能解决的。消费者行为及其消费倾向在大数据应用的条件下能够迎刃而解,凡是大众行为或突发事件都可以在大数据科学应用的前提下得到清晰的答案,这是因为大数据连接了千百万个数据点,可以准确地产生相互关系。但是,人类按照自己的习惯行动时,大数据的功效通常会受到破坏和影响。大数据和小数据相辅相成,不能放弃反映多视角的小数据,综合运用大数据和小数据分析解决问题是最完美的方式。

1.5 延伸阅读

1.5.1 延伸阅读：阿里的城市大脑

2018 年 9 月 19 日，在杭州云栖大会现场正式发布了杭州市政府联合阿里云等企业建设的杭州城市大脑 2.0，其管辖范围比城市大脑 1.0 扩大 28 倍，覆盖面积增至 420 平方公里，相当于 65 个西湖的面积。ET 城市大脑等数字化城市解决方案，掀开了"杭州故事"的新篇章。

杭州主城限行区域全部接入大脑，此外还有余杭区临平、未来科技城两个试点区域及萧山城区。优化信号灯路口 1300 个，覆盖杭州四分之一路口，同时还接入了视频 4500 路。

飞天（Apsara）是由阿里云自主研发的超大规模通用计算操作系统，它可以将百万级的服务器连成一台超级计算机，提供源源不断的计算能力，以保证大脑能够"眼疾手快""当机立断"。

随着范围扩大，杭州"城市大脑"汇聚起了城市交通管理、公共服务、运营商的海量数据，依托阿里云的飞天计算平台，将杭州历史上的交通数据进行汇总，同时抓取当前城市每条道路的车辆信息，对不同时间段、每个路口的流量进行分析，沉淀出杭州道路交通情况的大数据。再通过云计算，用数据大脑建立模型，来帮助城市思考，确定解决拥堵的最佳方案，改变了传统用静态的机动车保有量来制定交通政策的方式，也解决了交通工程数十年未曾突破的根本问题。

哪辆车辆违规改装？哪个区域在途车辆数量突然上升？哪条道路上电动自行车横穿马路频发？……这些关乎城市交通效率和安全的"密码"，时刻滚动在杭州"城市大脑"实践基地的大屏幕上。在城市大脑的作用下，杭州交通拥堵率从 2016 年的全国第 5 名降至 2018 年的全国第 57 名。

作为目前全球最大规模的人工智能公共系统，ET 城市大脑现已可以对整个城市进行全局实时分析，自动调配公共资源，修正城市运行中的缺陷，并已成为未来城市的基础设施。而且 ET 城市大脑并不只包括交通部分，而是以"交通小脑"为突破口，进一步探索平安、医疗、城管、政务等其他"小脑"，目标是成为一个综合开放数据的应用平台。比如在浙江省衢州市，城市大脑"渐进式视频搜索引擎"系统上线后，成功帮助老百姓找回了被盗的财物，发现了破坏国家水利风景区自然环境的事件，寻回了走失的老人，从保护老百姓生命财产安全、保护城市环境等多个角度，将衢州社会基层治理的智能化水平提高到了一个新的层次，体现了阿里云城市大脑在全球领先的视觉计算力，让"只管看的眼睛"变成了"会思考的大脑"，堪称传奇。

1.5.2 延伸阅读：大数据时代没有信用寸步难行

现在个人信用已和我们的日常生活紧密相连。这也意味着我们的信用更有可能受到影响，不论是信用卡还账，还是房、车贷款偿还，就连手机欠费、水电煤气拖欠也会影响到信用。个人信用一旦产生了污点，影响到征信，那么以后想要贷款、想要买房就难以通过征信审核。

芝麻信用是蚂蚁金服旗下独立的第三方征信机构,通过云计算、机器学习等技术客观呈现个人的信用状况,已经在信用卡、消费金融、融资租赁、酒店、租房、出行、婚恋、分类信息、学生服务、公共事业服务等上百个场景为用户、商户提供信用服务。

芝麻分包含五大影响因素。很多人以为自己在淘宝网上的购物消费越多芝麻分就越高,其实不全是这样的。从芝麻分的雷达图(如图1.5.1所示)可以看出,影响芝麻分的高低有五个因素:身份特质、信用历史、行为偏好、履约能力以及人脉关系。这些数据的来源是多方面的。支付宝介绍,芝麻信用的数据来源有四大方向:(1)电商数据来自阿里巴巴;(2)互联网金融数据来自蚂蚁金服;(3)众多合作公共机构及合作伙伴;(4)各种用户自主信息提交渠道。芝麻信用基于阿里巴巴的电商交易数据和蚂蚁金服的互联网金融数据,并与公安网等公共机构以及合作伙伴建立数据合作,与传统征信数据不同,芝麻信用数据涵盖了信用卡还款、网购、转账、理财、水电煤缴费、租房信息、住址搬迁历史、社交关系等。

图 1.5.1　芝麻分

2015年7月24日,最高人民法院与芝麻信用签署对失信被执行人信用惩戒合作备忘录并实现专线连接,共享失信被执行人信息,实时更新"老赖"(失信被执行人)数据,直接扣减他们的芝麻分,开创了第三方商业征信机构首次通过最高人民法院官方授权,通过互联网联合信用惩戒的先河。最高人民法院通过专线将失信人执行名单共享给芝麻信用,"老赖"的失信违约记录实时同步到其个人芝麻信用。芝麻信用会同淘宝、天猫、神州租车、趣分期、我爱我家相寓等应用平台,在消费金融、蚂蚁小贷、信用卡、P2P、酒店、租房、租车等场景通过网络等渠道全面限制失信被执行人,失信被执行人申请贷款、融资,通过淘宝或天猫平台购买机票、列车软卧、保险理财产品及非经营必需车辆、旅游、度假产品等,预订三星级以上宾馆、酒店,在互联网的奢侈品交易等高消费行为等均受到限制。

据芝麻信用数据统计,失信被执行人的芝麻信用开通率比其他人群高出 12 倍,表明失信被执行人对芝麻信用联动惩戒的高度关注。根据数据显示,这些失信被执行人长时间逃避执行,有的甚至长达两三年。芝麻信用和最高人民法院合作后,对失信被执行人做了降分处理,并在各应用平台披露,不少失信被执行人很快就履行了义务。与第三方商业征信机构的联合惩戒,对失信被执行人形成了直接的感知和强大的震慑,对于督促其履行还款等法律义务起到了十分重要的作用。

1.6　本章小结

本章介绍了大数据的基本概念,并指出大数据革命带来一系列的挑战和机遇,阐述了大数据产生的时代背景,同时介绍了大数据的四个基本特征及大数据的类型,并对大数据与小数据之间的关系做了说明。

大数据是指现有的一般技术无法处理的数据。随着技术的发展,人类已经悄然进入了大数据时代。为了应对大数据革命带来的挑战和机遇,世界各国政府纷纷出台相关政策来发展大数据应用产业。

大数据已经成为一种新的经济资产类别,创造着价值,对各行各业的发展发挥着巨大的推动作用。

移动互联网、物联网、云计算及人工智能技术的发展促使了大数据技术的产生和发展,大数据技术的发展也推动、加速了移动互联网、物联网、云计算及人工智能技术的发展和应用。

大数据有四个基本特征:数量大(volume)、多样化(variety)、快速化(velocity)和价值化(value),简称 4V。按照其存在格式,大数据可以分为结构化数据、非结构化数据两大类。

最后,本章阐述了小数据的基本内涵及其与大数据的关系。一个问题是不是大数据问题,要看这个数据用来解决什么样的问题、规模有多大、和问题本身的相关性。不管是大数据还是小数据,能够为决策提供依据就是有价值的数据。分析大数据,研究小数据,是数据分析未来发展的道路。

1.7　习　题

1. 与大数据密切相关的技术是(　　)。

A. 蓝牙

B. 云计算

C. 博弈论

D. Wifi

2. 智能健康手环的应用开发,体现了(　　)的数据采集技术的应用。

A. 统计报表

B. 网络爬虫

C. API 接口

D. 传感器

3. 关于大数据和互联网,以下说法正确的是(　　)。

A. 互联网的出现使得监视变得更容易、成本更低廉,也更有用处

B. 大数据不管如何运用都是我们合理决策过程中的有力武器

C. 大数据的价值不再单纯来源于它的基本用途,而更多取决于它的二次利用

D. 大数据时代,很多数据在收集的时候并无意用于其他用途,而最终却产生了很多创新性的用途

4. 关于数据的潜在价值,说法正确的是(　　)。

A. 数据的真实价值就像漂浮在海洋中的冰山,第一眼只能看到冰山一角,而绝大部分则隐藏在表面之下

B. 判断数据的价值需要考虑到未来它可能被使用的各种方式,而非仅仅考虑其目前的用途

C. 在基本用途完成后,数据的价值仍然存在,只是处于休眠状态

D. 数据的价值是其所有可能用途的总和

5. 请列举身边的大数据。

6. 设备的移动互联和物联化是我们如今享受的科技生活,网络大数据是无穷无尽的,关于未来大数据时代生活,你是怎么想的?

7. 美国康奈尔大学教授德波哈尔·艾斯汀曾经这样关注过小数据,他发现他父亲在去世前几个月有些许不同:不再发送电子邮件,不去超级市场买菜,到附近散步的距离也越来越短。这种逐渐衰弱的状态,通过医院的医学检查如心电图是看不出来的。可事实上,这些活动数据很明确地表明其父亲的身体状况在下降,然而这些细微的异常没能在医院的检查中体现出来。请结合这个案例说明小数据在大数据时代的重要性。

8. 阅读下面的文章,回答下列问题。

(1)这款 Nike+ 的新产品采集了哪些类型的数据?

(2)耐克利用这些海量的数据来了解用户习惯,对其改进产品、精准投放广告能起到什么样的效果?

耐克凭借一种名为 Nike+ 的新产品变身为大数据营销的创新公司。所谓 Nike+,是一种以"Nike 跑鞋或腕带+传感器"的产品,只要运动者穿着 Nike+ 的跑鞋运动,iPod 就可以存储并显示运动日期、时间、距离、热量消耗值等数据。用户上传数据到耐克社区,就能和朋友分享讨论。耐克和 Facebook 达成协议,用户上传的跑步状态会实时更新到账户里,朋友可以评论并点击一个"鼓掌"按钮——神奇的是,这样用户在跑步的时候便能够在音乐中听到朋友们的鼓掌声。随着跑步者不断上传自己的跑步路线,耐克由此掌握了主要城市里最佳跑步路线的数据库。有了 Nike+,耐克组织的城市跑步活动效果更好。参赛者在规定时间内将自己的跑步数据上传,看哪个城市累计的距离长。凭借运动者上传的数据,耐克公司已经成功建立了全球最大的运动网上社区,超过 500 万名活跃的用户,每天不停地上传数据,耐克借此与消费者建立前所未有的牢固关系。

参考文献

[1] 麦肯锡.大数据——下一个创新、竞争和生产力的前沿(2016-12-28).https://bbs.pinggu.org/thread-2501225-1-1.html.

[2] 中国信息安全.世界主要国家的大数据战略和行动(2018-05-09).http://www.cac.gov.cn/2015-07/03/c_1115812491.htm.

[3] 美国政府.大数据研究和发展计划(2016-12-28).http://www.cbdio.com/BigData/2016-11/24/content_5387678.htm.

[4] 中国信息通信研究院.中国大数据发展调查报告(2018年)(2017-05-02).http://www.cbdio.com/BigData/2017-03/28/content_5480934.htm.

[5] 光明日报.让大数据实现大价值(2017-05-02).http://www.kepuchina.cn/more/201607/t20160727_13664.shtml.

[6] 时培昕.解析物联网和大数据分析的渊源.软件和集成电路,2018(11):12-17.

[7] 大数据领导干部读本编写组.大数据领导干部读本.北京:人民出版社,2015.

[8] Google公司.谷歌流感趋势.(2017-12-28).https://baike.baidu.com/item/%E8%B0%B7%E6%AD%8C%E6%B5%81%E6%84%9F%E8%B6%8B%E5%8A%BF/7761628?fr=aladdin.

[9] 董超.一本书搞懂企业大数据.北京:化学工业出版社,2017.

[10] 郭昕,孟晔.大数据的力量.北京:机械工业出版社,2013.

[11] 城市数据团.数据不说谎:大数据之下的世界.北京:清华大学出版社,2017.

[12] 周苏,冯婵璟,王硕苹,等.大数据技术与应用.北京:机械工业出版社,2016.

[13] 李广乾.小数据的大价值.重庆理工大学学报(社会科学),2019,33(1):1-7.

[14] 李金昌.大数据分析与小数据研究.中国统计,2018(2):24-26.

[15] 陈宜治,程锦涛,陈文慧,等.对小数据问题的若干思考.中国统计,2018(10):62-65.

[16] 大数据实验室.大数据公司挖掘数据价值的49个典型案例(2017-12-21).http://www.cbdio.com/BigData/2015-01/06/content_2178290.htm.

[17] openlog.大数据预测的四大特征和11个典型应用领域(2017-12-21).http://www.360doc.com/content/15/0313/11/2459_454770462.shtml.

[18] 张志统.物流新时代大数据的应用价值——"大数据与智慧物流"连载之九.物流技术与应用,2017(12):170-172.

[19] 张晟.物联网与大数据的新思考.商品与质量,2017(9):39.

[20] 马海祥.详解大数据的4个基本特征(2017-12-21).http://www.mahaixiang.cn/sjfx/803.html.

2 大数据分析的基本理论与技术

作　者　孙小华

主题词　数据采集；数据预处理；用户画像；大数据分析；聚类分析；分类分析；回归
分析；关联规则挖掘；推荐系统

摘　要　本章首先介绍了大数据分析处理流程，然后详细阐述了大数据分析的基
本理论与技术，包括数据采集与存储、数据预处理、数据分析与可视化方式、方法
等。说明了大数据的来源与采集方法，并介绍了常用的大数据预处理方式，对用户
画像分析、分类分析、聚类分析、回归分析、关联规则挖掘、推荐等大数据分析算法
进行了详细说明和举例，并对常用的可视化图形和可视化工具进行了重点介绍。
最后，通过延伸阅读中两个案例说明大数据分析的作用和价值。

2.1　大数据分析及处理流程

2.1.1　大数据分析项目管理流程

　　大数据分析可以帮助我们从数据中发现有用信息，得出有建设性的结论，并基于分析结
论辅助决策。如图 2.1.1 所示，大数据分析项目管理流程主要包括需求调研与分析、概要设
计、详细设计、软件构造、系统测试、系统评估与优化六个关键环节[1]。

　　在需求调研与分析阶段，要对系统目标和功能做详细论证，以确定系统的功能及性能
等，具体包括：确定软件的功能和性能及与其他系统的接口，建立数据模型、功能模型和行为

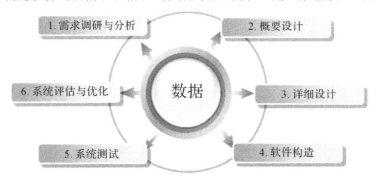

图 2.1.1　大数据分析项目管理流程

模型,最终提供需求规格说明书,并作为软件质量测试与评估的依据。

在概要设计阶段,将需求分析完成的需求规格说明书转换为计算机中可实现的系统,完成系统结构设计,即将软件需求转化为数据结构和软件的系统结构,划分出组成系统的物理元素:程序、数据库、过程、文件等,形成系统概要设计说明书。

在详细设计阶段,根据系统概要设计说明书和需求规格说明书,对结构表示进行细化,得到软件详细的数据结构和算法,并设计用户界面,形成系统详细设计说明书。

在软件构造阶段,通过编码、验证、单元测试、集成测试和排错的组合,创建一个可以工作的、完成系统需求的软件。

系统测试阶段是在软件开发过程中保证软件项目质量、提高软件可靠性的重要阶段。软件测试进一步找出软件系统的缺陷和错误,以提供可以进行安装部署使用的软件。软件测试过程十分复杂与困难,为保证软件测试的效果,需要有先进的测试方法和技术的支持。

在系统完成部署,经过一段时间的试运行之后,需要对系统进行评估,解决存在的问题,并根据需要对系统功能和性能进行优化。

2.1.2　大数据分析处理流程

在大数据分析项目管理流程中,大数据的处理分析主要在需求调研与分析、概要设计和详细设计阶段。大数据分析能力并非一朝一夕养成的,需要长期扎根业务进行积累,根据数据分析流程一步一个脚印分析问题,培养自己对数据的敏感度,从而养成用数据分析、用数据说话的习惯。

如图 2.1.2 所示,大数据分析处理流程总体可以分为三个环节:数据的采集与存储、数据的处理与分析及数据的使用。

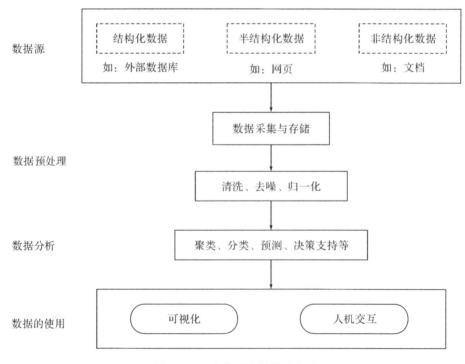

图 2.1.2　大数据分析处理流程

2.2　大数据的采集

大数据时代,我们需要更加全面的数据来提高分析预测的准确度,因此就需要更多便捷、廉价、自动的数据生产工具。从数据的产生来源来看,大数据可以分为个人数据、企业数据和社会数据三个维度(如图 2.2.1 所示)。

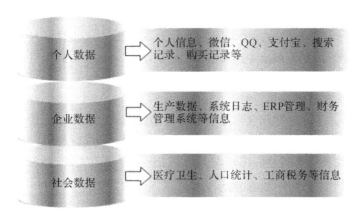

图 2.2.1　大数据来源的三个维度

在互联网时代,人在网络上的一切行为都可以被记录存储下来。个人数据除了我们在网上使用的浏览器有意或者无意记载着个人信息数据之外,手机、智能手表、智能手环等各种可穿戴设备也在无时无刻地产生着数据;就连家庭所用的路由器、电视机、空调、冰箱、饮水机、净化器等电器设备也开始越来越智能并且具备了联网功能,这些家用电器在更好地服务我们的同时,产生着大量的数据;甚至我们出去逛街,商户的 Wi-Fi,运营商的移动网络、无处不在的摄像头、银行的 ATM、加油站都在产生着数据。智能手机、智能可穿戴设备将人体的血压、脉搏、体温等状态信息也在 24 小时不间断地上传到云服务器。

百度、阿里、腾讯、京东是中国目前最主要的个人数据拥有者和使用者。如腾讯拥有大量的用户关系数据与社交关系数据,阿里、京东记录了用户购买交易数据和信用记录,百度存储了用户的网站搜索记录等。

企业数据主要来源包括内部生产数据、客户/用户数据、内部经营管理数据。几乎任何规模企业,每时每刻都在产生大量的数据。

社会数据主要包括政府部门数据,如人口普查数据、经济普查数据、卫生统计数据、工商税务等。

数据的采集来源不光是企业内部,还可以是外购的第三方数据。企业可以根据业务需要来灵活采集所需要的外部数据,而不只是拘泥于企业内部的数据。根据中国信息通信研究院发布的《中国大数据发展调查报告(2017 年)》,企业数据资源主要来自于企业内部。与2015 年相比,2016 年企业对外部购买的数据和政府免费开放的数据需求越来越多。但外部购买的数据和政府免费开放的数据的应用比例仍处于较低水平。

2.2.1　数据的采集方法

数据采集的任务就是把数据从各种数据源中采集和存储到数据存储上,其间有可能需要做一些简单的数据预处理工作。根据数据的来源不同,数据采集方法可以分为物联网数据的采集方法、系统日志的采集方法、网络数据的采集方法和基于应用程序接口的采集方法等[3]。

2.2.1.1　物联网数据的采集方法

随着互联网技术的大发展,能够接入互联网的终端越来越便宜、覆盖率不断提高,传感器如手机传感器、机器设备传感器源源不断地产生着数据。这些物联网产生的数据一般通过设备自带的通信接口传送到指定的服务器,服务器对采集到的数据进行简单的数据预处理后进行存储。

2.2.1.2　系统日志的采集方法

一般的业务系统在运行时都会产生日志文件,用于记录事件发生的时间、事件类型、事件说明、异常、异常等级、异常说明等。比如,用于记录数据源执行的各种操作活动,如网络监控的流量管理、电子商务网站的用户支付记录、金融应用的股票记账和 Web 服务器记录的用户访问行为等。许多网站在其日志服务器上部署 Flume、Chukwa 等日志采集工具,实时地收集网站日志并存储到分布式存储系统中。

2.2.1.3　网络数据的采集方法

网络数据的采集又称为"爬虫"技术,是一种按照一定的规则,自动地抓取 Web 信息的程序或者脚本。它支持图片、音频、视频等文件或附件的采集,并且可以做到附件与正文相关联。比如爬虫可以对各种网站、论坛、博客的页面信息和用户访问信息进行采集,采集到的数据做一些预处理后存储到系统中。

2.2.1.4　基于应用程序接口的采集方法

对于企业生产经营数据中的客户数据、财务数据等保密性要求较高的数据,由于数据一般保存在内部的业务数据库中,企业可以通过与软件开发商进行合作,使用特定系统接口等相关方式采集数据。

采集数据源种类繁多,以及采集速度要快对数据采集来说是一个严峻挑战。采集数据源杂乱,采集速度又快,如果不能及时进行数据质量处理,就会导致数据质量问题的堆积越来越严重。所以在采集环节,就必须引入实时数据质量监控和清洗技术,通过强大的集群和分布式计算能力,提高数据采集性能和数据质量监控性能,利用强大的分布式云计算技术,实现数据抽取、数据清洗以及数据质量检查。

2.2.2　数据交易平台

有时候,企业从外部购买数据比自己去采集获取数据更快捷,成本也更低。目前,国内主要数据交易平台有:

(1)贵阳大数据交易所 网址为 http://www.gbdex.com/

(2)上海数据交易中心 网址为 http://www.chinadep.com/

(3)浙江省大数据交易中心 网址为 http://www.zjdex.com/

贵阳大数据交易所自主研发的大数据交易平台 3.0,能够积极优化数据结构,拓展交易品种,调整优化数据分类,并新增场景应用类别。其陆续开发了十大类数据资源类型,包括数据模型、可视化引擎、采集爬取工具、清洗脱敏工具、数据分析平台、数据开发平台、数据管理工具、数据安全组件等。

上海数据交易中心开设了两大应用板块——营销应用与征信应用,并面向这两大应用,对 30 个数据单品进行挂牌。对于营销应用方面,其数据单品主要包括了人口特征、学识程度等基础信息推测和浏览行为偏好列表、电商购买意向列表、应用使用偏好列表等列表。此外,营销应用的数据交易品中包含了汽车、母婴、金融三大行业的特有数据单品,并且将向其他行业推广。在征信应用方面,数据互联(交易)系统主要的数据单品方向为身份要素验证。目前,该系统主要支持三要素(身份证、姓名、手机)、四要素(身份证、姓名、手机、银行卡)验证,后续将扩展到五要素、六要素等加入多维度身份要素的验证。

2.2.3　常用免费数据源

一些政府机构与企业开放了数据供公众免费研究使用。如:

(1)中国国家数据中心,http://data.stats.gov.cn/,国家统计局发布的各类数据。

(2)Kaggle Data Sets Kaggle,https://www.kaggle.com/datasets,目前拥有近 1.6 万个数据集。用户可以找到任何数据,从运动队球员的统计数据到洛杉矶的停车引导。

(3)Group Lens,https://grouplens.org/datasets/,关于书籍和电影的数据。

(4)美国统计调查局,http://www.census.gov/,与人口、经济和地理相关的数据。

(5)欧盟数据门户,http://data.europa.eu/euodp/en/data/,地理、金融、法律、统计相关的数据。

(6)美国政府的开放数据之家,https://www.data.gov/,美国联邦、州、地方政府提供的各类数据。

(7)Microsoft Azure Data Markets Free Datasets,提供从农业到天气所有内容的免费数据集。

(8)Complete Public Reddit Comments Corpus,2007 年至 2015 年 Reddit 上发布了 10 多亿份公共评论,用于训练语言算法。

(9)易趣市场数据洞察(eBay Market Data Insights),提供了来自 eBay 的数以百万计的在线销售和拍卖数据。

2.2.4　常用数据采集软件

2.2.4.1　八爪鱼数据采集软件

八爪鱼数据采集软件是深圳视界信息技术有限公司旗下一个强大且易用的互联网数据采集平台[4],是国内首个大数据一键采集平台。八爪鱼数据采集器是模拟人的思维去访问网页文档的互联网数据,通过设计工作流程,可以实现采集的程序自动化,以达到快速地对网页数据进行收集整合,完成用户数据采集的目的。简单来讲,使用八爪鱼可以非常容易地从任何网页精确采集用户需要的数据,生成自定义的、规整的数据格式。八爪鱼数据采集系统能做的包括但并不局限于以下内容:

(1)金融数据,如季报、年报、财务报告,包括每日最新净值自动采集;

(2)各大新闻门户网站实时监控,自动更新及上传最新发布的新闻;

（3）监控竞争对手最新信息，包括商品价格及库存；

（4）监控各大社交网站、博客，自动抓取企业产品的相关评论；

（5）收集最新最全的职场招聘信息；

（6）监控各大地产相关网站，采集新房、二手房最新行情；

（7）采集各大汽车网站新车、二手车信息；

（8）发现和收集潜在客户信息；

（9）采集行业网站的产品目录及产品信息；

（10）在各大电商平台之间同步商品信息，做到在一个平台发布，其他平台自动更新。

八爪鱼可简单快速地将网页数据转化为结构化数据（如图 2.2.2 所示），存储于 Excel 或数据库等多种形式，并且提供基于云计算的大数据云采集解决方案，实现精准、高效、大规模的数据采集。小爪鱼智能模式可实现输入网址全自动化导出数据。

图 2.2.2　八爪鱼数据采集器支持的数据类型

八爪鱼的规则配置流程模拟人的思维模式，贴合用户的操作习惯，普通用户通过官网教程的学习可以在较短的时间内轻松掌握网络数据采集的本领。

2.2.4.2　Flume 日志采集系统

Flume 是一个分布式、可靠、高可用的海量日志采集、聚合和传输的系统[5]。Flume 支持在日志系统中定制各类数据发送方，用于收集数据；同时，Flume 提供对数据进行简单处理，并写到各种数据接收方（比如文本、HDFS、Hbase 等）的能力。在 Flume 中，外部输入称为 Source（源），系统输出称为 Sink（接收端）。Channel（通道）把 Source 和 Sink 连接在一起。

（1）Flume 基础架构

Flume 的数据流由事件（Event）贯穿始终。事件是 Flume 的基本数据单位，它携带日志数据（字节数组形式）并且携带有头信息。这些事件由 Agent（代理）外部的 Source 生成，当 Source 捕获事件后会进行特定的格式化，然后 Source 会把事件推入（单个或多个）Channel 中。用户可以把 Channel 看作是一个缓冲区，它将保存事件直到 Sink 处理完该事件。Sink 负责持久化日志或者把事件推向另一个 Source。

Flume 的核心是把数据从数据源收集过来，再送到目的地。为了保证输送一定成功，在送到目的地之前，会先缓存数据，待数据真正到达目的地后，删除自己缓存的数据。

Flume 运行的核心是 Agent。它是一个完整的数据收集工具，含有三个核心组件，分别是 Source、Channel、Sink。通过这些组件，事件可以从一个地方流向另一个地方，如图 2.2.3所示。

Flume 可以采用代理的方式进行运行，Agent 运行在日志文件服务器上，一个 Agent 就是一个 Java 虚拟机进程，至少包括一个 Source、一个 Channel 和一个 Sink。

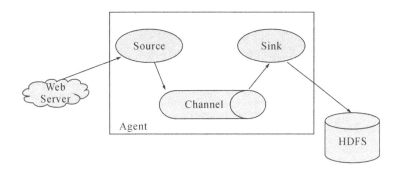

图 2.2.3　Flume 基础架构

Source：采集数据日志，生成 Event 对象，将对象推送给 Channel。Flume 常用的 Source 类型包括：exec(执行外部命令，典型方式是采用 tail -f 监控日志文件)、spooldir(检查目录下新增的文件，对应文件不可编辑)、Avro(Avro 协议的 RPC 输入)、Syslog(Linux 系统日志)以及 Http Post(主体为 JSON 格式等)。同时，在 Source 采集数据日志时，可以通过 Interceptor(拦截器)对数据进行处理后(例如添加 Event 的头信息以及数据内容)，再将 Event 推送给 Channel。

Channel：主要提供一个队列的功能，对 Source 提供的数据进行简单的缓存。常用的 Channel 类型包括：Memory(内存通道，最高性能，机器宕机或程序异常时将导致数据丢失)、File(文件通道，将 Event 保存到文件系统中，在程序异常时，可确保数据不丢失)、JDBC (JDBC 通道，采用传统关系型数据库提供 Event 的保存)、Kafka(Kafka 通道，采用 Kafka 消息队列提供 Event 的保存)。

Sink：从 Channel 获取数据，进行数据处理操作。常用的 Sink 类型包括：Logger(将 Event 数据写入日志文件，一般用于调试)、Avro(将 Event 数据写入远程的 Avro PRC 端口中)、File Roll(将 Event 数据存储到本地文件系统，一般用于调试)、HDFS(将 Event 数据写入到 HDFS 中)、Hive(将 Event 数据写入到 Hive 数据仓库中)、HBase(将 Event 数据写入 HBase 数据库中)、Kafka(将 Event 数据写入 Kafka 消息队列的 Topic 中)。

(2)Flume 总体架构

如图 2.2.4 所示，为确保 Flume 的稳定性、可扩展性，将 Flume 分为三层，即代理层 (Agent)、聚合层(Collector)、存储层(Storage)。

Agent 负责收集日志，并将 Event 通过 Avro 远程接口发送给 Collector。Collector 采用集群部署模式，避免单点故障问题(集群依靠 Agent 端的配置完成)。

Collector 收集多个 Agent 发送过来的 Event，将消息进行归并后，写入到 Storage。

Storage 用于日志 Event 事件的处理。

在总体架构设计中，采用两种不同输出：一是采用 HDFS 输出，用于分析统计；二是采用 Kafka 消息队列输出到 JStorm，通过 JStorm 进行实时计算，提供实时日志分析功能。

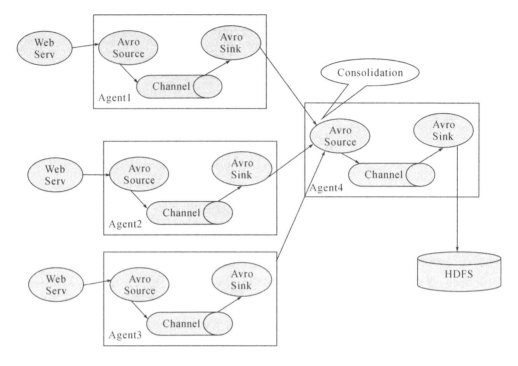

图 2.2.4　Flume 总体架构

2.2.5　数据采集的法律风险

随着移动互联网、云计算等技术的飞速发展,无论何时何地,手机等各种网络入口以及无处不在的传感器等,都会对个人数据进行采集、存储、使用、分享,而这一切大都是在人们并不知晓的情况下发生的。人们的一举一动、地理位置,甚至一天去过哪些地方,都会被记录下来,成为海量无序数据中的一部分,并和其他数据进行整合分析[6]。

比如,当用户用手机扫描二维码,并将其用微博转发的时候,用户的消费习惯、偏好,甚至用户社交圈子的信息,就已经被商家的大数据分析工具捕获。大数据平台在提供服务的同时,也在时刻收集着用户的各种个人信息:消费习惯、阅读习惯,甚至生活习惯。这些数据,一方面给人们带来了诸多便利;但另一方面,由于数据的管理还存在漏洞,那些发布出去或存储起来的海量信息,也很容易被监视、被窃取。

随着技术的进步,信息采集手段越来越高超、便捷和隐蔽,对公民个人信息的保护,无论在技术手段还是法律支撑方面都依然捉襟见肘。人们面临的不仅是无休止的骚扰,更可能是各种犯罪行为的威胁。

大数据的使用者在采集及使用相关数据的时候,有可能会生成用户隐私数据。所以在采集及使用数据时,特别要注意保护用户(消费者)的隐私,以免违反相关的法律法规。网络爬虫是一种自动获取网页内容的程序,通常情况下它是不违法的,比如很多人都会用到的百度搜索,除去其自营的百度知道、百度百科等,几乎都是爬虫采集下来的。作为一门技术,爬虫本身并不违法,所以大多数情况下都可以被放心大胆地使用。一般而言,常见的爬虫手段包括构造合理的 HTTP 请求头、设置 Cookie、降低访问频率、隐含输入字段值、使用代理等。

但是,当站点明确声明禁止爬虫采集或转载商业化,或当网站声明了 Robots(机器人)协议时,用户就必须做到下面四点[7]。

(1)严格遵守网站设置的 Robots 协议;

(2)在规避反爬虫措施的同时,需要优化自己的代码,避免干扰被访问网站的正常运行;

(3)在设置抓取策略时,应注意避免抓取视频、音乐等可能构成作品的数据,或者针对某些特定网站批量抓取其中的用户生成内容;

(4)在使用、传播抓取到的信息时,应审查所抓取的内容,如发现属于用户的个人信息、隐私或者他人的商业秘密的,应及时停止并删除。

2.3　大数据预处理

获取到数据之后,就要对数据进行分析与处理来解决企业的实际问题,将其价值最大化,否则数据将一文不值。但在数据分析之前,由于数据质量存在各种各样的问题,一般需要对数据进行预处理操作。

2.3.1　数据质量管理

数据质量管理是指为了满足信息利用的需要,对信息系统的各个信息采集点进行规范,包括建立模式化的操作规程、原始信息的校验、错误信息的反馈、矫正等一系列的过程。数据质量管理不是一时的数据治理手段,而是循环的管理过程。

数据质量的好坏直接影响数据分析的结果。据相关专家估计[8],由于用户拒绝不可靠的数据,多达 70% 的数据仓库项目遭遇失败;糟糕的数据导致收入受损而会耗费商业机构多达 10%～20% 的操作总预算。而且,IT 部门预算的 40%～50% 会花在纠正由糟糕的数据所引起的错误上。据统计,由于客户的死亡、离婚、结婚或调离,客户文件中的记录在一个月之内会有 2% 变得过时。

评估数据质量有六大要素[3,8](如图 2.3.1 所示)。

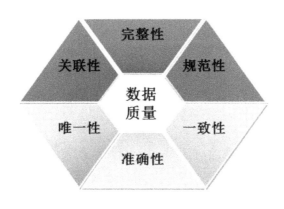

图 2.3.1　数据质量的六要素

31

（1）完整性

数据的完整性主要指数据记录和数据信息是完整不缺失的。例如人员信息完整涵盖性别、年龄等。数据的缺失包括记录的缺失和记录中某个字段信息的缺失。数据缺失会对数据分析结果造成很大影响，所以数据的完整性是对数据质量最基本的要求。

（2）规范性

数据是规范统一的。例如日期信息都以 yyyy-mm-dd 格式存储。

（3）一致性

同一个数据源或跨数据源的数据是一致不冲突的，包括一个字段内的格式一致，一个字段默认值使用的一致性等。例如同一个人在不同源取过来的性别都是一致的。

（4）准确性

数据是准确合理的，不存在错误。例如年龄在合理范围内，记录或字段的数据不存在错误等。

（5）唯一性

数据是唯一不重复的。例如同一个用户标识没有重复记录。

（6）关联性

数据的关联是不缺失的。例如两张表建立的关联关系存在，不丢失数据。

数据质量管理是贯穿数据整个生命周期的，为保证数据的质量，可以在数据的各环节对数据的质量进行管理。

（1）数据产生阶段——控制外部数据源

①采用非开放式输入，避免用户自己输入，尽量提供用户选择项。设定字典表，例如性别不允许输入（男、女、未知）以外的内容。

②如采用开放式输入，则增加提示或者校验。如设定临界值，如年龄填了－1 或者 200，不允许输入。

（2）数据接入阶段——保持多点录入一致。建立统一的数据体系，例如指标（度量）、口径（维度）。

（3）数据存储阶段——保持数据结构统一。建立标准的数据结构，例如字段格式，系统提前定义好一种时间默认格式为 yyyy-mm-dd。

（4）数据处理阶段——保持处理流程一致。该阶段包括数据稽核和数据清洗，按照标准的处理流程，例如统一的清洗规则等。

（5）数据输出阶段——保持数据结构统一。对数据处理后的结果进行保存时，按照数据存储的要求，进行标准化的统一管理。

（6）数据展示阶段——持续监测分析数据。设立监测规则，不断发现问题，通过解决问题不断改进规则。

即使数据是经过质量管理得到的，用户得到的数据仍然可能存在一些问题，如不一致、重复、含噪声、维度高等。因此，需要对数据进行预处理，并通过对数据的预处理对数据有初步的认识和理解。

大数据预处理方法包括数据清洗、数据集成、数据变换和数据归约等。

图 2.3.2　缺失值处理方法

2.3.2　数据清洗

数据清洗主要是通过填写缺失的值、光滑噪声数据、识别或删除离群点并解决不一致性来"清理"数据,达到格式标准化、异常数据清除、错误纠正、重复数据的清除等目标。对于缺失值的处理,最常用的方法包括删除法、替换法和插补法等[9,10](如图 2.3.2 所示)。

删除法是指忽略某行数据或者某个变量的数据,即将缺失值所在的观测行删除(前提是缺失行的比例非常低,如 5% 以内),或者删除缺失值所对应的变量(前提是该变量中包含的缺失值比例非常高,如 70% 左右)。这种方法会删除很多数据信息,分析的结果可能会无法让人信服。

替换法是基于统计的填充方法,使用一个全局常量或者其他统计值来填充空缺值,如直接利用缺失变量的平均值、中位数或众数替换该变量中的缺失值,其好处是缺失值的处理速度快,弊端是大量使用同一属性值,易产生有偏估计,导致缺失值替换的准确性下降,甚至得出错误的结论。

插补法是基于机器学习的填充方法,利用有监督的机器学习方法(如回归模型、树模型、神经网络模型等)对缺失值做预测进行填充,其优势在于预测的准确性高,缺点是需要大量的计算,导致缺失值的处理速度大打折扣。

2.3.3　数据集成

数据集成是将多个数据源中的数据结合起来并统一存储,建立数据仓库的过程实际上就是数据集成。由于来自多个数据源的实体的表达形式可能不一致,在做数据集成时,通常要考虑实体识别、属性冗余等问题[9,10]。

(1)实体识别。实体识别是指从不同数据源中识别出现实世界的实体,不同数据源的实体可能存在命名冲突及单位不统一等问题。命名冲突包括同名异义、异名同义。同名异义指对不同的数据对象采用相同的名字命名。异名同义则指对同一数据对象采用了不同的名字进行命名。

为了便于实体识别,每个属性的元数据应完整,包括名字、含义、数据类型和属性的允许取值范围,以及处理空白、零或零值的空值规则。这样的元数据可以用来帮助避免模式集成的错误。

(2)属性冗余。数据集成时经常会造成数据冗余,如同一属性命名不一致导致重复、同一属性多次出现等。在集成不同数据源时要仔细分析,有些冗余可以被相关分析检测到,给定两个属性,这种分析可以根据可用的数据,度量一个属性能在多大程度上蕴含另一个属性。

2.3.4 数据变换

数据变换是对数据进行处理,将数据转换为适合算法进行分析处理的形式。数据变换包括规范化、函数变换、属性构造等[9,10]。

(1)规范化方法包括最小-最大规范化、z-score 规范化等。

①最小-最大规范化:也称为离差标准化,将原始数据 x 作线性变换,将其映射到指定的区间[new_min, new_max]上。

$$x' = \frac{x - \min}{\max - \min}(\text{new\_max} - \text{new\_min}) + \text{new\_min} \qquad (式\ 2.3.1)$$

例如收入的最大-最小值分别为 9000,2000,则将它的值映射到[0,1]上。某人的收入值 6800 规范后为:$(6800-2000)/(9000-2000)\times(1-0)+0=0.686$。

最小-最大规范化的缺点是对离群点很敏感,如果有个别点的值特别大或特别小,则规范化效果会很差。

②z-score 规范化(零均值规范化):属性的值 x 基于该属性的平均值 $\bar{x}$ 和标准差 σ 规范化。

$$x' = \frac{x - \bar{x}}{\sigma} \qquad (式\ 2.3.2)$$

这种方法受离群点影响没有最小-最大规范化方法那么大,是用得最多的标准化方法。

(2)函数变换是对原始数据进行某些数学函数变换,如对数据进行平方、开方、取对数等。例如某个属性的取值范围很广时,可以对这个属性的值进行对数变换以压缩其取值范围。

(3)属性构造是利用已有的属性集构造出新的属性,并将其添加到属性集中。如根据手机传感器获取到的 x,y,z 三个方向的速度 v_x,v_y,v_z,合成总速度 $v=\sqrt{v_x^2+v_y^2+v_z^2}$。

2.3.5 数据归约

如果数据量非常大,在数据上进行分析处理需要很长的时间,数据归约技术可以用来得到数据集的归约表示,它小得多,但仍然接近于保持原数据的完整性,并使分析结果与归约前结果相同或几乎相同。数据归约策略可分为维度规约、数值规约两大类[9,10]。

(1)维度规约方法包括属性子集选择、属性合并等。属性子集选择指检测并删除不相关、弱相关或冗余的属性和维。只使用特征集中的一个子集是维数约减的一种方法,尽管这种方法可能会丢失信息,但是如果有多余的和无关的特征时就不会出现这种状况。多余的特征是指有重复的信息或者所有的信息都在一个或者多个属性中。无关的特征包含了目前

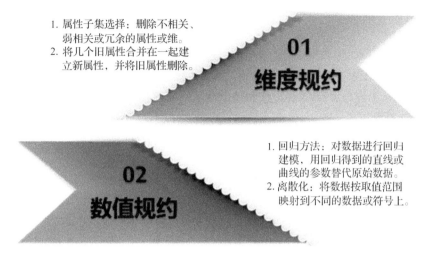

1. 属性子集选择：删除不相关、弱相关或冗余的属性或维。
2. 将几个旧属性合并在一起建立新属性，并将旧属性删除。

01 维度规约

02 数值规约

1. 回归方法：对数据进行回归建模，用回归得到的直线或曲线的参数替代原始数据。
2. 离散化：将数据按取值范围映射到不同的数据或符号上。

图 2.3.3　数据规约方法

的数据分析中没有用的信息。属性合并的思路就是属性构造,是指采用建立新属性的方式,将几个旧属性合并在一起,同时把用于合并的属性删除。

对维数进行规约有很多好处。其中一个关键是很多大数据分析算法在低维度的情况下有很好的表现。这是因为维数归约可以消除无关的特征并降低噪声数据,避免产生维数灾难。维数归约的另一个好处是可以建立一个容易被理解的模型。维数规约可以采用属性合并、逐步向前选择、逐步向后删除、决策树归纳及主成分分析等方法。

(2)数值归约指用规模较小的数据表示、替换或估计原始数据,包括回归、离散化等方法。数据回归是通过对数据建模,使之拟合成一条直线或曲线,然后用直线或曲线的参数替代原始数据。数据的离散化是指在数据的取值范围内设定若干个离散的划分点,将取值范围按这些划分点划分为一些离散化的子区间,然后将落在不同子区间的数据的值映射到不同的数值或符号上。有些数据分析算法,如分类算法需要将连续性数据转化为离散型数据才能使用,或者将连续性及离散型数据转化为二元数据(如转为"0"或"1")。数据通过离散化可以达到数值规约的目的。数据的离散化常用的方法有分箱方法和聚类方法。分箱方法可以采用等频法或等宽度法等。

2.4　大数据的分析

数据分析就是用适当的统计分析方法对收集来的大量数据进行分析,提取有用信息和形成结论的过程。数据分析只能对某一个问题做出解答,比如分析得出销售额下降的比率和原因,但并没有告诉我们怎么做。也就是说,数据分析本身不能带来最大化的业绩和效率。所以,数据分析结合人的决策和业务行动,将正确的分析结果用最实际的方式应用到业务层面才能产生效益,只有持续不断地产生效益才能称之为数据化管理。

2.4.1　常用分析方法

数据分析是以目标为导向的,通过目标实现选择数据分析的方法,常用的分析方法包括统计分析和机器学习方法。

（1）统计分析

统计是指从样本信息中获取总体的信息，通过少量数值来了解大量数据中的主要信息，常见统计指标包括以下五种。

分布度量：概率分布表、频率表、直方图

频率度量：众数

位置度量：均值、中位数

散度度量：极差、方差、标准差

多元比较：相关系数

（2）机器学习方法

常用的机器学习方法有用户画像分析、分类分析、聚类分析、回归分析、关联规则挖掘和推荐算法等。

2.4.2　用户画像分析

用户画像又称用户角色，作为一种勾画目标用户、联系用户诉求与设计方向的有效工具，用户画像在各领域得到了广泛的应用[13]。用户画像是真实用户的虚拟代表，是建立在一系列真实数据之上的目标用户模型。通过用户调研去了解用户，根据他们的目标、行为和观点的差异，将他们区分为不同的类型，然后每种类型中抽取出典型特征，赋予名字、照片、一些人口统计学要素、场景等描述，就形成了一个人物原型。

用户画像的核心工作就是给用户打标签，标签通常是人为规定的高度精练的特征标识，如年龄、性别、地域、兴趣等。这些标签集合就能抽象出一个用户的信息全貌，如图2.4.1所示是某个用户的标签集合，每个标签分别描述了该用户的一个维度，各个维度之间相互联系，共同构成对用户的一个整体描述。

其他类似的画像还有企业画像、产品画像、社会画像和经济画像等。

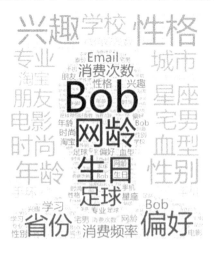

图 2.4.1　某用户的标签集合

2.4.2.1　用户画像的 Persona 七要素

用户画像具有 Persona 七个要素[27]，分别如下：

P 代表基本性(Primary)，指该用户角色是否基于对真实用户的情景访谈；

E 代表同理心(Empathy)，指用户角色中包含姓名、照片和产品相关的描述，该用户角色是否引起同理心，同理心指站在当事人的角度和位置上，客观地理解当事人的内心感受，且把这种理解传达给当事人的一种沟通交流方式；

R 代表真实性(Realistic)，指对那些每天与顾客打交道的人来说，用户角色是否看起来像真实人物；

S 代表独特性(Singular)，指每个用户是否是独特的，彼此很少有相似性；

O 代表目标性(Objectives)，指该用户角色是否包含与产品相关的高层次目标，是否包含关键词来描述该目标；

N 代表数量性(Number)，指用户角色的数量是否足够少，以便设计团队能记住每个用户角色的姓名，以及其中的一个主要用户角色；

A 代表应用性(Applicable)，指设计团队是否能使用用户角色作为一种实用工具进行设计决策。

Persona 的本质是一个用以沟通的工具，它帮助项目过程中的不同角色摆脱自己的思维模式，沉浸到目标用户角色中，站在用户的角度思考问题。当产品经理们、研究员们、设计师们、运营经理们、开发工程师们在项目过程中产生分歧时，各类角色能够借助 Persona 跳出眼前的焦胶着，重新融入目标用户，不再讨论这个功能要不要保留，而是讨论用户需不需要这个功能，用户会如何使用这个功能；等等。

2.4.2.2　用户画像的优点

用户画像可以使产品的服务对象更加聚焦，更加专注。在有些行业，我们经常看到这样一种现象：做一个产品，期望目标用户能涵盖所有人，男人女人、老人小孩、专家小白、文青屌丝……通常这样的产品会走向消亡，因为每一个产品都是为特定目标群的共同标准而服务的，当目标群的基数越大，这个标准就越低。换言之，如果这个产品是适合每一个人的，那么其实它是为最低的标准服务的，这样的产品要么毫无特色，要么过于简陋。纵览成功的产品案例，产品服务的目标用户通常都非常清晰，特征明显，体现在产品上就是专注、极致，能解决核心问题。比如苹果的产品，一直都为有态度、追求品质、特立独行的人群服务，从而赢得了很好的用户口碑及市场份额。又比如豆瓣，专注文艺事业十多年，只为文艺青年服务，用户黏性非常高，文艺青年在这里能找到知音，找到归宿。所以，给特定群体提供专注的服务，远比给广泛人群提供低标准的服务更容易接近成功。

另外，用户画像可以在一定程度上避免产品设计人员草率地代表用户。代替用户发声是在产品设计中常出现的现象，产品设计人员经常不自觉地认为用户的期望跟他们是一致的，并且还总打着"为用户服务"的旗号。这样做的后果往往是：产品设计人员精心设计的服务，用户并不买账，甚至觉得很糟糕。

2.4.2.3　标签体系

目前主流的标签体系都是层次化的，如图 2.4.2 所示。标签分为几个大类，每个大类下进行逐层细分。在构建标签时，我们只需要构建最下层的标签，就能够映射到上面两级标签。

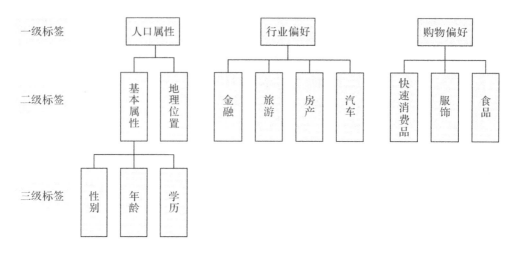

图 2.4.2　大数据分析常用标签体系

上层标签都是抽象的标签集合,一般没有实用意义,只有统计意义。例如,我们可以统计有人口属性标签的用户比例,但用户有人口属性标签本身对广告投放没有任何意义。

用于广告投放和精准营销的一般是底层标签。底层标签有两个要求:一个是每个标签只能表示一种含义,避免标签之间的重复和冲突,便于计算机处理;另一个是每个标签必须有一定的语义,方便相关人员理解标签的含义。

此外,标签的粒度也是需要注意的。标签粒度太粗会没有区分度;粒度过细会导致标签体系太过复杂而不具有通用性。

2.4.2.4　用户画像构建

标签可以分成三类。这三类标签有较大的差异,构建时用到的技术差别也很大。第一类是人口属性,这一类标签比较稳定,一旦建立很长一段时间基本不用更新,标签体系也比较固定;第二类是兴趣属性,这类标签随时间变化很快,标签有很强的时效性,标签体系也不固定;第三类是地理属性,这一类标签的时效性跨度很大,如 GPS 轨迹标签需要做到实时更新,而常住地标签一般可以几个月不用更新,挖掘的方法和前面两类也大有不同。

（1）人口属性画像

人口属性包括年龄、性别、学历、人生阶段、收入水平、消费水平、所属行业等。这些标签基本是稳定的,构建一次可以很长一段时间不用更新,标签的有效期都在一个月以上。同时,标签体系的划分也比较固定。

很多产品都会引导用户填写基本信息,这些信息就包括年龄、性别、收入等大多数的人口属性,但完整填写个人信息的用户只占很少一部分。而对于无社交属性的产品（如输入法、团购 APP、视频网站等）,用户信息的填充率非常低,有的甚至不足 5%。

在这种情况下,我们一般会用填写了信息的这部分用户作为样本,把用户的行为数据作为特征训练模型,对无标签的用户进行人口属性的预测。这种模型把用户的标签传给与其行为相似的用户,可以认为是对人群进行了标签扩散,因此常被称为标签扩散模型。

（2）兴趣画像

兴趣画像是互联网领域使用最广泛的画像,互联网广告、个性化推荐、精准营销等各个领域最核心的标签都是兴趣标签。兴趣画像主要是从用户海量行为日志中进行核心信息的抽取、标签化和统计,因此在构建用户兴趣画像之前需要先对用户有行为的内容进行内容建模。

内容建模需要注意粒度,过细的粒度会导致标签没有泛化能力和使用价值,过粗的粒度会导致没有区分度,其中泛化能力指学习方法对未知数据的预测能力[14]。

为了保证兴趣画像既有一定的准确度又有较好的泛化性,我们会构建层次化的兴趣标签体系,使用中同时用几个粒度的标签去匹配,既保证了标签的准确性,又保证了标签的泛化性。

(3)地理位置画像

地理位置画像一般分为两部分:一部分是常住地画像;一部分是 GPS 画像。两类画像的差别很大,常住地画像比较容易构造,且标签比较稳定,GPS 画像需要实时更新。

常住地包括国家、省份、城市三级,一般只细化到城市粒度。常住地的挖掘基于用户的 IP 地址信息,对用户的 IP 地址进行解析,对应到相应的城市,对用户 IP 出现的城市进行统计就可以得到常住城市标签。

用户的常住城市标签,不仅可以用来统计各个地域的用户分布,还可以根据用户在各个城市之间的出行轨迹识别出差人群、旅游人群等。

GPS 数据一般从手机端收集,但很多手机 APP 没有获取用户 GPS 信息的权限。能够获取用户 GPS 信息的主要是百度地图、滴滴打车等出行导航类 APP,此外收集到的用户 GPS 数据一般比较稀疏。

2.4.3　距离及相似性计算

2.4.3.1　距离计算

两个对象的差异经常用距离来表示,距离越大,说明这两个对象差异越大;距离越小,说明这两个对象差异越小。常用的距离计算方式有欧式距离、曼哈顿距离和切比雪夫距离等。

(1)欧氏距离

欧式距离是最常见的两点之间或多点之间的距离表示法,又称之为欧几里得度量。它定义于欧几里得空间中,如点 $x=(x_1,x_2,\cdots,x_n)$ 和 $y=(y_1,y_2,\cdots,y_n)$ 之间的距离为:

$$d_{12}=\sqrt{(x_1-y_1)^2+(x_2-y_2)^2+\cdots+(x_n-y_n)^2} \qquad (式2.4.1)$$

(1)二维平面上两点 $P_1(x_1,y_1)$ 与 $P_2(x_2,y_2)$ 间的欧氏距离:

$$d_{12}=\sqrt{(x_1-y_1)^2+(x_2-y_2)^2} \qquad (式2.4.2)$$

(2)三维空间中两点 $P_1(x_1,y_1,z_1)$ 与 $P_2(x_2,y_2,z_2)$ 间的欧氏距离:

$$d_{12}=\sqrt{(x_1-x_2)^2+(y_1-y_2)^2+(z_1-z_2)^2} \qquad (式2.4.3)$$

(3)两个 n 维向量 $A(x_{11},x_{12},\cdots,x_{1n})$ 与 $B(x_{21},x_{22},\cdots,x_{2n})$ 间的欧氏距离:

$$d_{12}=\sqrt{\sum_{k=1}^{n}(x_{1k}-x_{2k})^2} \qquad (式2.4.4)$$

(2)曼哈顿距离

曼哈顿距离也称为城市街区距离,它是在欧几里得空间的固定直角坐标系上两点所形成的线段对轴产生的投影的距离总和[11],如图 2.4.3 所示。曼哈顿是美国纽约的一个主城区,如果在曼哈顿从一个十字路口开车到另外一个十字路口,驾驶的最短距离就是这个"曼

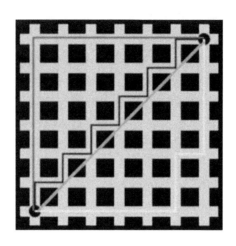

图 2.4.3 曼哈顿距离

哈顿距离"。例如在平面上,坐标(x_1,y_1)的点 P_1 与坐标(x_2,y_2)的点 P_2 的曼哈顿距离为:

$$d_{12} = |x_1 - x_2| + |y_1 - y_2| \qquad (式 2.4.5)$$

(1)二维平面两点 $P_1(x_1,y_1)$ 与 $P_2(x_2,y_2)$ 间的曼哈顿距离为:

$$d_{12} = |x_1 - x_2| + |y_1 - y_2| \qquad (式 2.4.6)$$

(2)两个 n 维向量 $\boldsymbol{A}(x_{11},x_{12},\cdots,x_{1n})$ 与 $\boldsymbol{B}(x_{21},x_{22},\cdots,x_{2n})$ 间的曼哈顿距离为:

$$d_{12} = \sum_{k=1}^{n} |x_{1k} - x_{2k}| \qquad (式 2.4.7)$$

(3)切比雪夫距离

如图 2.4.4 所示,国际象棋中国王走一步能够移动到相邻的 8 个方格中的任意一个,国王从格子(x_1,y_1)走到格子(x_2,y_2)所需要的最少步数总是 $\max(|x_1-x_2|,|y_1-y_2|)$步。有一种类似的距离度量方法叫切比雪夫距离[12]。

	a	b	c	d	e	f	g	h	
8	5	4	3	2	2	2	2	2	8
7	5	4	3	2	1	1	1	2	7
6	5	4	3	2	1	♔	1	2	6
5	5	4	3	2	1	1	1	2	5
4	5	4	3	2	2	2	2	2	4
3	5	4	3	3	3	3	3	3	3
2	5	4	4	4	4	4	4	2	2
1	5	5	5	5	5	5	5	1	1
	a	b	c	d	e	f	g	h	

图 2.4.4 国际象棋走步

(1)二维平面两点 $P_1(x_1,y_1)$ 与 $P_2(x_2,y_2)$ 间的切比雪夫距离为:

$$d_{12} = \max(|x_1 - x_2|), (|y_1 - y_2|) \qquad (式 2.4.8)$$

(2)两个 n 维向量 $\boldsymbol{A}(x_{11},x_{12},\cdots,x_{1n})$ 与 $\boldsymbol{B}(x_{21},x_{22},\cdots,x_{2n})$ 间的切比雪夫距离为：

$$d_{12}=\max_i\,(\,|\,x_{1i}-x_{2i}\,|\,) \qquad\qquad (\text{式 } 2.4.9)$$

这个公式的另一种等价形式是：

$$d_{12}=\lim_{k\to\infty}\Big(\sum_{i=1}^{n}|\,x_{1i}-x_{2i}\,|^{\,k}\Big)^{1/k} \qquad\qquad (\text{式 } 2.4.10)$$

2.4.3.2　相似性计算

两个用户或对象的相似程度常用相似性来表示。两个用户相似性越高，说明这两个用户越相似。度量用户或对象间相似性的方法很多，主要有余弦相似性、相关相似性以及修正的余弦相似性。下面以推荐系统中用户相似性的计算说明这三种相似性计算方法。

(1)余弦相似性

在信息检索领域，两篇文档之间的相似度经常通过将文档看作一个词频向量，然后计算两词频向量的夹角余弦来表示。同样，可以将这种方法用于协同过滤推荐系统等，将用户评分看作 n 维项目空间上的向量，如果用户对项目没有进行评分，则将用户对该项目的评分设为 0，用户间的相似性通过矢量间的余弦夹角度量，称为余弦相似性。将用户 i 和用户 j 在 n 维项目空间上的评分分别表示为矢量，则用户 i 和用户 j 之间的相似性 $sim(i,j)$ 为：

$$sim(i,j)=\cos(\vec{i},\vec{j})=\frac{\vec{ij}}{\|\vec{i}\|_2\times\|\vec{j}\|_2}=\sum_k\frac{R_{i,k}}{\sqrt{\sum_{l\in I_i}R_{i,l}^2}}\frac{R_{j,k}}{\sqrt{\sum_{l\in I_j}R_{j,l}^2}}$$

$$(\text{式 } 2.4.11)$$

其中 $R_{i,k}$ 与 $R_{j,k}$ 分别表示用户 i 和用户 j 对项目 k 的评分，$R_{i,l}$ 与 $R_{j,l}$ 分别表示用户 i 和用户 j 对项目 l 的评分，I_i 和 I_j 分别表示用户 i 和用户 j 评过分的项目，式中分母用于归一化，使得打分项目较多的用户在计算时不会优先于其他用户。在余弦相似性度量方法中，将用户没有评分的项目的评分假设为 0，这样可以有效地提高计算性能，但在项目数量巨大且用户评分数据极端稀疏的情况下，这样假设的可信度并不高。

(2)相关相似性

在推荐系统中，用户 i 和用户 j 之间的相似性 $sim(i,j)$ 也可以通过 Pearson 相关系数来度量。Pearson 相关系数用于衡量两个变量之间的线性关系。相关相似性 sim(i,j) 的计算公式如下：

$$sim(i,j)=\frac{\sum_{k=1}^{K}(R_{i,k}-\overline{R_i})(R_{j,k}-\overline{R_j})}{\sqrt{\sum_{k=1}^{K}(R_{i,k}-\overline{R_i})^2}\sqrt{\sum_{k=1}^{K}(R_{j,k}-\overline{R_j})^2}} \qquad (\text{式 } 2.4.12)$$

其中 $R_{i,k}$ 与 $R_{j,k}$ 分别表示用户 i 和用户 j 对项目 k 的评分，$\overline{R_i}$ 与 $\overline{R_j}$ 分别表示用户 i 和用户 j 在各自所有已打分项目上的评分的平均值，K 是用户 i 与用户 j 重合的评分数目。

(3)修正的余弦相似性

在余弦相似性度量方法中没有考虑不同用户的评分尺度问题。比如用户甲给他认为最好的项目的评分为 4，而从不给 5 分，他给他认为最差的项目评分为 1，而不给 2 分；用户乙给他认为最好的项目的评分为 5，给他认为最差的项目评分为 2。如果采用基本的余弦相似性方法，则这两个用户差异较大，修正的余弦相似性度量方法通过减去用户对项目的平均评分改善上述缺陷。设用户 i 和用户 j 共同评分过的项目集合用 I_{ij} 表示，I_i 和 I_j 分别表示用户 i 和用户 j 评分过的项目集合，则用户 i 和用户 j 之间的相似性 $sim(i,j)$ 为：

$$sim(i,j) = \frac{\sum_{k \in I_{ij}} (R_{i,k} - \overline{R_i})(R_{j,k} - \overline{R_j})}{\sqrt{\sum_{k \in I_i} (R_{i,k} - \overline{R_i})^2} \sqrt{\sum_{k \in I_j} (R_{j,k} - \overline{R_j})^2}} \qquad (\text{式 } 2.4.13)$$

这种方法的优点是简单有效,新数据很容易加入进行增量更新。

2.4.4　分类分析

分类是找出一组数据对象的共同特点,并按照分类模式将其划分为不同的类。分类的目的是通过分类模型,将对象映射到某个给定的类别中。分类分析是已知研究对象分成若干类型,并已取得各种类型的一批已知样品的观测数据,在此基础上根据某些准则建立数学模型,然后对未知类型的样品进行判别分类。

如 19 名男女同学进行体检,测量了身高和体重,但事后发现其中有 4 人忘记填写性别,试问(在最小错误率的条件下)这 4 人是男是女?体检数值见表 2.4.1。

表 2.4.1　学生身高体重表

编号	身高/cm	体重/kg	性别	编号	身高/cm	体重/kg	性别
1	170	68	男	11	140	62	男
2	130	66	女	12	150	64	女
3	180	71	男	13	120	66	女
4	190	73	男	14	150	66	男
5	160	70	女	15	130	65	男
6	150	66	男	16	140	70	?
7	190	68	男	17	150	60	?
8	185	76	男	18	145	65	?
9	100	58	女	19	160	75	?
10	170	75	男				

客户流失分析、风险管理和广告定位之类的商业问题经常会涉及分类。如淘宝商铺将用户在一段时间内的购买物品情况划分成不同的类,根据情况向用户推荐关联类的商品,从而增加商铺的销售量。

常用分类方法有 K-近邻、决策树、贝叶斯、人工神经网络、支持向量机和基于关联规则的分类等。

2.4.4.1　K-近邻分类算法

K-近邻算法(k-Nearest Neighbors,简写为"KNN 算法")是一种典型的分类方法,基本原理是对一个待分类的数据对象 x,从训练数据集中找出与之距离最近的 K 个点,取这 K 个点中所在类数最多的那个类(众数类)作为该数据点的类赋给这个新的数据对象。比如某人周边的朋友大多数喜欢玩电子游戏,那这个人很有可能也喜欢玩电子游戏。

一般来说,我们只选择样本数据集中前 K 个最相似的数据,这就是 K-近邻算法中 K 的出处,通常 K 是不大于 20 的整数。最后,选择 K 个最相似数据中出现次数最多的分类,作为新数据的分类。

K-近邻算法流程如下。

对未知类别属性的数据集中的每个点(称为测试样本)依次执行以下操作:

(1)计算测试样本与已知类别数据集中每个样本(称为训练样本)之间的距离(根据实际问题可以选择欧式距离或其他距离方式);

(2)计算测试样本与附近 K 个训练样本中的最大距离 D;

(3)将与测试样本距离小于或等于 D 的所有训练样本(一共 K 个)取出来;

(4)确定这 K 个训练样本所属类别的出现频率;

(5)返回这 K 个训练样本所属类别出现频率最高的类别(即众数类)作为当前测试样本的预测分类。

K-近邻算法的优点是精度高,对异常值不敏感,无数据输入假定;缺点是计算复杂度高、空间复杂度高。

2.4.4.2　决策树算法

(1)决策树的概念

决策树是依托决策而建立起来的一种树状结构[15,16],如图 2.4.5 所示。在机器学习中,决策树是一种预测模型,代表的是一种对象属性与对象值之间的映射关系,每一个节点代表一个对象,树中的每一个分叉路径代表某个可能的属性值,而每一个叶子节点则对应从根节点到该叶子节点经历的路径所表示的对象的值。决策树仅有单一输出,如果有多个输出,可以分别建立独立的决策树以处理不同的输出。

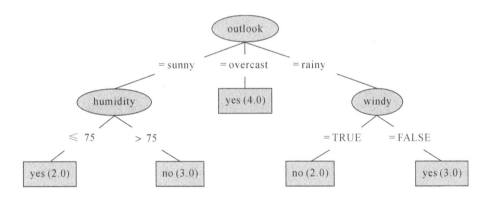

图 2.4.5　决策树

决策树的构造过程一般分为三个部分,分别是特征选择、决策树生成和决策树裁剪。

①特征选择

特征选择表示从众多的特征中选择一个特征作为当前节点分裂的标准,如何选择特征有不同的量化评估方法,从而衍生出不同的决策树,如 ID3(通过信息增益选择特征)、C4.5(通过信息增益比选择特征)、CART(通过 Gini 指数选择特征)等。

目的(准则):使用某特征对数据集划分之后,各数据子集的纯度要比划分前的数据集 **D** 的纯度高(也就是不确定性要比划分前数据集 **D** 的不确定性低)。

②决策树的生成

根据选择的特征评估标准,从上至下递归地生成子节点,直到数据集不可分则停止决策树生长。这个过程实际上就是使用满足划分准则的特征不断地将数据集划分成纯度更高、不确定性更小的子集的过程。对于当前数据集的每一次划分,都希望根据某个特征划分之后的各个子集的纯度更高、不确定性更小。

③决策树的裁剪

决策树容易过拟合,一般需要剪枝来缩小树结构规模、缓解过拟合。过拟合指学习时选择的模型包含的参数过多,以至于出现这一模型对已知数据预测得很好,但对未知数据预测得很差的现象[14]。

对一个分类问题,从已知类标记的训练样本中学习并构造出决策树的过程是自上而下、分而治之的。决策树有以下优点:

a. 具有可读性,如果给定一个模型,那么通过所产生的决策树很容易推理出相应的逻辑表达;

b. 分类速度快,能在相对短的时间内对大型数据源做出可行且效果良好的结果。

但决策树对未知的测试数据未必有好的分类、泛化能力,即可能发生过拟合现象,此时可采用剪枝或随机森林来避免。

(2) ID3 算法

ID3 算法(即 *Iterative Dichotomiser 3*,迭代二叉树 3 代),是 *Ross Quinlan* 发明的一种决策树算法,这个算法的基础就是奥卡姆剃刀原理,越是小型的决策树越优于大型的决策树。尽管如此,ID3 算法也不总是生成最小的树型结构,而是一个启发式算法。

在信息论中,期望信息越小,那么信息增益就越大,从而纯度就越高。ID3 算法的核心思想就是以信息增益(增加的信息量)来度量属性的选择,选择分裂后信息增益最大的属性进行分裂。该算法采用自顶向下的贪婪搜索遍历可能的决策空间。

在信息增益中,重要性的衡量标准就是看特征能够为分类系统带来多少信息,带来的信息越多,该特征越重要。信息增益与信息熵相关。

熵这个概念最早起源于物理学,用来度量一个热力学系统的无序程度。在信息学里面,熵是对不确定性的度量。在 1948 年,香农引入了信息熵,将其定义为离散随机事件出现的概率。一个系统越是有序,信息熵就越低;反之一个系统越是混乱,它的信息熵就越高。所以信息熵可以被认为是系统有序化程度的一个度量。

假如一个随机变量 X 的取值为 $X = \{x_1, x_2, \cdots, x_n\}$,每一个值取到的概率分别是 $\{p_1, p_2, \cdots, p_n\}$,那么 X 的信息熵(Entropy)定义为:

$$H(X) = -\sum_{i=1}^{n} p_i \log_2 p_i \qquad (式 2.4.14)$$

从信息熵的定义可以看出,一个变量的可能变化情况越多,那么它携带的信息量就越大。为了保证定义的通用性,规定 $\log_2 0 = 0$。

对于分类系统来说,类别 C 是变量,它的取值是 $C_1, C_2, \cdots, C_n$,而每一个类别出现的概率分别是 $P(C_1), P(C_2), \cdots, P(C_n)$。

这里的 n 是类别的总数,此时分类系统的熵就可以表示为:

$$H(C) = -\sum_{i=1}^{n} P(C_i) \log_2 P(C_i) \qquad (式 2.4.15)$$

信息增益是针对一个特征而言的,就是看一个特征 T,系统有它和没有它时的信息量各是多少,两者的差值就是这个特征给系统带来的信息量,即信息增益。

下面以天气预报的例子来说明 ID3 算法的流程。表 2.4.2 是一个描述天气数据的数据集,给出了一组 14 天天气数据(指标包括 outlook,temperature,humidity,windy 等),并已知这些天气某人是否出去打球(play)。学习目标是 play 或者 not play,比如给出新一天的气象指标数据:sunny,cool,high,FALSE,判断一下此人会不会出去打球。

表 2.4.2　天气预报数据集

outlook	temperature	humidity	windy	play
sunny	hot	high	FALSE	no
sunny	hot	high	TRUE	no
overcast	hot	high	FALSE	yes
rainy	mild	high	FALSE	yes
rainy	cool	normal	FALSE	yes
rainy	cool	normal	TRUE	no
overcast	cool	normal	TRUE	yes
sunny	mild	high	FALSE	no
sunny	cool	normal	FALSE	yes
rainy	mild	normal	FALSE	yes
sunny	mild	normal	TRUE	yes
overcast	mild	high	TRUE	yes
overcast	hot	normal	FALSE	yes
rainy	mild	high	TRUE	no

可以看出,一共 14 个样例,包括 9 个正例和 5 个负例。那么当前信息的熵计算如下:

$$H(S) = -\frac{9}{14}\log_2\frac{9}{14} - \frac{5}{14}\log_2\frac{5}{14} = 0.9403$$

在决策树分类问题中,信息增益就是决策树在进行属性选择划分前和划分后信息的差值。假设利用属性 outlook 来进行划分(见图 2.4.6)。

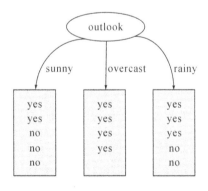

图 2.4.6　采用属性 outlook 分类

划分后,数据被分为三部分,各个分支的信息熵计算如下:

$$H(\text{sunny}) = -\frac{2}{5}\log_2\frac{2}{5} - \frac{3}{5}\log_2\frac{3}{5} = 0.9710$$

$$H(\text{overcast}) = -\frac{4}{4}\log_2\frac{4}{4} - 0\log_2 0 = 0$$

$$H(\text{rainy}) = -\frac{3}{5}\log_2\frac{3}{5} - \frac{2}{5}\log_2\frac{2}{5} = 0.9710$$

那么划分后的信息熵为:

$$H(S\mid o) = \frac{5}{14}0.9710 + \frac{4}{14}0 + \frac{5}{14}0.9710 = 0.6936$$

用 $H(S\mid o)$ 代表在特征属性 o(outlook)的条件下样本的条件熵,那么最终得到特征属性带来的信息增益为:

$$IG(o) = H(S) - H(S\mid o) = 0.9403 - 0.6936 = 0.2467$$

信息增益的计算公式如下:

$$IG(S\mid T) = Entropy(S) - \sum_{value(T)}\frac{\mid S_v\mid}{S}Entropy(S_v) \qquad (\text{式 }2.4.16)$$

其中 $Entropy$ 代表熵, S 为全部样本集合, $value(T)$ 是属性 T 所有取值的集合, v 是 T 的其中一个属性值, S_v 是 S 中属性 T 的值为 v 的样例集合, $\mid S_v\mid$ 为 S_v 中所含样例数。

在决策树的每一个非叶子节点划分之前,先计算每一个属性所带来的信息增益,选择最大信息增益的属性来划分,因为信息增益越大,区分样本的能力就越强,越具有代表性,很显然这是一种自顶向下的贪心策略。

以上就是 ID3 算法的核心思想。接下来计算其他属性所带来的信息增益。

与上面类似,假设利用属性 temperature 来划分,各个分支的信息熵计算如下:

$$H(\text{hot}) = -\frac{1}{2}\log_2\frac{1}{2} - \frac{1}{2}\log_2\frac{1}{2} = 1.0000$$

$$H(\text{mild}) = -\frac{2}{3}\log_2\frac{2}{3} - \frac{1}{3}\log_2\frac{1}{3} = 0.9183$$

$$H(\text{cool}) = -\frac{3}{4}\log_2\frac{3}{4} - \frac{1}{4}\log_2\frac{1}{4} = 0.8113$$

那么划分后的信息熵为:

$$H(S\mid t) = \frac{4}{14}1.0000 + \frac{6}{14}0.9183 + \frac{4}{14}0.8113 = 0.9111$$

得到特征属性 temperature 带来的信息增益为:

$$IG(t) = H(S) - H(S\mid t) = 0.9403 - 0.9111 = 0.0292$$

假设利用属性 humidity 来划分,各个分支的信息熵计算如下:

$$H(\text{high}) = -\frac{3}{7}\log_2\frac{3}{7} - \frac{4}{7}\log_2\frac{4}{7} = 0.9852$$

$$H(\text{normal}) = -\frac{6}{7}\log_2\frac{6}{7} - \frac{1}{7}\log_2\frac{1}{7} = 0.5917$$

那么划分后的信息熵为:

$$H(S\mid h) = \frac{7}{14}0.9852 + \frac{7}{14}0.5917 = 0.7884$$

得到特征属性 humidity 带来的信息增益为:

$$IG(h) = H(S) - H(S|h) = 0.9403 - 0.7884 = 0.1519$$

假设利用属性 windy 来划分,各个分支的信息熵计算如下:

$$H(\text{FALSE}) = -\frac{3}{4}\log_2\frac{3}{4} - \frac{1}{4}\log_2\frac{1}{4} = 0.8113$$

$$H(\text{TRUE}) = -\frac{1}{2}\log_2\frac{1}{2} - \frac{1}{2}\log_2\frac{1}{2} = 1.0000$$

那么划分后的信息熵为

$$H(S|w) = \frac{8}{14}0.8113 + \frac{6}{14}1.0000 = 0.8922$$

得到特征属性 windy 带来的信息增益为

$$IG(w) = H(S) - H(S|w) = 0.9403 - 0.8922 = 0.0481$$

通过以上计算可以看出,在四个属性 outlook、temperature、humidity 和 windy 中,信息增益最大属性是 outlook,因此选择 outlook 属性来划分。以 outlook 属性的三个属性值"sunny"、"overcast"和"rainy"作为该根节点的三个分支。然后按照上面的方法继续对这个根节点的三个分支划分节点,针对每一个分支节点计算信息增益(其中属性为"overcast"的分支类别全为"yes",所以直接设为叶节点,不用再求分支),如此循环反复,直到没有新的节点分支,最终构成一棵决策树。生成的决策树模型如图 2.4.5 所示。

从以上计算过程可以总结出 ID3 算法的流程如下:

a. 对当前样本集计算所有属性的信息增益;

b. 选择信息增益最大的属性作为测试属性,把测试属性取值相同的样本划分为同一个子样本集;

c. 若子样本集的类别属性只含有单个属性,则分支为叶节点,判断其属性值并标上相应的类别,然后返回调用处,否则对子样本集递归调用此算法。

2.4.4.3 AdaBoost 分类器算法

AdaBoost 分类器算法属于集成式学习。集成式学习是基于这样一种思想:对于一个复杂任务来说,将多个专家的判断进行适当的综合所得出的判断,要比其中任何一个专家单独的判断好。其中所说的专家相当于一个分类器,但面临某一个复杂的问题时,单一的分类器未必能将问题有效地解决。我们把这种分类器称之为弱分类器或基本分类器,一般说来弱分类器只给出比随机猜测好一点的一个分类结果。如果面对复杂的问题,无法轻松地找到一个强分类器,一个自然的想法就是能不能利用多个弱分类器构成某种强分类器[14,17-18]。

AdaBoost 分类器利用弱分类器,基于分类器的错误率分配不同的权重参数,最后累加加权的预测结果作为输出。

(1)AdaBoost 分类器算法流程

AdaBoost 分类器算法基于错误提升分类器的性能。基本分类器或者说弱分类器,意味着分类器的性能不会太好。一般而言,在二类分类情况下,弱分类器的分类错误率达到甚至超过 50%,显然也只是比随机猜测略好。强分类器的分类错误率相对而言就要小很多,AdaBoost 算法就是利用这些弱分类器的组合最终来完成分类预测的。

AdaBoost 算法的运行过程如下。

训练数据的每一个样本,并赋予其一个权重,这些权值构成权重向量 $\boldsymbol{D}$,维度等于数据集样本个数。开始时,这些权重都是相等的,首先在训练数据集上训练出一个弱分类器并计算该分类器的错误率,然后在同一数据集上再次训练弱分类器,但是在第二次训练时,将会根据分类器的错误率,对数据集中样本的各个权重进行调整,分类正确的样本的权重降低,而分类错误的样本权重则上升,但这些权重的总和保持不变为1。

最终的分类器会基于这些训练的弱分类器的分类错误率,分配不同的权重 α,错误率低的分类器获得更高的权重,从而在对数据进行预测时起关键作用。α 的计算根据错误率得出:

$$\alpha = \frac{1}{2} \log \frac{1-e}{e} \qquad (式\ 2.4.17)$$

其中,e 为错误分类的样本数目占样本总数的比例。

计算出 α 之后,就可以对权重向量 $\boldsymbol{D}$ 进行更新了,使得分类错误的样本获得更高的权重,而分类正确的样本获得更低的权重。$\boldsymbol{D}$ 的计算公式如下:

$$\boldsymbol{D}_{m+1} = (w_{m+1,1}, w_{m+1,2}, \cdots, w_{m+1,i}, \cdots, w_{m+1,N})$$

其中,如果某个样本被正确分类,即 $y_i = G_m(x_i)$ 时(其中 $G_m(x_i)$ 为弱分类器),权重更新为:

$$w_{m+1,i} = \frac{w_{mi}}{Z_m} \exp(-\alpha_m), \quad i = 1, 2, \cdots, N \qquad (式\ 2.4.18)$$

如果某个样本被错误分类,即 $y_i \neq G_m(x_i)$ 时,那么权重更新为:

$$w_{m+1,i} = \frac{w_{mi}}{Z_m} \exp(\alpha_m), \quad i = 1, 2, \cdots, N \qquad (式\ 2.4.19)$$

在这两种情况下,权重更新可以统一为:

$$w_{m+1,i} = \frac{w_{mi}}{Z_m} \exp(-\alpha_m y_i G_m(x_i)), \quad i = 1, 2, \cdots, N \qquad (式\ 2.4.20)$$

其中,m 为迭代的次数,即训练的第 m 个分类器,i 为权重向量的第 i 个分量,Z_m 为规范化因子。

$$Z_m = \sum_{i=1}^{N} w_{mi} \exp(-\alpha_m y_i G_m(x_i)) \qquad (式\ 2.4.21)$$

当我们更新完各个样本的权重之后,就可以进行下一次的迭代训练。AdaBoost 算法会不断重复训练和调整权重,直至达到迭代次数,或者训练错误率为 0。

根据上面所述的 AdaBoost 算法运行过程,得到二类分类问题的 AdaBoost 算法流程。

输入:训练数据集 $T = \{(x_1, y_1), (x_2, y_2), \cdots, (x_N, y_N)\}$,其中 $x_i \in \mathbf{R}^n$,表示输入数据,$y_i \in \{-1, +1\}$,表示类别标签;弱学习算法。

输出:最终分类器 $G(x)$。

流程:

步骤 1:初始化训练数据的权重分布,刚开始为均匀分布,即 $D_1 = (\frac{1}{N}, \frac{1}{N}, \cdots, \frac{1}{N})$。

步骤 2:对 $m = 1, 2, \cdots, M$,分别进行弱分类器的选择,并计算每个弱分类器的权重和更新样本权重 D_m。

(a)使用具有权值分布 D_m 的训练数据集进行学习(任意选一种弱学习算法都可以,例如决策树等),得到一个弱分类器。

$$G_m(x): X \to \{-1, +1\}$$

其中 $G_m(x)$ 表示一个弱分类器。

(b)计算 $G_m(x)$ 在训练数据集上的分类误差率。

$$e_m = \sum_{i=1}^{N} P(G_m(x_i) \neq y_i) = \sum_{i=1}^{N} w_{mi} I(G_m(x_i) \neq y_i) \qquad (\text{式 } 2.4.22)$$

其中 $P(\cdot)$ 表示的是概率值，$I(\cdot)$ 表示指示函数，即当括号内的表达式成立时，$I(\cdot)=1$，否则 $I(\cdot)=0$。

（c）计算弱分类器 $G_m(x)$ 的系数。

$$\alpha_m = \frac{1}{2} \log \frac{1-e_m}{e_m} \qquad (\text{式 } 2.4.23)$$

（d）更新训练数据的权重分布为 $D_{m+1}=(w_{m+1,1}, w_{m+1,2}, \cdots, w_{m+1,i}, \cdots, w_{m+1,N})$，

$$w_{m+1,i} = \frac{w_{mi}}{Z_m} \exp(-\alpha_m y_i G_m(x_i)), \quad i=1,2,\cdots,N \qquad (\text{式 } 2.4.24)$$

其中，$Z_m = \sum_{i=1}^{N} w_{mi} \exp(-\alpha_m y_i G_m(x_i))$ 为规范化因子。通过规范化因子，使得 D_{m+1} 成为一个概率分布，即 $\sum_{i=1}^{N} w_{m+1,i} = 1$。

步骤 3：构建基本分类器的线性组合

$$f(x) = \sum_{m=1}^{M} \alpha_m G_m(x) \qquad (\text{式 } 2.4.25)$$

则得到最终的分类器为：

$$G(x) = \text{sign}(f(x)) = \text{sign}(\sum_{m=1}^{M} \alpha_m G_m(x)) \qquad (\text{式 } 2.4.26)$$

下面采用 AdaBoost 算法训练生成一个分类器来说明算法的流程。

（2）AdaBoost 分类器算法应用示例

对表 2.4.3 所示训练样本用 AdaBoost 算法来训练一个强分类器。

表 2.4.3　训练样本

序号	1	2	3	4	5	6	7	8	9	10
X	0	1	2	3	4	5	6	7	8	9
Y	1	1	1	−1	−1	−1	1	1	1	−1

求解过程：初始化训练数据的权值分布，令每个权值 $W_{1i}=1/N=0.1$，其中，$N=10$，$i=1,2,\cdots,10$，然后分别对于 $m=1,2,3,\cdots$ 等值进行迭代。

拿到这 10 个数据的训练样本后，根据 X 和 Y 的对应关系，要把这 10 个数据分为两类：一类是"1"，一类是"−1"。根据数据的特点发现："0、1、2"这 3 个数据对应的类是"1"，"3、4、5"这 3 个数据对应的类是"−1"，"6、7、8"这 3 个数据对应的类是"1"，9 是比较孤独的，对应类"−1"。抛开孤独的 9 不讲，"0、1、2""3、4、5""6、7、8"这是三类不同的数据，分别对应的类是 1、−1、1，直观上推测可知，可以找到对应的数据分界点，比如 2.5、5.5、8.5 将那几类数据分成两类。当然，这只是主观臆测，下面实际计算这个具体过程。

迭代过程 1：

对于 $m=1$，在权值分布为 D_1（10 个数据，每个数据的权值皆初始化为 0.1）的训练数据上，经过计算可得：

a. 阈值 v 取 2.5 时误差率为 0.3（$x<2.5$ 时取 1，$x>2.5$ 时取 −1，则 6、7、8 分错，误差率为 0.3）；

b. 阈值 v 取 5.5 时误差率最低为 0.4（$x<5.5$ 时取 1，$x>5.5$ 时取 -1，则 3、4、5、6、7、8 皆分错，误差率 0.6 大于 0.5，不可取。故令 $x>5.5$ 时取 1，$x<5.5$ 时取 -1，则 0、1、2、9 分错，误差率为 0.4）；

c. 阈值 v 取 8.5 时误差率为 0.3（$x<8.5$ 时取 1，$x>8.5$ 时取 -1，则 3、4、5 分错，误差率为 0.3）。

可以看到，无论阈值 v 取 2.5，还是 8.5，总会分错 3 个样本，故可任取其中一个如 2.5，生成第一个基本分类器为：

$$G_1(x)=\begin{cases}1, & x<2.5 \\ -1, & x>2.5\end{cases}$$

上面说阈值 v 取 2.5 时则 6、7、8 分错，所以误差率为 0.3，更加详细的解释是：

a. 因为样本集中 0、1、2 对应的类（Y）是 1，因它们本身都小于 2.5，所以被 $G_1(x)$ 分在了相应的类"1"中，分对了。

b. 3、4、5 本身对应的类（Y）是 -1，因它们本身都大于 2.5，所以被 $G_1(x)$ 分在了相应的类"-1"中，分对了。

c. 6、7、8 本身对应类（Y）是 1，却因它们本身大于 2.5 而被 $G_1(x)$ 分在了类"-1"中，所以这 3 个样本被分错了。

d. 9 本身对应的类（Y）是 -1，因它本身大于 2.5，所以被 $G_1(x)$ 分在了相应的类"-1"中，分对了。

从而得到 $G_1(x)$ 在训练数据集上的误差率（被 $G_1(x)$ 误分类样本"6、7、8"的权值之和）$e_1=P(G_1(x_i)\neq y_i)=3\times0.1=0.3$。

然后根据误差率 e_1 计算 G_1 的系数 α_1：

$$\alpha_1=\frac{1}{2}\log\frac{1-e_1}{e_1}=0.4236$$

这个 α_1 代表 $G_1(x)$ 在最终的分类函数中所占的权重，为 0.4236。

接着更新训练数据的权值分布，用于下一轮迭代：

$$D_{m+1}=(w_{m+1,1},w_{m+1,2},\cdots,w_{m+1,i},\cdots,w_{m+1,N})$$

$$w_{m+1,i}=\frac{w_{mi}}{Z_m}\exp(-\alpha_m y_i G_m(x_i)),\quad i=1,2,\cdots,N$$

需要说明的是，由权值更新的公式可知，每个样本的新权值是变大还是变小，取决于它是被分错还是被分正确。即如果某个样本被分错了，则 $y_i G_m(x_i)$ 为负，负负得正，结果使得整个式子变大（样本权值变大），否则变小。

第一轮迭代后，得到各个数据新的权值分布为 $D_2=(0.0715, 0.0715, 0.0715, 0.0715, 0.0715, 0.0715, 0.1666, 0.1666, 0.1666, 0.0715)$。由此可以看出，因为样本中是数据"6、7、8"被 $G_1(x)$ 分错了，所以它们的权值由之前的 0.1 增大到 0.1666，反之，其他数据皆被分正确，所以它们的权值皆由之前的 0.1 减小到 0.0715。

得到分类函数 $f_1(x)=\alpha_1 G_1(x)=0.4236G_1(x)$

此时，得到的第一个基本分类器 $\text{sign}(f_1(x))$ 在训练数据集上有 3 个误分类点（即 6、7、8）。

从上述第一轮的整个迭代过程可以看出：被误分类样本的权值之和影响误差率，误差率影响基本分类器在最终分类器中所占的权重。

迭代过程 2：

对于 $m=2$，在权值分布为 D_2 的训练数据上，经过计算可得：

a. 阈值 v 取 2.5 时误差率为 0.1666×3（$x<2.5$ 时取 1，$x>2.5$ 时取 -1，则 6、7、8 分错，误差率为 0.1666×3）；

b. 阈值 v 取 5.5 时误差率为 0.0715×4（$x>5.5$ 时取 1，$x<5.5$ 时取 -1，则 0、1、2、9 分错，误差率为 $0.0715\times3+0.0715$）；

c. 阈值 v 取 8.5 时误差率为 0.0715×3（$x<8.5$ 时取 1，$x>8.5$ 时取 -1，则 3、4、5 分错，误差率为 0.0715×3）。

所以，阈值 v 取 8.5 时误差率最低，故第二个基本分类器为：

$$G_2(x)=\begin{cases} 1 & x<8.5 \\ -1 & x>8.5 \end{cases}$$

面对的还是表 2.4.3 中的训练样本。

很明显，$G_2(x)$ 把样本"3、4、5"分错了，根据 D_2 可知它们的权值为 $0.0715,0.0715,0.0715$，所以 $G_2(x)$ 在训练数据集上的误差率 $e_2=P(G_2(x_i)\neq y_i)=3\times0.0715=0.2143$。

然后根据误差率 e_2 计算 G_2 的系数 α_2：

$$\alpha_2=\frac{1}{2}\log\frac{1-e_2}{e_2}=0.6496$$

这个 α_2 代表 $G_2(x)$ 在最终的分类函数中所占的权重，为 0.6496。

更新训练数据的权值分布，用于下一轮迭代：

$$D_{m+1}=(w_{m+1,1},w_{m+1,2},\cdots,w_{m+1,i},\cdots,w_{m+1,N})$$

$$w_{m+1,i}=\frac{w_{mi}}{Z_m}\exp(-\alpha_m y_i G_m(x_i)),i=1,2,\cdots,N$$

$D_3=(0.0455,0.0455,0.0455,0.1667,0.1667,0.1667,0.1060,0.1060,0.1060,0.0455)$。被分错的样本"3、4、5"的权值变大，其他被分对的样本的权值变小。

分类函数 $f_2(x)=0.4236G_1(x)+0.6496G_2(x)$

此时，得到的第二个基本分类器 $\text{sign}(f_2(x))$ 在训练数据集上有 3 个误分类点（即 3、4、5）。

迭代过程 3：

对于 $m=3$，在权值分布为 D_3 的训练数据上，经过计算可得：

a. 阈值 v 取 2.5 时误差率为 0.1060×3（$x<2.5$ 时取 1，$x>2.5$ 时取 -1，则 6、7、8 分错，误差率为 0.1060×3）；

b. 阈值 v 取 5.5 时误差率为 0.0455×4（$x>5.5$ 时取 1，$x<5.5$ 时取 -1，则 0、1、2、9 分错，误差率为 $0.0455\times3+0.0455$）；

c. 阈值 v 取 8.5 时误差率为 0.1667×3（$x<8.5$ 时取 1，$x>8.5$ 时取 -1，则 3、4、5 分错，误差率为 0.1667×3）。

所以，阈值 v 取 5.5 时误差率最低，故第三个基本分类器为：

$$G_3(x)=\begin{cases} 1 & x<5.5 \\ -1 & x>5.5 \end{cases}$$

面对的还是表 2.4.3 中的训练样本。

此时，被误分类的样本是 0、1、2、9，这 4 个样本所对应的权值皆为 0.0455，所以 $G_3(x)$ 在训练数据集上的误差率 $e_3 = P(G_3(x_i) \neq y_i) = 4 \times 0.0455 = 0.1820$

计算 G_3 的系数 α_3：

$$\alpha_3 = \frac{1}{2} \log \frac{1-e_3}{e_3} = 0.7514$$

这个 α_3 代表 $G_3(x)$ 在最终的分类函数中所占的权重，为 0.7514。

更新训练数据的权值分布，用于下一轮迭代：

$$D_{m+1} = (w_{m+1,1}, w_{m+1,2}, \cdots, w_{m+1,i}, \cdots, w_{m+1,N})$$

$$w_{m+1,i} = \frac{w_{mi}}{Z_m} \exp(-\alpha_m y_i G_m(x_i)), i = 1, 2, \cdots, N$$

$D_4 = (0.125, 0.125, 0.125, 0.102, 0.102, 0.102, 0.065, 0.065, 0.065, 0.125)$。被分错的样本"0、1、2、9"的权值变大，其他被分对的样本的权值变小。

$$f_3(x) = 0.4236 G_1(x) + 0.6496 G_2(x) + 0.7514 G_3(x)$$

此时，得到的第三个基本分类器 $\text{sign}(f_3(x))$ 在训练数据集上有 0 个误分类点。至此，整个训练过程结束。

下面总结三轮迭代过程中各个样本权值和误差率的变化情况。

训练之前，各个样本的权值被初始化为

$$D_2 = (0.1, 0.1, 0.1, 0.1, 0.1, 0.1, 0.1, 0.1, 0.1, 0.1)$$

第一轮迭代中，样本"6、7、8"被分错，对应的误差率为

$$e_1 = P(G_1(x_i) \neq y_i) = 3 \times 0.1 = 0.3$$

此时第一个基本分类器在最终的分类器中所占的权重为 $\alpha_1 = 0.4236$。第一轮迭代过后，样本新的权值为

$$D_2 = (0.0715, 0.0715, 0.0715, 0.0715, 0.0715, 0.0715, 0.1666, 0.1666, 0.1666, 0.0715);$$

第二轮迭代中，样本"3、4、5"被分错，对应的误差率为

$$e_2 = P(G_2(x_i) \neq y_i) = 3 \times 0.0715 = 0.2143$$

此时第二个基本分类器在最终的分类器中所占的权重为 $\alpha_2 = 0.6496$。第二轮迭代过后，样本新的权值为：

$$D_3 = (0.0455, 0.0455, 0.0455, 0.1667, 0.1667, 0.1667, 0.1060, 0.1060, 0.1060, 0.0455);$$

第三轮迭代中，样本"0、1、2、9"被分错，对应的误差率为

$$e_3 = P(G_3(x_i) \neq y_i) = 4 \times 0.0455 = 0.1820$$

此时，第三个基本分类器在最终的分类器中所占的权重为 $\alpha_3 = 0.7514$。第三轮迭代过后，样本新的权值为：

$$D_4 = (0.125, 0.125, 0.125, 0.102, 0.102, 0.102, 0.065, 0.065, 0.065, 0.125)$$

从上述过程中可以发现，如果某些个样本被分错，它们在下一轮迭代中的权值将被增大，同时，其他被分对的样本在下一轮迭代中的权值将被减小。就这样，分错样本权值增大，分对样本权值变小，而在下一轮迭代中，总是选取让误差率最低的阈值来设计基本分类器，所以误差率 e（所有被 $G_m(x)$ 误分类样本的权值之和）不断降低。

综上所述,将上面计算得到的 α_1、α_2、α_3 各值代入 $G(x)$ 中,得到最终的分类器为:

$$G(x) = \text{sign}(f_3(x)) = \text{sign}(0.4236G_1(x) + 0.6496G_2(x) + 0.7514G_3(x))$$

(3)AdaBoost 算法的优缺点

AdaBoost 算法有以下优点:

a. AdaBoost 提供一种框架,在框架内可以使用各种方法构建弱分类器或基本分类器。可以使用简单的弱分类器,不用对特征进行筛选,也不存在过拟合的现象。

b. AdaBoost 算法不需要弱分类器的先验知识,最后得到的强分类器的分类精度依赖于所有弱分类器。无论是应用于人造数据还是真实数据,AdaBoost 都能显著地提高学习精度。

c. AdaBoost 算法不需要预先知道弱分类器的错误率上限,且最后得到的强分类器的分类精度依赖于所有弱分类器的分类精度,可以深挖分类器的能力。AdaBoost 可以根据弱分类器的反馈,自适应地调整假定的错误率,执行效率高。

d. AdaBoost 可以对同一个训练样本集训练不同的弱分类器,按照一定的方法把这些弱分类器集合起来,构造一个分类能力很强的强分类器。

同时,在 AdaBoost 训练过程中,AdaBoost 会使得难以分类样本的权值呈指数增长,训练将会过于偏向这类困难的样本,导致 AdaBoost 算法易受噪声干扰。此外,AdaBoost 依赖于弱分类器,而弱分类器的训练时间往往很长。

2.4.5 聚类分析

聚类分析是一种无监督学习方法,它在没有给定数据划分类别的情况下,根据数据的相似度对样本进行分类。根据已知数据,计算各观察个体或变量之间亲疏关系的距离或相似系数。根据某种准则(最短距离法、最长距离法、中间距离法、重心法等),使同一类内的差别较小,而类与类之间的差别较大,最终将观察个体或变量分为若干类。如同一种疾病(如肝炎),根据临床表现等将病人分成若干类(甲、乙、丙、丁、戊型肝炎);根据疾病的若干临床表现,将病人分成轻、中、重三型;在儿童生长发育研究中,把以形态学为主的指标归于一类,以机能为主的指标归于另一类。

聚类分析是人类活动中的一个重要内容。早在儿童时期,一个人就是通过不断完善潜意识中的聚类模式,来学会识别不同物体,如:狗和猫、或动物和植物等。聚类分析已被应用到许多领域,其中包括:模式识别、数据分析、图像处理和市场分析等。通过聚类,人可以辨认出空旷和拥挤的区域,进而发现整个的分布模式,以及数据属性之间所存在有价值的相关关系。

聚类分析的典型应用,主要包括:在商业方面,可以通过对客户消费行为进行聚类分析,帮助市场人员对客户群体进行细分,并利用购买模式来描述这些具有不同特征的客户组群;或者可以根据商品的销量和价格对商品进行聚类,将商品分成畅销但利润低、滞销且利润低、畅销且利润高、滞销但利润高等类型,供采购人员参考。在生物方面,聚类分析可以用来获取动物或植物所存在的层次结构,以及根据基因功能对其进行分类以获得对种群中所固有的结构更深入的了解。聚类还可以从地球观测数据库中帮助识别具有相似的土地使用情况的区域。此外,聚类分析还可以帮助分类识别互联网上的文档以便进行知识发现[28]。

聚类分析是一个富有挑战的研究领域,一般每一个应用都有自己独特的要求。以下是对聚类分析的一些典型要求[29]。

(1)可扩展性。许多聚类算法在小数据集时可以工作得很好;但一个大数据库可能会包含数以亿计的对象。利用采样方法进行聚类分析可能得到一个有偏差的结果,这时就需要可扩展的聚类分析算法。

(2)处理不同类型属性的能力。许多算法是针对基于区间的数值属性而设计的。但是有些应用需要针对其他类型数据,如:二值类型、符号类型、顺序类型,或这些数据类型的组合。

(3)发现任意形状的聚类。许多聚类算法是根据欧氏距离来进行聚类的。基于这类距离的聚类方法一般只能发现具有类似大小和密度的圆形或球状聚类。而实际上一个聚类是可以具有任意形状的,因此设计出能够发现任意形状类集的聚类算法是非常重要的。

(4)需要(由用户)决定的输入参数最少。许多聚类算法需要用户输入聚类分析中所需要的一些参数(如:期望所获聚类的个数)。而聚类结果通常都与输入参数密切相关;而这些参数常常也很难决定,特别是包含高维对象的数据集。这不仅构成了用户的负担,也使得聚类质量难以控制。

(5)处理噪声数据的能力。大多数现实世界的数据均包含异常数据、不明数据、数据丢失和噪声数据,有些聚类算法对这样的数据非常敏感并会导致获得质量较差的聚类结果。

(6)对输入记录顺序不敏感。一些聚类算法对输入数据的顺序敏感,也就是不同的数据输入顺序会导致获得非常不同的结果。因此,设计对输入数据顺序不敏感的聚类算法也是非常重要的。

(7)高维问题。一个数据库或一个数据仓库或许包含若干维或属性。许多聚类算法在处理低维数据时(仅包含两到三个维)时表现很好。人的视觉也可以帮助判断多至三维的数据聚类分析质量。然而设计对高维空间中的数据对象,特别是对高维空间稀疏和怪异分布的数据对象,能进行较好聚类分析的聚类算法已成为聚类研究中的一项挑战。

(8)基于约束的聚类。现实世界中的应用可能需要在各种约束之下进行聚类分析。假设需要在一个城市中确定一些新加油站的位置,就需要考虑诸如:城市中的河流、高速公路,以及每个区域的客户需求等约束情况下居民住地的聚类分析。设计能够发现满足特定约束条件且具有较好聚类质量的聚类算法也是一个重要聚类研究任务。

(9)可解释性和可用性。用户往往希望聚类结果是可理解的、可解释的,以及可用的。这就需要聚类分析要与特定的解释和应用联系在一起。因此,研究一个应用的目标是如何影响聚类方法选择也是非常重要的。

聚类算法很多,可以分成划分、层次分析、基于密度、基于网格、基于模型等几种类型。下面介绍划分方法中常用的 K-Means 算法。

2.4.5.1 *K*-Means 算法

K-Means 算法将数据划分为预先设定的 K 类,采用距离作为相似性的评价指标,使得误差函数的值最小。算法流程如下:

(1)随机选择 K 个数据点作为初始质心。

(2)计算每个数据点到 K 个质心的距离,将每个点指派到最近的质心所在的聚类,形成 K 个聚类。

(3)当所有数据点都被指派完成后,重新计算每个聚类(也称为簇)的质心。

(4)将得到的质心与上一次得到的质心位置进行比较,如果质心发生变化或者变化值大于一个事先给定的微小值,则转到步骤 2;否则转下一步。

(5)当质心不发生变化或者变化值小于等于一个事先给定的微小值,聚类过程结束,此时每个数据点都属于 K 个聚类中的某一个聚类。

聚类的质心相当于每个类的中心点。K-Means 聚类的结果与选择的初始聚类中心有关,初始聚类中心选择的不同,得到的聚类结果有可能不同。如图 2.4.7 所示的是数据采用 K-Means 算法聚成 3 簇的聚类结果,其中 3 个簇分别用不同的标记表示。

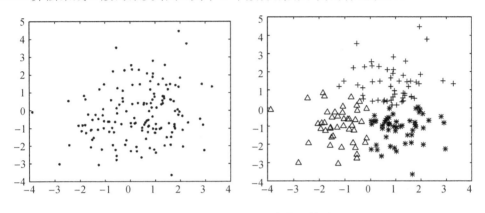

图 2.4.7　K-Means 聚类分析结果

下面以一个虚拟数据集来说明 K-Means 聚类过程。数据集为二维的样本,如表 2.4.4 所示,要求聚成的簇的数量 $K=2$。

表 2.4.4　虚拟数据集

p	X	Y
1	1	0
2	2	1
3	1	2
4	0	0
5	4	1

此数据集一共有 5 个样本点。聚类分析过程如下:

(1)任意选取 2 个样本点作为初始聚类中心,不失一般性,取 p_1 和 p_2 作为初始聚类中心,即 $M_1=p_1$,$M_2=p_2$。把两簇分别记为 C_1 和 C_2。

(2)对剩余的其他样本点,分别计算它到两个簇的中心的距离(这里采用欧式距离),并把它赋给距离最近的簇。

对 p_3:

$$d(p_3,M_1)=\sqrt{(1-1)^2+(2-0)^2}=2$$

$$d(p_3,M_2)=\sqrt{(1-2)^2+(2-1)^2}=\sqrt{2}$$

因为 $d(p_3,M_2)<d(p_3,M_1)$,所以把 p_3 分配给第 2 簇。

类似地,通过计算,把 p_4 分配给第 1 簇,p_5 分配给第 2 簇。

此时,得到两簇分别为 $C_1=\{p_1,p_4\}$ 和 $C_2=\{p_2,p_3,p_5\}$。

(3)计算新的聚类中心。

$$M_1=\left(\frac{1+0}{2},\frac{0+0}{2}\right)=\left(\frac{1}{2},0\right)$$

$$M_2=\left(\frac{2+1+4}{3},\frac{1+2+1}{3}\right)=\left(\frac{7}{3},\frac{4}{3}\right)$$

(4)重新计算每个样本点到两个簇的中心的距离,并把它赋给距离最近的簇。

对 p_1:

$$d(p_1,M_1)=\sqrt{(1-\frac{1}{2})^2+(0-0)^2}=\frac{1}{2}$$

$$d(p_1,M_2)=\sqrt{(1-\frac{7}{3})^2+(0-\frac{4}{3})^2}=\frac{4}{3}\sqrt{2}$$

因为 $d(p_1,M_1)<d(p_1,M_2)$,所以把 p_1 分配给第 1 簇。

类似地,通过计算,把 p_2 分配给第 2 簇,p_3 分配给第 2 簇,p_4 分配给第 1 簇,p_5 分配给第 2 簇。

可以看出,在这次迭代计算后,各样本点所属的簇不变,因此簇中心不变,停止迭代过程,算法停止。

$K\text{-}Means$ 的主要优点有:

a. 原理比较简单,实现也很容易,收敛速度快。

b. 聚类效果较优。

c. 算法的可解释度比较强。

d. 主要需要调参的参数仅仅是聚类数目(簇数)K。

$K\text{-}Means$ 的主要缺点有:

a. K 值的选取不好把握,经常需要根据经验来设置。

b. 只能发现球形类簇,对于不是凸的数据集比较难收敛。

c. 如果各隐含类别的数据不平衡,比如各隐含类别的数据量严重失衡,或者各隐含类别的方差不同,则聚类效果不佳。

d. 采用迭代方法,得到的结果容易陷入局部最优。

e. 聚类结果对初始类簇中心的选取以及噪声和异常点比较敏感。

2.4.5.2 聚类分析与分类分析的区别

与分类分析不同,聚类分析是建立在没有类标记的数据上的,对样本属于哪个类别事先是不知道的,聚类过程为无监督过程,即待处理数据对象没有任何先验知识;而分类分析在建立模型时,是知道训练样本数据属于哪一个类别的,为有监督过程,即存在有先验知识的训练数据集。

如 $K\text{-}Means$ 是无监督学习的聚类算法;而 KNN 是监督学习的分类算法,有对应的类别输出。KNN 基本不需要训练,对测试集里面的点,只需要找到在训练集中最近的 K 个点,用这最近的 K 个点的类别来决定测试点的类别。而 $K\text{-}Means$ 则有明显的训练过程,找到 K 个类别的最佳质心,从而决定样本的簇类别。$K\text{-}Means$ 聚类分析算法与 KNN 分类算法也有一些相似点,两个算法都包含一个过程,即找出和某一个点最近的点,两者都利用了最近邻的思想。

2.4.6 回归分析

在客观世界中,普遍存在着变量之间的关系。而变量之间的关系,一般可分为确定的和非确定的两类。确定性关系可用函数关系表示,而非确定性关系则不然。例如,人的身高和体重的关系、人的血压和年龄的关系、某产品的广告投入与销售额间的关系等,它们之间是有关联的,但是它们之间的关系又不能用普通函数来表示。我们称这类非确定性关系为相关关系。具有相关关系的变量虽然不具有确定的函数关系,但是可以借助函数关系来表示它们之间的统计规律,这种近似地表示它们之间的相关关系的函数被称为回归函数。回归分析是研究两个或两个以上随机变量相关关系的一种重要的统计方法。回归分析分为线性回归和非线性回归两大类。

2.4.6.1 简单线性回归模型

如果变量之间的关系可以用下式来表示,则

$$Y = \beta_0 + \beta_1 X + \varepsilon \text{ 或 } y = \beta_0 + \beta_1 x + \varepsilon \tag{式 2.4.27}$$

这种回归模型称为总体回归模型,其中 X 称为回归变量(也称为解释变量、先决变量或外生变量),它的各个取值通常是已知的;Y 称为响应变量(也称为结果变量、反应变量或内生变量),是一个随机变量;ε 为随机误差项,也是一个随机变量,它代表了不能由 X 结构性解释的其他因素对 Y 的影响;而 β_0,β_1 称为回归系数,通常是未知的,需要通过样本数据进行估计。$\beta_0 + \beta_1 X$ 是结构项,反映了由于 X 的变化所引起的 Y 的结构性变化。

2.4.6.2 模型假设

在建立回归模型之前,需要作一些假设:

假设 1:误差项 ε 满足均值为 0,方差为 σ^2 的正态分布。

假设 2:误差是不相关的(独立的),即一个误差的值不取决于其他误差的值(与假设 1 一起则为独立同分布),即误差的协方差 $\text{cov}(\varepsilon_i, \varepsilon_j) = 0$。

假设 3:误差项 ε 与 X 不相关,即 $\text{cov}(X, \varepsilon) = 0$,此假设与假设 1 统称为正交假设。

根据以上假设还可以得到协方差 $\text{cov}(\hat{Y}, \varepsilon) = 0$,其中 $\hat{Y} = \beta_0 + \beta_1 X$。

同时,最小二乘估计的结果一定满足

$$\sum_{i=1}^{n} \varepsilon_i = 0, \sum_{i=1}^{n} \varepsilon_i x_i = 0$$

为方便起见,可以忽略回归变量 X 的测量误差,把响应变量 Y 看作一个随机变量。则对于每个 X 的取值,存在一个 Y 的概率分布,使得这个分布的均值

$$E(y \mid x) = \mu = \beta_0 + \beta_1 x \tag{式 2.4.28}$$

或

$$E(y \mid x = x_i) = \mu_i = \beta_0 + \beta_1 x_i \tag{式 2.4.29}$$

这个公式称为总体回归方程,它表示对于每一个特定的取值 x_i,观测值 y_i 实际上都来自一个均值为 μ_i,方差为 σ^2 的正态分布,而回归线将穿过点 (x_i, μ_i),如图 2.4.8 所示。

方差为

$$\text{var}(y \mid x) = \text{var}(\beta_0 + \beta_1 x + \varepsilon) = \sigma^2 \tag{式 2.4.30}$$

因此,y 的均值是 x 的线性函数,但 y 的方差不依赖于 x 的取值。根据假设 2,误差是不相关的,所以响应变量 Y 也是不相关的。

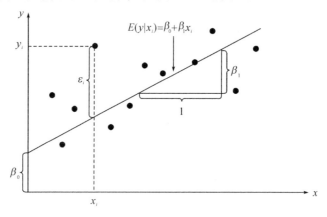

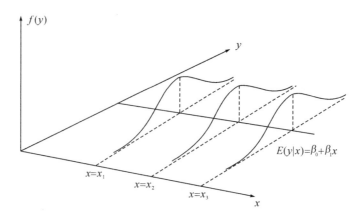

图 2.4.8　特定 x 下 y 的分布

$\mu_i = \beta_0 + \beta_1 x_i$ 称为回归直线或回归线，β_0 是回归直线在 y 轴上的截距，β_1 是回归直线的斜率，所以分别称为回归截距和回归斜率（如图 2.4.9 所示）。

图 2.4.9　β_0 和 β_1 的几何意义

响应变量的值 y_i 与它对应的估计值 $\hat{y}_i$ 之间的差值称为残差 e_i，对应的就是总体随机误差项 ε_i。

$$e_i = y_i - \hat{y}_i = y_i - (\hat{\beta}_0 + \hat{\beta}_1 x_i) \tag{式 2.4.31}$$

观测值、估计值和残差三者的关系如图 2.4.10 所示。

2.4.6.3　最小二乘法

普通最小二乘法 OLS(Ordinary Least Square)，也称为最小二乘估计。由总体回归模型得到样本回归模型：

$$y_i = \beta_0 + \beta_1 x_i + \varepsilon \tag{式 2.4.32}$$

样本回归模型由 n 对数据(x_i, y_i) 写出。因此，最小二乘准则为残差平方和最小

$$S(\beta_0, \beta_1) = \sum_{i=1}^{n} (y_i - \beta_0 - \beta_1 x_i)^2 \tag{式 2.4.33}$$

而 β_0, β_1 的最小二乘估计量分别记为$\hat{\beta}_0$ 和$\hat{\beta}_1$，$\hat{\beta}_0$ 和$\hat{\beta}_1$ 需要满足

$$\left.\frac{\partial S}{\partial \beta_0}\right|_{\hat{\beta}_0, \hat{\beta}_1} = -2\sum_{i=1}^{n}(y_i - \hat{\beta}_0 - \hat{\beta}_1 x_i) = 0 \tag{式 2.4.34}$$

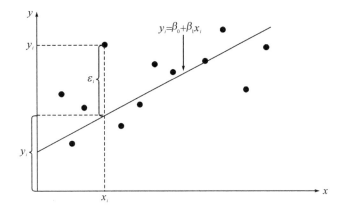

图 2.4.10　回归中观测值 y_i、估计值 $\hat{y}_i$ 和残差 ε_i 三者的关系

$$\frac{\partial S}{\partial \beta_1}\bigg|_{\hat{\beta}_0,\hat{\beta}_1} = -2\sum_{i=1}^{n}(y_i - \hat{\beta}_0 - \hat{\beta}_1 x_i)x_i = 0 \qquad (式\ 2.4.35)$$

化简这两个方程,得到

$$n\hat{\beta}_0 + \hat{\beta}_1\sum_{i=1}^{n}x_i = \sum_{i=1}^{n}y_i \qquad (式\ 2.4.36)$$

$$\hat{\beta}_0\sum_{i=1}^{n}x_i + \hat{\beta}_1\sum_{i=1}^{n}x_i^2 = \sum_{i=1}^{n}y_i x_i \qquad (式\ 2.4.37)$$

此方程组称为最小二乘正规方程组(也称为正态方程组)。正规方程组的解为

$$\hat{\beta}_0 = \bar{y} - \hat{\beta}_1\bar{x} \qquad (式\ 2.4.38)$$

及

$$\hat{\beta}_1 = \frac{\displaystyle\sum_{i=1}^{n}y_i x_i - \frac{\left(\sum\limits_{i=1}^{n}y_i\right)\left(\sum\limits_{i=1}^{n}x_i\right)}{n}}{\displaystyle\sum_{i=1}^{n}x_i^2 - \frac{\left(\sum\limits_{i=1}^{n}x_i\right)^2}{n}} \qquad (式\ 2.4.39)$$

式中:

$$\bar{y} = \frac{1}{n}\sum_{i=1}^{n}y_i,\ \bar{x} = \frac{1}{n}\sum_{i=1}^{n}x_i \qquad (式\ 2.4.40)$$

分别为 y_i 的平均值与 x_i 的平均值。所以简单回归分析模型拟合为:

$$\hat{y} = \hat{\beta}_0 + \hat{\beta}_1 x \qquad (式\ 2.4.41)$$

此方程给出了特定 x 下 y 均值的点估计。

如记

$$S_{xx} = \sum_{i=1}^{n}x_i^2 - \frac{\left(\sum\limits_{i=1}^{n}x_i\right)^2}{n} = \sum_{i=1}^{n}(x_i - \bar{x})^2$$

或方差

$$\mathrm{var}(x) = \sum_{i=1}^{n}(x_i - \bar{x})^2/n \qquad (式\ 2.4.42)$$

$$S_{xy} = \sum_{i=1}^{n} y_i x_i - \frac{\left(\sum_{i=1}^{n} y_i\right)\left(\sum_{i=1}^{n} x_i\right)}{n} = \sum_{i=1}^{n} y_i(x_i - \overline{x})$$

或协方差
$$\sum_{i=1}^{n}(y_i - \overline{y})(x_i - \overline{x})/n \qquad \text{(式 2.4.43)}$$

则
$$\hat{\beta}_1 = \frac{S_{xy}}{S_{xx}} \quad 或 \quad \hat{\beta}_1 = \frac{\text{cov}(x,y)}{\text{var}(x)} \qquad \text{(式 2.4.44)}$$

然后利用 $\hat{\beta}_0 = \overline{y} - \hat{\beta}_1 \overline{x}$，可得 $\hat{\beta}_0$。

2.4.6.4 线性回归例子

已知钩虫病复查阳性率 $y(\%)$ 与治疗次数 x 有表 2.4.5 所示的关系，试建立阳性率 $y(\%)$ 对治疗次数 x 的直线回归方程。

表 2.4.5 钩虫病复查阳性率 $y(\%)$ 与治疗次数 x 的关系

治疗次数 x	1	2	3	4	5	6	7	8
阳性率 $y(\%)$	63.9	36.0	17.1	10.5	7.3	4.5	2.8	1.7

解:(1)作散点图 2.4.11,从图形上可以看出复查阳性率 $y(\%)$ 与治疗次数 x 近似呈直线关系。

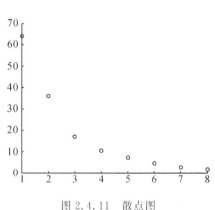

图 2.4.11 散点图

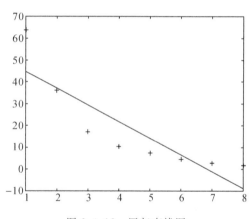

图 2.4.12 回归直线图

(2)计算平均值。

$$\overline{x} = \frac{1}{8}\sum_{i=1}^{8} x_i = \frac{1}{8}(1 + 2 + \cdots + 8) = 4.5$$

$$\overline{y} = \frac{1}{8}\sum_{i=1}^{8} y_i = \frac{1}{8}(63.9 + 36.0 + \cdots + 1.7) = 17.975$$

(3)计算回归系数。

$$S_{xx} = \sum_{i=1}^{8} x_i^2 - \frac{1}{8}\left(\sum_{i=1}^{8} x_i\right)^2 = 204 - \frac{1}{8} \times 36^2 = 42$$

$$S_{xy} = \sum_{i=1}^{8} x_i y_i - \frac{1}{8}\left(\sum_{i=1}^{8} x_i\right)\left(\sum_{i=1}^{8} y_i\right) = 325.9 - \frac{1}{8} \times 36 \times 143.8 = -321.2$$

得
$$\hat{b} = \frac{L_{xy}}{L_{xx}} = \frac{-321.2}{42} = -7.6476,$$

$$\hat{a} = \bar{y} - \hat{b}\bar{x} = 17.975 - (-7.6476) \times 4.5 = 52.3892$$

(4) 得到阳性率 $y(\%)$ 对治疗次数 x 的直线回归方程。

$$\hat{y} = 52.3892 - 7.6476x$$

回归方程的图像如图 2.4.12 所示。

2.4.7　关联规则

1993 年，Agrawal 等人首先提出关联规则概念。关联规则技术在零售业有着广泛的应用，关联规则挖掘可以发现不同商品在销售过程中的相关性。关联规则挖掘就是发现数据集中项集之间有趣的关联或者相互联系，它是大数据分析领域的一个重要分支。

设 $I = \{i_1, i_2, \cdots, i_m\}$ 是项（指物品等）的集合，简称为项集，D 是事务（指交易等）的集合，每个事务 T 是不同项的集合，使得 $T \subseteq I$。设 A 是一个项集，事务 T 包含 A，当且仅当 $A \subseteq T$。关联规则是形如 $A \Rightarrow B$ 的蕴含式，其中 $A \subset I, B \subset I$，并且 $A \cap B = \varnothing$。规则在事务集 D 中成立，具有支持度（support）s 和置信度（confidence）c。支持度 s 是 D 中事务同时包含 A 和 B 两者所占的百分比，即 $support(A \Rightarrow B) = P(A \cap B)$；置信度 c 为 D 中包含 A 的事务同时也包含 B 的百分比，即 $confidence(A \Rightarrow B) = P(B \mid A)$。同时满足最小支持度阈值（minsup）和最小置信度阈值（minconf）的规则称为强关联规则[19]。

商品支持度和置信度分析可以探索不同商品之间的关联关系，能较好地反映出某商品组合受欢迎的程度，可以为组合营销提供理论依据。假设有两种商品：A 商品和 B 商品，则 A 商品对于 B 商品的商品支持度反映的是，在所有的消费者中，消费者同时购买 A 商品和 B 商品的概率。A 商品对于 B 商品的商品置信度反映的是，在所有购买 A 产品的消费者中，也购买 B 商品的概率。

从支持度分析的概念和公式可以看出，A 商品对 B 商品的支持度和 B 商品对 A 商品的支持度是相同的。从置信度分析的概念和公式可以看出，A 商品对 B 商品的置信度和 B 商品对 A 商品的置信度是不同的。

假设某超市的 10000 笔交易记录中，买牛奶的有 1200 笔，买饼干的有 1500 笔，既买了牛奶也买了饼干的有 500 笔，则对于规则：牛奶⇒饼干，有

支持度 support(牛奶⇒饼干) = 500/10000 = 0.050

置信度 confidence(牛奶⇒饼干) = 500/1200 = 0.417

若设置最小支持度阈值 minsup = 0.03 和最小置信度阈值 0.20，则规则：牛奶⇒饼干属于强关联规则，即认为购买牛奶和购买饼干之间存在关联。

关联规则可以和用户相关，也可以和项目相关。与用户相关的关联规则可以表示成如下形式：80% 用户 A 和用户 B 都喜欢的项目会被活动用户（指当前要分析的用户）喜欢，25% 的所有项目会被这三部分用户同时喜欢，或者表示成下式：

［用户 A 喜欢］AND［用户 B 喜欢］⇒［活动用户喜欢］($c = 80\%, s = 25\%$)

对每条关联规则给定一个分数，该分数为此规则的置信度与支持度的乘积，对每一个项目，与此项目关联的分数为与此项目相关的所有满足最小支持度及置信度的关联规则的分数之和。如果与项目关联的分数大于设定的阈值，则将此项目推荐给活动用户。

与项目相关的关联规则可以表示成：80％同时喜欢的项目 1 和 2 的用户会喜欢目标项目，25％的用户会同时喜欢这三个项目，或者表示成下式：

［喜欢项目 1］AND［喜欢项目 2］$\Rightarrow$［喜欢目标项目］($c=80\%$, $s=25\%$)

如果得到的关联规则的支持度大于自动调整的阈值，则将该目标项目推荐给活动用户。

2.4.7.1 关联规则挖掘的 Apriori 算法

关联规则的挖掘过程分为两步：

(1)生成所有频繁项集：频繁项集指的是出现频率比定义的最小支持度 minsup 要大的项集。

(2)由频繁项集产生强关联规则：规则必须同时满足最小支持度 minsup 和最小置信度 minconf。

在这两步中，第二步比较容易完成，所以关联规则挖掘的重点在第一步，因为如果数据规模很大，解空间非常大，所以算法效率在关联规则挖掘中非常重要。

在搜索频繁项集的时候，最简单、基本的算法就是 Apriori(先验)算法。它是 R. Agrawal 和 R. Srikant 于 1994 年提出的为布尔关联规则挖掘频繁项集的原创性算法。算法的名字基于这样一个事实：算法使用频繁项集性质的先验知识。Apriori 使用一种称作逐层搜索的迭代方法，k 项集用于探索($k+1$)项集。首先，通过扫描数据集，累积每个项的计数，并收集满足最小支持度的项，找出频繁 1 项集的集合。该集合记作 L_1。然后，L_1 用于找频繁 2 项集的集合 L_2，L_2 用于找 L_3，如此下去，直到不能再找到频繁 k 项集。找每个 L_k 需要一次数据库全扫描。

为提高频繁项集逐层产生的效率，一种称作 Apriori 性质的重要性质可以用于压缩搜索空间。Apriori 性质是指频繁项集的所有非空子集也必须是频繁的。Apriori 性质基于如下观察：根据定义，如果项集 I 不满足最小支持度阈值 minsup，则 I 不是频繁的，即 $P(I)<$ minsup。如果项 A 添加到项集 I，则结果项集(即 $I \cup A$)不可能比 I 更频繁出现。因此，$I \cup A$ 也不是频繁的，即 $P(I \cup A)<$ minsup。

Apriori 算法有两个关键步骤：

(1) 连接步：为找出 L_k(频繁 k 项集)，通过 L_{k-1} 与自身连接，产生候选 k 项集，该候选项集记作 C_k；其中 L_{k-1} 的元素是可连接的。

(2) 剪枝步：C_k 是 L_k 的超集，即它的成员可以是也可以不是频繁的，但所有的频繁项集都包含在 C_k 中。扫描数据集，确定 C_k 中每一个候选的计数，从而确定 L_k(计数值不小于最小支持度计数的所有候选是频繁的，从而属于 L_k)。然而，候选项集 C_k 可能很大，这样所涉及的计算量就很大。为压缩 C_k，使用 Apriori 性质：任何非频繁的($k-1$)项集都不可能是频繁 k 项集的子集。因此，如果一个候选 k 项集的($k-1$)项集不在 L_{k-1} 中，则该候选项也不可能是频繁的，从而可以由 C_k 中删除。

下面通过一个例子来说明 Apriori 算法的流程。表 2.4.6 所示是一个虚拟的客户订单，一共有 10 个订单，5 种商品(A、B、C、D、E)，设置最小支持度 minsup 为 20％，为方便运算，则将最小支持度转换为频数，最小支持度频数=$10 \times 20\%=2$。

表 2.4.6　客户订单

订单编号	购买商品
1	BE
2	ACDE
3	BE
4	ABD
5	ABE
6	CE
7	ABC
8	AD
9	ADE
10	BDE

根据订单数据可得到表 2.4.7 所示的 1 项集 C_1

表 2.4.7　候选 1 项集 C_1

项集	支持的频数
{A}	6
{B}	6
{C}	3
{D}	5
{E}	7

由于候选 1 项集 C_1 中没有支持频数小于 2 的项集,所以频繁 1 项集 L_1 和 C_1 相同。接下来根据订单数据生成候选 2 项集 C_2,如表 2.4.8 所示。

表 2.4.8　候选 2 项集 C_2

项集	支持的频数
{A,B}	3
{A,C}	2
{A,D}	4
{A,E}	3
{B,C}	1
{B,D}	2
{B,E}	4
{C,D}	0
{C,E}	2
{D,E}	2

由于候选 2 项集 C_2 中含有支持频数小于 2 的项集,所以删除这些项集后得到频繁 2 项集 L_2 如表 2.4.9 所示。接下来,通过 L_2 与自身连接,产生候选 3 项集 C_3 如表 2.4.10 所示。

63

表 2.4.9　频繁 2 项集 L_2

项集	支持的频数
{A,B}	3
{A,C}	2
{A,D}	4
{A,E}	3
{B,D}	2
{B,E}	4
{C,E}	2
{D,E}	2

表 2.4.10　候选 3 项集 C_3

项集	是否可用
{A,B,C}	No
{A,B,D}	Yes
{A,B,E}	Yes
{A,C,D}	No
{A,C,E}	Yes
{A,D,E}	Yes
{B,D,E}	Yes

　　根据 Apriori 性质,如果一个候选 k 项集的($k-1$)项集不在 L_{k-1} 中,则该候选项也不可能是频繁的,所以候选 3 项集 C_3 中不是每一个项集都可用,所以要剔除掉不可用的{A,B,C}、{A,C,D}(因为{B,C}和{C,D}不在频繁 2 项集 L_2 中),扫描订单数据生成频繁 3 项集 L_3,如表 2.4.11 所示。

表 2.4.11　频繁 3 项集 L_3

项集	支持的频数
{A,D,E}	2

　　频繁 3 项集 L_3 只有一个频繁项集,所以算法无法发现新的频繁项集而终止。如果频繁 3 项集 L_3 可以继续生成 4 项集 C_4,算法需要按此流程继续执行下去。

　　在频繁项集产生之后就要根据它来产生相应的关联规则。对每个频繁项集,产生它的所有非空子集,而对每个非空子集,如果同时满足最小的置信度,则输出规则。如对刚才得到的频繁项集{A,D,E},它包含的非空子集有{A}{D}{E}{A,D}{A,E}{D,E},得到的关联规则有:

　　(1)A⇒D,E 置信度为 2/6＝33.3%

　　(2)D⇒A,E 置信度为 2/5＝40%

　　(3)E⇒A,D 置信度为 2/7＝28.6%

　　(4)A,D⇒E 置信度为 2/4＝50%

(5)A,E⇒D 置信度为 2/3＝66.7%

(6)D,E⇒A 置信度为 2/3＝66.7%

如果设置最小置信度为 60%，则上面的规则只有(5)(6)符合要求保留下来。第(5)条规则的含义是，客户同时购买 A、E 和 D 商品的概率会大于最小支持度 minsup20%，并且如果客户买了商品 A 和 E 后，他会再购买 D 商品的概率是 66.7%。知道了这些信息，超市就可以对顾客进行智能推荐。

2.4.7.2 Apriori 算法存在的主要问题

基于频繁项集的 Apriori 算法采用了逐层搜索的迭代的方法，算法简单明了，没有复杂的理论推导，也易于实现。但它有一些难以克服的缺点：

(1)每次计算项集的时候都要扫描原始数据集，对数据集的扫描次数过多。如果要生成最大长度为 N 的频繁项集，那么就要对数据集进行 N 次扫描。当数据集中存放大量的事务数据时，在有限的内存容量下，系统 I/O 负载相当大，每次扫描数据集的时间就会很长，这样其效率就非常低。

(2)Apriori 算法会产生大量的中间项集。k 越大所产生的候选 k 项集的数量会呈几何级数增加。如频繁 1 项集的数量为 10^4 个，长度为 2 的候选项集的数量将达到 5×10^7 个，如果要生成一个更长规则，其需要产生的候选项集的数量将是难以想象的。

(3)采用唯一支持度，没有将各个属性重要程度的不同考虑进去。在现实生活中，一些事务的发生非常频繁，而有些事务则很稀疏，这样对挖掘来说就存在一个问题：如果最小支持度阈值定得较高，虽然加快了速度，但是覆盖的数据较少，有意义的规则可能不被发现；如果最小支持度阈值定得过低，那么大量的无实际意义的规则将充斥在整个挖掘过程中，大大降低了挖掘效率和规则的可用性。这都将影响甚至误导决策的制订。

(4)算法的适应面窄。该算法只考虑了单维布尔关联规则的挖掘，但在实际应用中，可能出现多维的、多数量的、多层的关联规则。这时，该算法就不再适用，需要改进，甚至需要重新设计算法。

由于 Apriori 算法本身有许多固有缺陷，后来的研究者纷纷提出了各种改进算法或者不同的算法，如 Hash 表法、动态项集计数法、序列模式挖掘、频繁模式增长法等，但这种算法是其他关联规则算法的基础。

2.4.7.3 关联规则例子

表 2.4.12 是某电商商城部分干果商品支持度分析结果[25]，从结果来看，核桃与松子组合是最高的，其次是核桃与橙子组合、核桃与木瓜组合、核桃与开心果组合等。

表 2.4.12 部分干果商品支持度分析结果

商品	芒果	木瓜	橙子	松子	核桃	开心果
芒果	15.00%					
木瓜	3.00%	20.00%				
橙子	3.30%	4.40%	22.00%			
松子	4.05%	5.40%	5.94%	27.00%		
核桃	4.65%	6.20%	6.82%	8.37%	31.00%	
开心果	2.70%	3.60%	3.96%	4.86%	5.58%	18.00%

从表 2.4.13 商品置信度分析结果来看,芒果—橙子的置信度最高为 78.89%,其次是橙子—芒果为 75.42%,芒果与橙子组合、松子与核桃组合、开心果与木瓜组合相互之间的置信度比较高。该结果的分析对于店铺的启示是,芒果与橙子、松子与核桃、开心果与木瓜之间存在较强的关联关系和相关依赖关系。在拓展策略方面,结合商品支持度和商品置信度分析结果,店铺销售的芒果与橙子、松子与核桃、开心果与木瓜之间存在较强的关联关系和相关依赖关系,如果店铺针对这几种商品组合开展一系列的促销活动,那么就能起到相对较好的效果。

表 2.4.13　部分干果商品置信度分析结果

商品组合	置信度
芒果—橙子	78.89%
橙子—芒果	75.42%
松子—核桃	69.58%
核桃—松子	58.46%
开心果—木瓜	55.76%
木瓜—开心果	54.38%

2.4.8　推荐算法

推荐系统(Recommender System,RS)可以自动为用户推荐他们所喜欢的商品或者项目,并为商家提升销量。目前国内外广泛使用的推荐策略主要有:

(1)推荐最畅销的前 N 个项目。这种做法就是给用户推荐卖得最好的 N 种商品或者访问量最高的 N 个网页等。这种方法的优点是推荐的信用度好,易于使用户接受,但推荐缺乏个性化。由于这种方法实现简单且推荐原因易于理解,所以很多电子网站都采用了这种方法,如最热门列表(hotlist)。

(2)推荐与用户兴趣最相关的 N 个项目。这类方法属于个性化推荐,其主要思想是推荐出最符合用户兴趣特点的 N 个项目,推荐结果的个性化程度最高。

2.4.8.1　基于用户的协同过滤推荐算法

协同过滤推荐算法是推荐算法中应用得较多的一类,而协同过滤中使用得最广泛的算法是最近邻方法。最近邻方法根据用户评分的相似性来得到活动用户的若干最近邻居,然后用最近邻居对项目的评分的加权值来预测活动用户对项目的评分。它的基本思想是将其他用户对某一项目的评分进行加权平均得到活动用户对这个项目的预测分数。

如图 2.4.13 所示,基于用户的协同过滤方法可以分为以下三个步骤:

图 2.4.13　基于用户的协同过滤系统

(1)计算各用户与活动用户之间的相似度。当用户被给出推荐时,他们往往信任那些和他们本人有着相似爱好的人,所以首先要得出活动用户与其他用户之间的相似度。

（2）根据各用户与活动用户之间的相似度以及所要求的项目确定该活动用户的邻居。在预测不同的项目得分时，用户的邻居并不一定都是一样的，用户可能会有不同的邻居。

（3）将邻居的得分的加权值作为活动用户的评分值。

根据特定的系统，以上三个步骤有可能重合或者顺序可以有稍微不同。基于协同过滤技术的推荐系统的核心是为一个需要推荐服务的活动用户寻找与其最相似的"最近邻居（nearest-neighbor）"集，即对一个活动用户 a，要产生一个依相似度大小排列的"邻居"集合 $N = \{N_1, N_2, \cdots, N_t\}$，$a \notin N$，从 N_1 到 N_t，用户之间的相似度 $sim(a, N_i)$ 从大到小排列。

每个用户都有最近邻居，但邻居用户不一定是对称的，假设用户 a 是用户 b 的邻居，用户 b 不一定是用户 a 的邻居。由于评分矩阵的稀疏性，在一般情况下，用户的邻居也不一定是可传递的，即用户 a 与用户 b 之间的相似度很高，用户 b 与用户 c 之间的相似度也很高，但用户 a 与用户 c 之间的相似度未必高，他们之间可能会因为共同打过分的项目数目太少而得到很小的相似度。

在得到各个用户与活动用户之间的相似系数之后，就要考虑选取多少用户作为该活动用户的邻居来计算最后的预测值。一般有两种方法来选取邻居数目，一种是预先设置一个相似性阈值，所有那些与活动用户之间的相似系数超过该阈值的用户都作为邻居。在这种方法中，设置高的阈值则邻居与活动用户之间有较好的相关性，但满足条件的邻居数会比较少，很多预测可能不能得到结果；如果阈值过小，则满足条件的邻居数会比较多，阈值就没起到应有的作用。另外一种方法是选择 Q 个相关系数最大的用户作为邻居用户，如果 Q 过大，则相关系数小的用户会影响到最后的预测结果；反之，如果 Q 过小，则有些用户的意见没有被考虑进去。如在 GroupLens 电影推荐系统中只考虑了与当前用户相关联的邻居用户，而不是将所有用户进行加权和。这种方法效率比较高，且因为去除了一些关联度较弱的用户，所以结果也更精确。

邻居生成之后，这些邻居的评分被组合起来生成活动用户的预测评分值。在计算完活动用户与其他用户之间的相似度后，活动用户 a 对项目 j 的评分的预测值 $P_{a,j}$ 是其他用户对该项目的评分的加权和：

$$P_{a,j} = \overline{R_a} + \kappa \sum_{u=1}^{Q} w_{a,u}(R_{u,j} - \overline{R_u}) \qquad （式 2.4.45）$$

其中 $w_{a,u}$ 是活动用户 a 与邻居用户 u 的相似度，$\overline{R_u}$ 是邻居用户 u 的平均评分，κ 是一个规范化系数。

基于用户的协作过滤技术应用比较普遍，这种方法在实践过程中遇到一个主要问题就是稀疏性，也就是在系统运行过程中，由于项目数量较大，用户评分数量少而造成用户—评分矩阵的稀疏，所以基于用户的协同过滤方法很难利用这些评价来发现相似的用户。

为了获取最近邻用户，需要求取活动用户与其他用户之间的相似度。用户之间的相似度度量方法很多，如余弦相似性、相关相似性等。

2.4.8.2 基于项目的协同过滤推荐算法

基于用户的协同过滤系统运行的瓶颈是要在一个很大的用户群中找出合适的邻居，基于项目的协同过滤系统可以通过寻求项目之间的相似关系，而不是用户之间的相似关系来避免这个瓶颈问题。一个基于项目的协同过滤系统首先根据用户—项目矩阵来求出不同项目之间的关系，然后利用这些关系来推出给用户的推荐结果，给用户的推荐结果是通过发现与用户喜欢的项目相似的项目来完成的。

因为在典型的电子商务环境中,项目之间的关系相对来说比较稳定,所以利用项目之间的相似性,基于项目的协同过滤算法可以花费较少的在线计算时间来得到与基于用户的协同过滤系统准确性相近的预测结果,这种方法在某种程度上解决了基于用户的协同过滤系统中存在的可扩展性问题。类似于基于用户的协同过滤系统,在基于项目的协同过滤算法中一个至关重要的步骤是计算项目之间的相似性,然后来选择最相似的项目,项目之间的相似性计算方法有很多种。根据项目之间的关系来得到最终的推荐结果也有不同的方法。

两个项目之间相似性计算的基本思想是先分离出所有已经对这两个项目进行了评分的用户,然后应用相似性计算技术决定这两项的相似性。度量项目之间相似性的方法与度量用户之间的相似性方法一样也有许多种,如余弦相似性、相关相似性以及修正的余弦相似性等。

Slope One 算法是由 Daniel Lemire 教授在 2005 年提出的一个基于项目的协同过滤推荐算法。Slope One 算法简单有效,易于实现,执行效率高,同时推荐的准确性相对很高[18,20]。

下面通过一个例子引入 Slope One 算法。假设某电商网站上有两本大数据相关的图书《大数据时代》和《大数据领导干部读本》。有四位读者 A、B、C、D 分别购买了这两本图书,并对每本图书进行星级评分见表 2.4.14。

表 2.4.14 读者对书籍的评价分数

读者	《大数据时代》	《大数据领导干部读本》
A	4	3
B	2	4
C	4	5
D	3	5
E	3	?

有一位读者 E 已经购买了图书《大数据时代》,并给该图书打分 3 分,现在需要预测一下这名读者会给图书《大数据领导干部读本》打多少分。

一种简单直接的做法是先把读者对这两本书的分数的差的平均值(即评分的平均偏差)求出来。图书《大数据时代》减去图书《大数据领导干部读本》的评分平均偏差为[(4−3)＋(2−4)＋(4−5)＋(3−5)]/4＝−1。然后对读者 E,由于他给《大数据时代》打分为 3 分,那么可以估算他对《大数据领导干部读本》的评分为:3−(−1)＝4 分。

由以上例子可以得出 Slope one 算法的基本思路:Slope One 算法是一种基于不同物品之间的评分差,预测用户对物品评分的个性化算法。和其他类似算法相比,它的最大优点在于算法很简单,易于实现,执行效率高,同时推荐的准确性相对较高。

Slope One 算法流程如下:

步骤 1:计算物品之间的评分差的均值,记为物品间的评分偏差:

$$Diff_{ij} = \frac{\sum\limits_{u \in N(i) \bigcap N(j)} (r_{ui} - r_{uj})}{|N(i) \bigcap N(j)|} \qquad (式 2.4.46)$$

其中，r_{ui}，r_{uj} 分别为用户 u 对物品 i,j 的评分，$N(i)$ 和 $N(j)$ 分别为对物品 i,j 评过分的用户，$N(i) \bigcap N(j)$ 为对物品 i,j 都评过分的用户，$| N(i) \bigcap N(j) |$ 为对物品 i,j 都评过分的用户数目。

步骤 2：根据物品间的评分偏差和用户的历史评分，预测用户 u 对未评分的物品 j 的评分。

$$P_{uj} = \frac{\sum\limits_{i \in N(u)} | N(i) \bigcap N(j) | (r_{ui} - Diff_{ij})}{\sum\limits_{i \in N(u)} | N(i) \bigcap N(j) |} \qquad (式\ 2.4.47)$$

其中，$N(u)$ 为对物品 u 评过分的用户。

例如：如果有 200 个用户对物品 1 和物品 2 都打过分，有 500 个用户对物品 2 和物品 3 也打过分，现在有一个新用户 u，他对物品 1 的打分为 r_{u1}，对物品 3 的打分为 r_{u3}，那么这个新用户对物品 2 的评分估计值为：

$$P_{u2} = \frac{200(r_{u1} - Diff_{12}) + 500(r_{u3} - Diff_{32})}{200 + 500} \qquad (式\ 2.4.48)$$

通过算法得到用户对所有物品的预测评分之后，可以将预测评分从高到低进行排序，取 TOP N 对应的物品推荐给这个用户。

2.4.8.3 基于模型的协同过滤推荐算法

基于模型的协同过滤算法首先从数据中抽取出关系描述模型，然后应用这个预先得出的模型进行推荐，这样就能够快速、准确地产生推荐结果。通常建立模型的速度比较慢，但一旦模型形成，进行预测的速度很快。基于奇异值分解的推荐算法是一种常用的基于模型的协同过滤推荐算法。

线性代数方法使我们可以将数据分解为很多分量，然后分析其中的主要分量。奇异值分解（Singular Value Decomposition，SVD）就是其中的一种矩阵分解技术，它是一种有效的代数特征提取方法，深刻揭露了矩阵的内部结构。奇异值分解在图像压缩、信息检索等方面有着广泛的应用。目前，奇异值分解在信息检索方面的应用主要是隐含语义检索（Latent Semantic Indexing，LSI）。很多文本检索引擎采用词频索引方法（term-frequency index-ing），文档和用户所需要的信息用一维向量来表示。潜在语义索引在信息检索方面的研究表明 LSI 方法较之标准的余弦分析检索方法有较好的结果，可以将文档在向量空间模型中的高维表示，投影到低维的潜在语义空间中。这一方面缩小了问题的规模；另一方面也在一定程度上避免了数据的过分稀疏。高维的向量空间模型表中的文档映射到低维的语义空间中是通过对项——文档矩阵的奇异值分解来实现的。此模型首先建立一个低维的词条——文档矩阵，然后采用奇异值分解法，来获得那些在表面上没有联系的词条和文档间关系，最后根据获得的隐含语义关系进行检索。

奇异值分解可以将一个 $m \times n$ 的矩阵 $\boldsymbol{R}$ 分解为 3 个矩阵 $\boldsymbol{U}, \boldsymbol{S}, \boldsymbol{V}$：

$$\boldsymbol{R} = \boldsymbol{U} \cdot \boldsymbol{S} \cdot \boldsymbol{V}^{\mathrm{T}} \qquad (式\ 2.4.49)$$

其中 $\boldsymbol{U}$ 是一个 $m \times m$ 的正交矩阵（$\boldsymbol{U}\boldsymbol{U}^{\mathrm{T}} = \boldsymbol{I}$），$\boldsymbol{V}$ 是一个 $n \times n$ 的正交矩阵（$\boldsymbol{V}\boldsymbol{V}^{\mathrm{T}} = \boldsymbol{I}$），$\boldsymbol{S}$ 是一个半正定 $m \times n$ 对角矩阵，它的非对角线上的元素全为 0，而对角线上的元素满足

$$\sigma_1 \geqslant \sigma_2 \geqslant \cdots \geqslant \sigma_n \geqslant 0（假设\ m \geqslant n）$$

所有的 σ_n 大于 0 并按照从大到小顺序排列，称为奇异值（singular value），奇异值可以

表示一个给定矩阵与比其秩低的矩阵的接近程度。通常对于矩阵 $R = U \cdot S \cdot V^T$,U,S,V 必须是满秩的。

奇异值分解有一个优点,它允许存在一个简化的近似矩阵。对于 S,保留 k 个最大的奇异值,将其余的用 0 来替代,这样,我们就可以将 S 进行维数简化为仅有 k 个奇异值的矩阵 ($k < n$)。因为引入了 0,可以将 S 中的值为 0 的行和列删除,得到一个新的对角矩阵 S_k,如果矩阵 U 和 V 也按照这种方法进行简化得到矩阵 U_k 和 V_k,那么重构得到的矩阵有 $R_k = U_k S_k V_k^T$,$R_k \approx R$。奇异值分解能够生成初始矩阵 R 的所有秩等于 k 的矩阵中与矩阵 R 最近似的一个。对于 Frobenius 范式,奇异值分解提供了原始矩阵的最佳低阶近似矩阵。

Sarwar 等人使用奇异值分解方法将用户评分分解为不同的特征及这些特征对应的重要程度,这种方法利用了用户与项目之间潜在的关系,用初始评价矩阵的奇异值分解去抽取一些本质的特征[19]。

奇异值分解用于协同过滤的思想是用户对项目评分是基于他们对这些项目的隐含特性的喜好基础上的,而项目之间也存在一些共有的特征。用户喜欢某一项目是因为他们对这些特征的评分较高,所以通过将用户的评分用线性代数方法分解为一些特征,可以根据用户对这些特征的喜好程度来预测用户对他所没有评过分的项目的喜好。

举一个简单的例子,假如有一个矩阵

$$A = \begin{bmatrix} 5 & 4 & 2 & 6 \\ 3 & 7 & 5 & 2 \\ 6 & 4 & 1 & 4 \end{bmatrix}$$

在 matlab 数学软件中用 $[U\ S\ V] = SVD(A)$ 命令可得到 A 的 SVD 分解结果为

$$U = \begin{bmatrix} 0.6000 & -0.4124 & -0.6855 \\ 0.5811 & 0.8136 & 0.0192 \\ 0.5498 & -0.4099 & 0.7278 \end{bmatrix}$$

$$S = \begin{bmatrix} 14.4890 & 0.0000 & 0.0000 & 0.0000 \\ 0.0000 & 4.9324 & 0.0000 & 0.0000 \\ 0.0000 & 0.0000 & 1.6550 & 0.0000 \end{bmatrix}$$

$$V = \begin{bmatrix} 0.5551 & -0.4218 & 0.6023 & -0.3889 \\ 0.5982 & 0.4878 & 0.1835 & 0.6088 \\ 0.3213 & 0.5744 & -0.3306 & -0.6764 \\ 0.4805 & -0.5041 & -0.7031 & 0.1437 \end{bmatrix}$$

我们可以看出在 S 中"14.4890"描述的特征是最重要的一个特征,所以可以选择最重要的特征来简化 S 的维数,在这个例子中我们可以只选择"14.4890"所表示的一个最重要的特征。

Sarwar 等人首先将奇异值分解应用到推荐系统中。将原始评分矩阵 R 中评分值为 0 的稀疏项用相关列的平均值代替,即项目的平均评分值。接着将矩阵的每行规范化为相同长度,用 $R_{ij} - \bar{R}_{*j}$ 代替原来的 R_{ij}($\bar{R}_{*j}$ 是相关列的项目的平均评估值)。进行规范化的目的是因为选择不同已评分项目数量的用户对相似度计算结果的影响不同,容易造成偏差,规范化为相同长度后,选择项数目较多的用户对相似度计算结果的影响降低了。经过这样的处理,得到规范化的矩阵 R_{norm}。

以下是基于奇异值分解的协同过滤算法。

输入:用户评分矩阵 $\boldsymbol{R}$。

输出:预测评分矩阵 $\boldsymbol{P}$。

过程:

① 将用户评分矩阵 $\boldsymbol{R}$ 规范化为 $\boldsymbol{R}_{norm}$。

② 用奇异值分解方法分解矩阵 $\boldsymbol{R}_{norm}$ 得到矩阵 $\boldsymbol{U},\boldsymbol{S},\boldsymbol{V}$。

③ 将 $\boldsymbol{S}$ 简化为维数为 k 的矩阵,得到 $\boldsymbol{S}_k(k<r,r$ 是矩阵 $\boldsymbol{R}_{norm}$ 的秩)。

④ 相应地简化矩阵 $\boldsymbol{U},\boldsymbol{V}$ 得到 $\boldsymbol{U}_k,\boldsymbol{V}_k$。

⑤ 计算 $\boldsymbol{S}_k$ 的平方根得到 $\boldsymbol{S}_k^{1/2}$。

⑥ 计算两个相关矩阵 $\boldsymbol{U}_k\boldsymbol{S}_k^{1/2},\boldsymbol{S}_k^{1/2}\boldsymbol{V}_k^{\mathrm{T}}$。

⑦ 活动用户 a 在项目 i 上的预测得分为

$$P_{a,i}=\overline{R_a}+U_k\sqrt{S_k}'(a)\sqrt{S_k}V_k'(i) \tag{式 2.4.50}$$

其中,$\overline{R_a}$ 是活动用户在所有他已打分项目上的评分的平均值,U,S,V 分别为评分矩阵 $\boldsymbol{R}$ 经过奇异值分解后得到的左、中和右矩阵。U_k,S_k 和 V_k 分别为 U,S,V 约减后的矩阵,k 为奇异值分解后保留的维数。$U_kS_k^{1/2}$ 是 $m\times k$ 的矩阵,它描述的是用户在 k 维空间中的关系,即用户对 k 个元项目的评估值,可以理解为用户矩阵,而矩阵 $S_k^{1/2}V_k^T$ 的大小为 $k\times n$,可以理解为相应的项矩阵。

在奇异值分解中,保留的维数 k 很重要,如果 k 太小,则不能得到原始评分矩阵中重要结构,如果 k 太大,则失去了降维的意义,所以要通过试验来预先确定要保留的维数。

通过奇异值分解,可以将文档在高维向量空间模型中的表示,投影到低维的潜在语义空间中,有效地缩小了问题的规模。然而矩阵的奇异值分解对数据的变化比较敏感,同时缺乏先验信息的植入等而显得过分机械,从而使它的应用受到一定的限制。

Sarwar 等人的试验结果表明奇异值分解方法在某些场合下能提高推荐系统的可扩展性,应用于协同过滤时对于稀疏的评分矩阵效果比较好,但是如果原始的评分矩阵过分稀疏,推荐效果反而不如基于用户的协同过滤算法。矩阵的奇异值分解计算量通常比较大,但是可以离线进行,Berry 等人提出了奇异值分解的增量更新算法。

2.4.8.4 推荐系统评价指标

推荐系统的评价是一个很重要的问题,如果推荐的结果不符合用户的需要,他就会对推荐系统产生怀疑,以后很可能就不会使用这个推荐系统。相反,如果推荐系统推荐的结果与用户的需求相类似,他就会喜欢上这个系统,用户会经常访问或者会介绍他的朋友也来使用这个推荐系统,用户数据也会越来越多,推荐系统的结果也会越来越精确,从而形成一种良性循环。

推荐结果可以分为预测活动用户对某个项目的评分以及给活动用户提供一个 TOP N 列表两种,这两种结果的评价指标有所不同。

一个评分预测系统的推荐质量可以通过对保留的评分的预测值与实际值之间的比较结果来判定。评价评分预测系统推荐质量的度量标准分为涵盖率(coverage)与精确度(accuracy)度量两种,而精确度度量又包括统计精度度量方法和决策支持精度度量方法两类。

推荐系统可能不能对每一个项目都进行推荐。基于这个原因,我们需要考虑推荐系统能推荐的评分的比率,通常用涵盖率来表示。

71

统计精度度量方法中的平均绝对偏差（Mean Absolute Error，MAE）易于理解，可以直观地对推荐质量进行度量，是最常用的一种推荐质量度量方法。平均绝对偏差通过计算预测的用户评分与实际的用户评分之间的偏差度量预测的准确性，平均绝对偏差越小，推荐质量越高。一个推荐系统的平均绝对误差 E 采用下面公式得到：

$$E = \frac{1}{N} \sum_{i=1}^{N} | P_i - T_i |$$
（式 2.4.51）

其中 N 是推荐系统中所有未打分的用户 — 项目的数目。P_i 是系统对用户 — 项目的评分预测值；T_i 是用户 — 项目的评分的目标值。平均绝对误差越小，该推荐系统引擎预测用户评分值越准确。

为了消除评分范围的影响，有的推荐系统还将平均绝对偏差进行规范化，得到了规范化的平均绝对偏差（Normalized Mean Absolute Error，NMAE）。

$$NMAE = \frac{MAE}{R_{max} - R_{min}}$$
（式 2.4.52）

其中 R_{max} 是评分的上限，R_{min} 是评分的下限。

通常推荐系统为打过分数项目较多的用户推荐的错误比较少，而给打分项目较少的用户推荐的错误较多，所以 Paolo Massa 等人定义了另外一种评价指标——平均绝对用户误差（Mean Absolute User Error，MAUE），先对每个用户计算该用户的平均绝对偏差，再将所有用户的平均绝对偏差进行平均就得到平均绝对用户误差，这个指标对打分数项目较多的用户与打分较少的用户同等对待。

其他统计精度度量方法还有均方根误差（Root Mean Square Error，RMSE）以及统计显著性等。

受试者操作特性曲线（Receiver Operating Characteristic curves，ROC）分析是一种决策精度度量方法。它源于信号探测理论（signal detection theory），最早用于描述信号和噪声之间的关系，并用来比较不同的雷达之间的性能差异，后来在气象学、材料检验、心理物理学等领域中均有应用。目前，ROC 分析已经成为临床科研文献中应用最广泛的统计方法，是国际公认的比较、评价两种或两种以上影像诊断方法效能差异性的客观标准。

表 2.4.15　诊断试验评价形式

诊断标准	金标准结果		合计
	阳性	阴性	
阳性	真阳性（TP）	假阳性（FP）	TP＋FP
阴性	假阴性（FN）	真阴性（TN）	FN＋TN
合计	TP＋FN	FP＋TN	

表 2.4.15 是一种诊断试验评价形式，使用"敏感性"（sensitivity）和"特异性"（specificity）这一对指标就可以说明假阳性和假阴性的百分比，敏感性和特异性即真阳性率和真阴性率，其计算式分别为 TP/（TP＋FN）和 TN/（FP＋TN）。由于诊断系统中正常人群（阴性结果）与异常人群（阳性结果）两个诊断的分布是有重叠的，因此诊断界值（图 2.4.14 中的竖线）把正常人群分成真阴性率（TNF）和假阳性率（FPF），把异常人群分成真阳性率（TPF）和假阴性率（FNF），表达式如下：TNF＋FPF＝1，TPF＋FNF＝1。由图 2.4.14 可以看出，敏

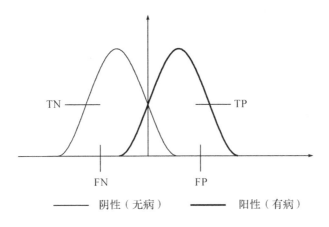

图 2.4.14　ROC 分析

感性和假阳性的变化与特异性和假阴性的变化是同步的。

ROC 曲线的评价指标主要采用 ROC 曲线下的面积 AZ，这是最常用的评价 ROC 曲线特性的参数。每个诊断系统对疾病的诊断效能都可以用一条 ROC 曲线表示，曲线下的面积 AZ 表示诊断系统的阳性和阴性诊断结果分布的重叠程度。曲线越靠近左上角，AZ 值就越大，诊断效果越可靠。应用这个参数可以作为比较几种诊断系统的客观指标，它不受诊断界值变化的影响。当 $AZ=1$ 时，表明诊断效能是完美的，没有假阳性和假阴性错误。也就是说，这个诊断系统可以作为金标准。

对于一个推荐系统，ROC 分析可以用来评估预测能多么有效地帮助用户从一个项目集中选择出高质量的项目的能力。它假设预测过程是二进制操作，认为项目要么是用户喜欢的，要么是不喜欢的。ROC 曲线是反映此敏感性和特异性连续变量的综合指标。ROC 曲线下面的面积是预测准确性的一个度量。ROC 曲线下面的面积越大，这个推荐系统越准确。

决策精度度量方法还有用于评价预测值和实际值的一致程度的 Kappa Index。

对于 TOP N 推荐系统，可以用信息检索领域中常用来评估系统效果的两个标准：召回率（Recall）和精确率（Precision）来作为对比算法效果的尺度。信息检索的召回率为实际检索出的相关信息文档数与信息库中总的相关信息文档数之比，而精确率为检索结果中相关信息文档数与查询结果总数之比。首先将数据分为训练集和测试集两部分。训练集用来生成用户—项目评分矩阵并得到 TOP N 推荐集，将既在 TOP N 推荐集又在测试集中的项目的比例作为召回率的标准，有：

$$召回率 = \frac{命中的数目}{测试集的大小} \qquad (式\ 2.4.53)$$

$$精确率 = \frac{命中的数目}{TOP\ N\ 的数目} \qquad (式\ 2.4.54)$$

然而，这两个指标经常是相互冲突的，比如增加 N 则增加召回率，但精确率却降低了。由于这两个指标对推荐系统的质量评判关系重大，所以经常使用这两者的结合来定义。

$$F_{\beta} = \frac{(1+\beta^2) \cdot 召回率 \cdot 精确率}{\beta^2 \cdot 精确率 + 召回率} \qquad (式\ 2.4.55)$$

其中 β 用来表示召回率与精确率在估计推荐质量时的相对重要性,它的取值范围为 $[0,\infty)$。当 $\beta=0$ 时,F_β 即为精确率;当 $\beta=\infty$ 时,F_β 即为召回率;当 $\beta=1$ 时,召回率与精确率在估计算法的推荐质量时具有相同的重要性;若 $\beta<1$,则强调精确率的作用;若 $\beta>1$,则强调召回率的作用。

一般系统先计算每个用户的 F_β 值,然后用所有用户 F_β 值的平均来作为评价标准。

TOP N 推荐系统的准确性还可以用有序排列的期望效用来衡量,一个有序排列的期望效用定义为:

$$R_a = \sum_j \frac{\max(v_{a,j}-d,0)}{2^{(j-1)/(a-1)}} \qquad (式\ 2.4.56)$$

其中

$$R = 100 \frac{\sum_a R_a}{\sum_a R_a^{\max}} \qquad (式\ 2.4.57)$$

2.5 大数据的可视化

大数据可视化是指以图形的方式展示数据。可视化可以在小空间内展示大规模的数据,帮助用户能够更快地识别模式,能够让决策者深入了解细节层次,这种展示方式的改变使得用户可以查看分析背后的事实[17,26]。

2.5.1 大数据可视化的作用

大数据可视化的主要目的是准确而高效、精简而全面地传递信息和知识。可视化能将不可见的数据现象转化为可见的图形符号,能将错综复杂、看起来没法解释和关联的数据,建立起联系和关联,发现规律和特征,获得更有商业价值的洞见和价值。利用合适的图表直截了当且清晰而直观地将数据隐含的信息表达出来,实现数据自我解释、让数据说话的目的。人类右脑记忆图像的速度比左脑记忆抽象的文字快 100 万倍。因此,数据可视化能够加深和强化受众对于数据的理解和记忆。

图形表现数据,比传统的统计分析法更加精确和有启发性。用户可以借助可视化的图表寻找数据规律、分析推理、预测未来趋势,提高理解和处理数据的效率。另外,利用可视化技术可以实时监控业务运行状况,洞察统计分析无法发现的细节,及时发现问题以便第一时间做出应对。例如天猫的"双 11"数据大屏实况直播,可视化大屏展示大数据平台的资源利用、任务成功率、实时数据量等。

如图 2.5.1 所示,根据中国信息通信研究院发布的《中国大数据发展调查报告(2018年)》,2017 年通过智能可视化界面展示数据分析结果的企业占比为 55.2%,与 2016 年相比有较大幅度提升。数据报表依旧是企业选择展现数据的最主要方式,占比为 64.7%;其次为图形图表(60.3%)。与 2016 年相比,2017 年利用智能可视化的方式展示数据分析结果的企业占比增幅达到 5.2%。

数据分析中所采取的具体步骤会随着数据集和项目的不同而不同,但在进行数据可视化时,总体而言用户应考虑以下四点[30]。

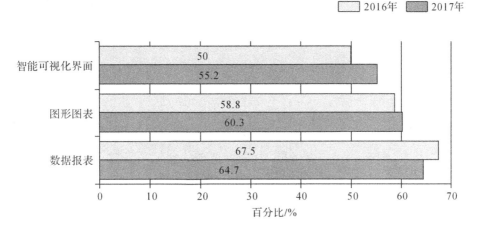

图 2.5.1　企业数据展现方式占比

(1)拥有什么数据?

(2)关于数据你想了解什么?

(3)应该使用哪种可视化方式?

(4)你看见了什么,有意义吗?

2.5.2　大数据可视化的标准及基本特征

2.5.2.1　大数据可视化的标准

能做到简单、充实、高效、兼具美感的数据可视化就是好的可视化。简单地说,好的数据可视化和好的产品是一样的,都有友好的用户体验,不能让人花了时间又看得一头雾水,甚至被误导得出错误的结论。准确地用最简单的方式传递最准确的信息,节约人们思考的时间。最简单的方式就是合理的图表,需要根据比较关系、数据维数、数据多少选择。

高效成功的可视化,虽表面简单却富含深意,可以让观察者一眼就能洞察事实并产生新的理解,管理者沿着所规划的可视化路径能够迅速地找到和发现决策之道。

另外,充实一份数据分析报告或者解释清楚一个问题,很少是单一一个图表能够完成的,需要多个指标或者同一指标的不同维度相互配合佐证分析结论。

2.5.2.2　大数据可视化的基本特征

大数据可视化可以使得数据变得更易于人们理解和利用,提高数据的利用价值,已经在大数据应用领域发挥了重要作用。大数据可视化不仅有着一般数据可视化的基本特征,还有着大数据的特征所引发的新要求,其特征主要体现在以下四个方面[26](如图 2.5.2 所示)。

(1)易懂性。可视化可以将碎片化的数据转换为具有特定结构的知识,使人们更容易理解和使用数据,将数据与经验知识相关联,从而为决策支持提供帮助。

(2)必然性。大数据的数量大这一特征必然要求人们对数据进行形象化的归纳和总结,对数据的结构和形式进行有效的转换处理。

(3)多维性。通过数据可视化的多维呈现,能够清楚地对数据相关的多个变量或者多个属性进行标识,并可以根据每一个维度的量值对所处理的数据进行显示、组合、排序与分类等操作。

（4）片面性。数据可视化往往只能从特定的角度或需求对数据进行展现,因此数据可视化的片面性特征要求可视化模式不能替代数据本身,只能作为数据表达的一种特定形式和补充。

易懂性
可以将碎片化的数据转换为具有特定结构的知识,使人们更容易理解和使用数据。

片面性
可视化模式不能替代数据本身,只能作为数据表达的一种特定形式和补充。

必然性
数量大这一特征必然要求人们对大数据进行形象化的归纳和总结,对数据的结构和形式进行有效的转换处理。

多维性
通过数据可视化的多维呈现,能够清楚地对数据进行表识,并对数据进行显示、组合、排序与分类等操作。

图 2.5.2　大数据可视化的特征

2.5.3　常用的可视化工具

常用的可视化工具有图表工具 Excel 等;高级分析工具 Gephi、Wek、国云大数据魔镜平台等;在线数据可视化工具 Tableau、Chart API、Flot、D3、Echarts 等;地图工具 Modest Maps、Poly Maps 等。

2.5.3.1　Tableau

Tableau 是一款企业级的大数据可视化工具。Tableau 可以让用户轻松创建图形、表格和地图。它不仅提供了 PC 桌面版,还提供了服务器解决方案,可以让用户在线生成可视化报告。服务器解决方案可以提供云托管服务。Tableau 的客户包括巴克莱银行、Pandora 和 Citrix 等企业。

Tableau Public 作为一款数据分析和可视化软件,让用户能够向 Web 发布交互式数据。Tableau Public 具有简洁性和界面直观的优点,因而成为最流行的数据分析工具之一。免费版 Tableau 仅限于 1GB 的数据存储和 100 万行数据。学生可以在他们的官网下载学生版本,上传学生证认证即可免费使用。

Tableau Public 可挖掘来自 Google Sheets、微软 Excel、CSV 文件、JSON 文件、静态文件、空间文件、Web 数据连接件和 OData 的数据。用户可以生成在社区媒体上共享或嵌入到网站上供公众访问的交互式图形、图表和地图。Tableau Public 可以下载到 Windows 或 macOS 上运行。

2.5.3.2 ECharts

ECharts 是一个使用 JavaScript 实现的开源可视化库,可以流畅地运行在 PC 和移动设备上,兼容当前绝大部分浏览器(IE8/9/10/11,Chrome,Firefox,Safari 等),底层依赖轻量级的矢量图形库 ZRender,提供直观,交互丰富,可高度个性化定制的数据可视化图表。

ECharts 具有丰富的可视化类型,提供了常规的折线图、柱状图、散点图、饼图、K 线图,用于统计的盒形图,用于地理数据可视化的地图、热力图、线图,用于关系数据可视化的关系图、treemap、旭日图,多维数据可视化的平行坐标,还有用于商业智能分析的漏斗图、仪表盘,并且支持图与图之间的混搭。

除了已经内置的包含了丰富功能的图表外,ECharts 还提供了自定义系列,只需要传入一个 renderItem 函数,就可以从数据映射到任何用户想要的图形,而且还能和已有的交互组件结合使用而不需要操心其他事情。

用户可以在下载界面下载包含所有图表的构建文件,如果只是需要其中一两个图表,又嫌包含所有图表的构建文件太大,也可以在在线构建中选择需要的图表类型后自定义构建并下载使用。

2.5.4 常用可视化图形

大数据可视化的图表往往是多元的、复杂的,但这些复杂的图表都是由基本的图表组成的。常用的图形有柱状图、条形图、饼图、折线图、柱线图、散点图、雷达图、热力图、地图、漏斗图、瀑布图、仪表盘、词云和矩形树图等。

2.5.4.1 柱状图

柱状图用于展示多个分类的数据变化和同类别各变量之间的比较情况,体现某一维数据随着另一维数据的变化情况,如产品销量随时间的变化情况,图 2.5.3 表示某公司抹茶拿铁、奶茶等饮料年销量随年份的变化情况。

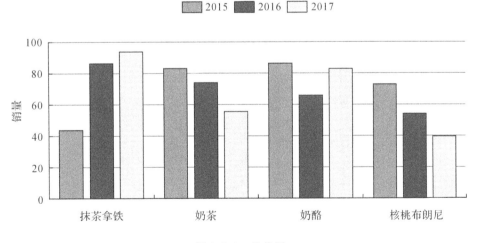

图 2.5.3 柱状图

柱状图适用于对比分类数据,局限性在于如果分类过多则无法展示数据特点。
与柱状图相似的图形有堆和柱状图、百分比堆积柱状图、双向柱状图等。

（1）堆积柱状图。堆积柱状图是柱状图的扩展，不同的是，柱状图的数据值为并行排列，堆积柱状图则是一个个叠加起来的。它可以展示每一个分类的总量，以及该分类包含的每个小分类的大小及占比，因此非常适合处理部分与整体的关系。堆积柱状图可以显示多个部分到整体的关系。例如图 2.5.4 所示的是为了区分男生和女生参与到不同项目中的人数分别是多少时，采用堆积柱状图就需要把每个项目中包含的男生数和女生数都展示出来。

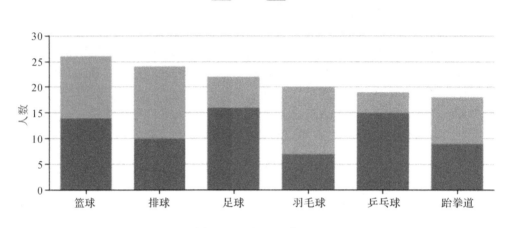

图 2.5.4　堆积柱状图

（2）百分比堆积柱状图。适合展示同类别的每个变量的比例。如图 2.5.5 所示，从这个百分比堆积柱状图可以看出，增值业务的收入占物流业务的总收入比例是逐年增加的，而运输和仓储业务的收入占物流业务的总收入比例是逐年减少的。

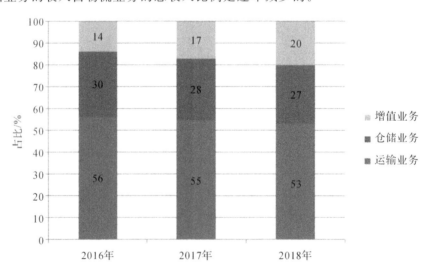

图 2.5.5　百分比堆积柱状图

（3）双向柱状图。双向柱状图用于展示包含相反含义的数据的对比，可以比较同类别的正反向数值差异。其中图表的一个轴显示正在比较的类别，而另一轴代表对应的刻度值（如图 2.5.6 所示）。

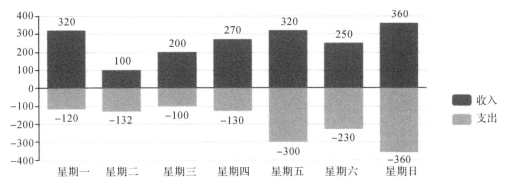

图 2.5.6 双向柱状图

2.5.4.2 条形图

条形图与柱状图类似,只是把两根轴对调了一下(如图 2.5.7 所示)。

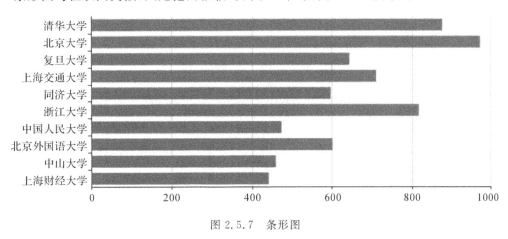

图 2.5.7 条形图

条形图适用于类别名称过长,需有大量空白位置标示每个类别的名称。其局限性也在于分类过多时无法展示数据特点。

与柱状图一样,与条形图相似的图形也有堆积条形图、百分比堆积条形图、双向条形图等。

(1)堆积条形图。比较同类别各变量和不同类别变量总和差异(如图 2.5.8 所示)。

(2)百分比堆积条形图。适合展示同类别的每个变量的比例。

(3)双向条形图。适用于展示包含相反含义的数据的对比(如图 2.5.9 所示)。

2.5.4.3 饼图

饼图适用于表示一维数据,尤其是能够直观反映数据序列中各项的大小,用来展示各类别占总体的比例,比如男女比例等,饼图中每个数据序列具有唯一的颜色或图案。图 2.5.10 展示了某初创企业的股本结构图,从图中可以直观看出股本各个部分所占的比例。

饼图适用于反映某个部分占整体的比例情况,用于对比几个数据在其形成的总和中所占的百分比,可以直观地了解数据的分布情况。其局限性在于如果分类过多,则扇形偏小,无法展现图表,且要求绘制的数值没有负值,同时几乎没有零值。

与饼图相似的图形有环形图、玫瑰饼图、旭日图。

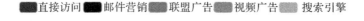

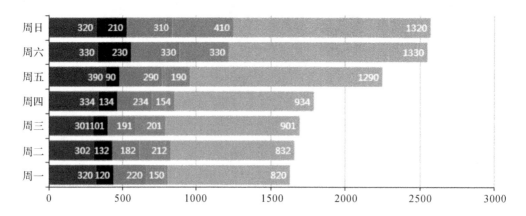

图 2.5.8 堆积条形图

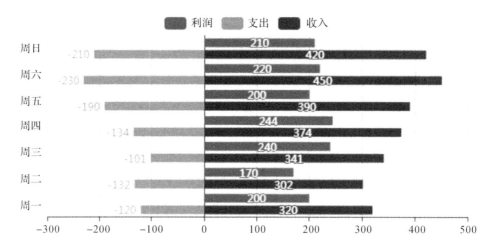

图 2.5.9 双向条形图

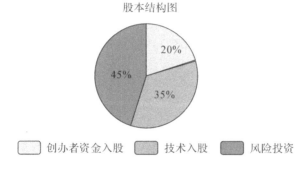

图 2.5.10 饼图

(1)环形图。如图 2.5.11 所示,它是一个挖空的饼图,中间区域可以展现数据或者文本信息。

图 2.5.11 环形图

(2)玫瑰饼图。南丁格尔玫瑰饼图是将柱状图转化为更美观的饼图形式,是极坐标化的柱状图,如图 2.5.12 所示。不同于饼图用角度表现数值或占比,南丁格尔玫瑰饼图使用扇形的半径表示数据的大小,各扇形的角度则保持一致。用于对比不同类别的数值大小。

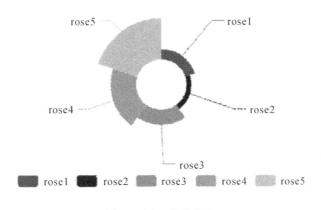

图 2.5.12 玫瑰饼图

与饼图相比,由于半径和面积的关系是平方的关系,南丁格尔玫瑰饼图会将数据的比例大小放大,尤其适合对比大小相近的数值。由于圆形有周期的特性,所以玫瑰饼图也适用于表示一个周期内的时间概念,比如星期、月份。

(3)旭日图。普通饼图无法体现多层数据的比例关系,这时就需要用到旭日图(如图 2.5.13 所示)。它可以展示父子层级的不同类别数据的占比。

2.5.4.4 折线图

折线图可以显示随时间(根据常用比例设置)而变化的连续数据,适用于显示在相等时间间隔下数据的趋势,可以展示数据随时间或有序类别的波动情况下的趋势变化。图 2.5.14 表示某公司某产品日销量随时间的变化情况。

折线图适用于有序的类别,比如时间。与柱状图相比,它更适用于表现趋势的变化。折线图的局限性在于无序的类别无法展示数据特点。

与折线图相似的图形有面积图、堆积面积图、百分比堆积面积图等。

(1)面积图。用面积展示数值大小,用于展示数量随时间变化的趋势,能够突出每个类

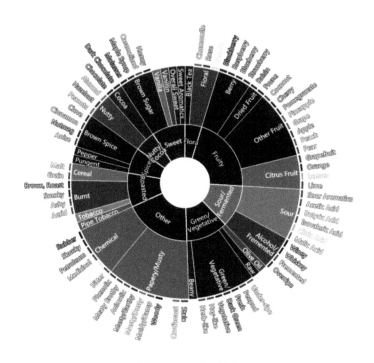

图 2.5.13　旭日图

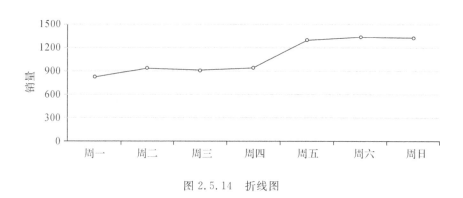

图 2.5.14　折线图

别所占据的面积,把握整体趋势(如图 2.5.15 所示)。

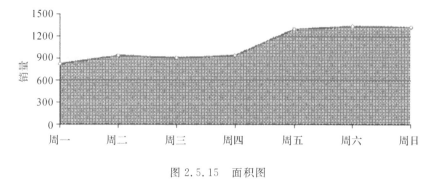

图 2.5.15　面积图

（2）堆积面积图。显示每个类别数值所占大小随时间或类别变化的趋势线，用于比较同类别各变量和不同类别变量总和差异（如图 2.5.16 所示）。因为堆积面积图要展示部分和整体之间的关系，所以不能用于包含负值的数据的展示。

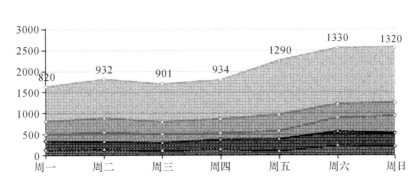

图 2.5.16　堆积面积图

（3）百分比堆积面积图。显示每个数值所占百分比随时间或类别变化的趋势线，用于比较同类别的各个变量的比例差异。

2.5.4.5　柱线图

柱线图结合柱状图和折线图在同一个图表内展现数据。如图 2.5.17 所示，这个柱线图展示了蒸发量、降水量和平均温度随月份的变化情况，其中蒸发量、降水量用柱状图表示，平均温度用折线图表示。

柱线图适用于同时展现多个数据的特点，局限性在于其包含了柱状图和折线图两者的缺陷。

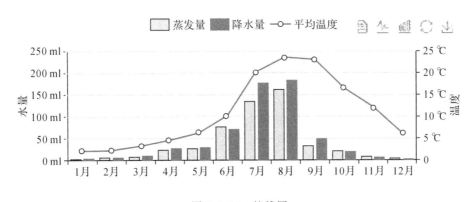

图 2.5.17　柱线图

2.5.4.6　散点图

散点图用两组数据构成多个坐标点，考察坐标点的分布，判断两变量之间是否存在某种关联或总结坐标点的分布模式。散点图将序列显示为一组点，即可了解这些变量之间的关系（如图 2.5.18 所示）。散点图可以在事先不知道变量之间关系时，用于发现各变量之间的关系。

散点图中包含的数据越多，比较的效果就越好，结果越精准，特别适用于回归分析。其局限性在于数据量小的时候会比较混乱。

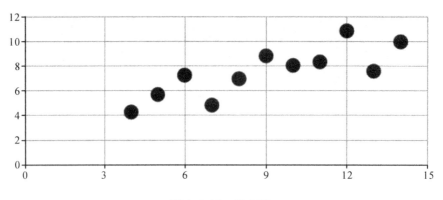

图 2.5.18　散点图

气泡图是散点图的一种变形,用气泡代替散点图的数值点,通过对点的形状或者点的颜色来区分,每个点面积大小来反映第三维所表达的信息(常用来表示指标的相对重要程度),为气泡图加上不同的颜色,就可以用来表示四维数据(如图 2.5.19 所示)。

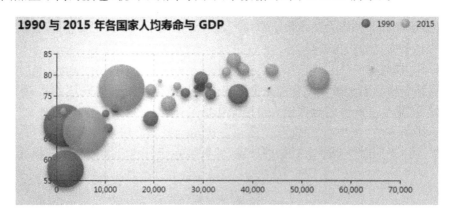

图 2.5.19　气泡图

2.5.4.7　雷达图

雷达图是以从同一点开始的轴上表示的三个或更多个变量的二维图表的形式显示多变量数据的图形方法。它将多个分类的数据量映射到坐标轴上,用于对比某项目不同属性的特点。比如对企业前三年经营指标进行分析得到的比率做成雷达图(如图 2.5.20 所示),可以一目了然地了解公司各项经营指标的变动情况及其好坏趋势。

雷达图适用于多维数据,而且每个维度可以进行排序,可用于了解同类别的不同属性的综合情况,以及比较不同类别的相同属性差异。雷达图对于查看哪些变量具有相似的值、变量之间是否有异常值也很有用。雷达图表可用于查看哪些变量在数据集内得分较高或较低,因此非常适合显示性能。另外,雷达图也常用于排名、评估、评论等数据的展示。雷达图的局限在于如果分类过多或变量过多,会比较混乱难以辨别。

2.5.4.8　热力图

热力图以特殊高亮的形式显示访客热衷的页面区域和访客所在的地理区域的图示。热

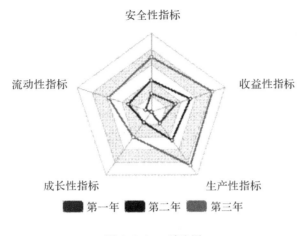

图 2.5.20　雷达图

力图可以应用于电子商务、物流等企业,比如热力图可以帮助电商网站的产品经理快速了解用户的点击偏好,然后根据访问点击的多少,快速优化内容;物流公司可以通过区域订单梳理和仓库位置进行地理匹配,找出最科学的仓库位置,规划最优配送路线,合理安排车辆、人力,更好地进行资源分配,节约资金。如图 2.5.21 所示的是杭州西湖景区一带的交通拥堵情况,颜色越深的道路越拥挤。

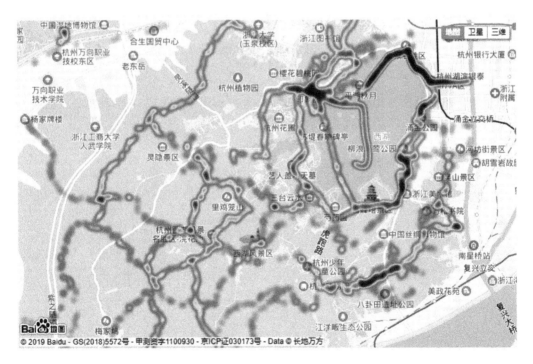

图 2.5.21　百度热力图

热力图可以直观清楚地看到页面上每一个区域的访客兴趣焦点,漏斗图的局限性在于不适用于数值字段是汇总值,需要连续数值的数据分布。

2.5.4.9　漏斗图

漏斗图用梯形面积表示某个环节业务量与上一个环节之间的差异。漏斗图将数据呈现为几个阶段,每个阶段的数据都是整体的一部分,从一个阶段到另一个阶段数据自上而下逐渐下降,所有阶段的占比总计100%。

漏斗图适用于有固定流程并且环节较多的分析,可以直观地显示转化率和流失率。例如图2.5.22的漏斗图能直观地展现用户从最初浏览网站到完成交易这整个流程中的转化状况。它不仅能展示用户从访问网站到实现购买的最终转化率,还可以展示每个步骤的转化率,能够直观地展示和说明问题所在,进而能针对性地通过各阶段的转化分析去改善设计。漏斗图的局限性在于不能展示无序的类别或者没有流程关系的变量。

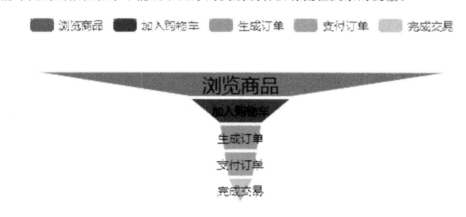

图2.5.22　漏斗图

2.5.4.10　瀑布图

瀑布图采用绝对值与相对值结合的方式,展示各成分分布构成情况,比如各项生活开支的占比情况(如图2.5.23所示)。

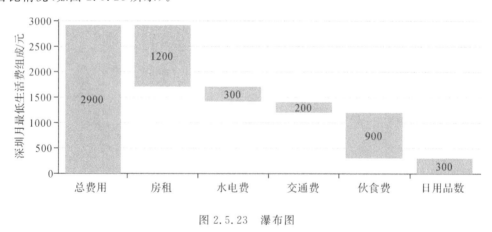

图2.5.23　瀑布图

瀑布图适合展示数据的累计变化过程,其局限性在于各类别数据差别太大时则难以比较。

2.5.4.11　仪表盘

仪表盘可以展现某个指标的完成情况(如图2.5.24所示),其显示类似于拨号盘或速度计上的读数的数据,是一种拟物化的展示形式。仪表盘的颜色可以用来划分指示值的类别,使用刻度标示数据,指针指示维度,指针角度表示数值。

图 2.5.24 仪表盘

仪表盘可用于许多目的,如速度、体积、温度、进度、完成率、满意度等指标的展示。其局限性在于只适合展现数据的累计情况,不适用于数据的分布特征等。

2.5.4.12 词云

词云可以展现文本信息,对出现频率较高的"关键词"予以视觉上的突出,比如用户画像的标签。

词云适合在大量文本中提取关键词(如图 2.5.25 所示)。其局限性在于不适用于数据太少或数据区分度不大的文本。

图 2.5.25 词云

2.5.4.13 矩形树图

矩形树图可以展现同一层级的不同分类的占比情况,或同一个分类下子级的占比情况,比如商品品类等。图 2.5.26 所示的是一个虚构的手机品牌占有率的矩形树图,从图中可以看出不同手机品牌的市场占比。

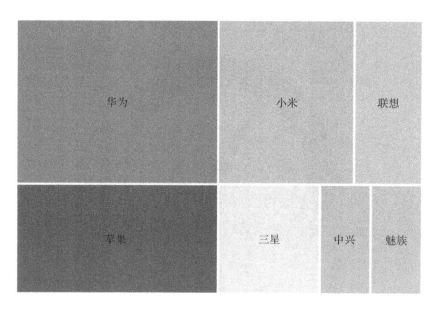

图 2.5.26　矩形树图

矩形树图适用于展示父子层级占比的树形数据；其局限性在于不适合展现不同层级的数据，比如组织架构图，其每个分类不适合放在一起看占比情况。

2.6　延伸阅读

2.6.1　延伸阅读："用户画像"直击零售商需求

人们每分每秒都在产生巨量数据，大数据不仅体量巨大，而且类型繁多。此外，互联网交互数据占比越来越大，约为大数据总容量的 85%，传统行业的数据大概只有 15%。

消费者的网络"足迹"是互联网基因，网络中的足迹、点击、浏览、留言直接反映消费者的性格、偏好、意愿等，互联网交互大数据就是研究每个用户碎片行为的过程。而对于企业来讲，如何有效地取得、利用和分析海量数据，增加竞争力、提升推广效能，是大数据时代的重要使命。对此，百度正在开展一场大数据革命，以对接企业的时代需求，百度已经从数据、工具以及应用三个层面，做好大数据时代的布局，为广告主更深入地挖掘数据价值，优化营销决策。

目前，百度已经建成了包括百度指数、司南、风云榜、数据研究中心和百度统计在内的五大数据体系平台，帮助企业实时了解消费者行为、兴趣变化，以及行业发展状况、市场动态和趋势、竞争对手动向等信息，以便适时调整营销策略。

在五大数据平台之外，百度还拥有消费者画像、品牌探针等领先技术分析方法，帮助广告主洞察消费者背后的故事，如他们的兴趣点、地域行为差异、媒体接触点、品牌认知和生活形态等各自是什么，由此系统地形成各类维度统计图，为客户品牌整合营销、市场战略等提供宝贵的信息。通过大数据分析，将有效解决营销沟通中单纯的经验猜测，来降低所谓感觉的营销。

百度还积极推动与广告主的合作,共同进行一系列关于大数据的研究和营销实践。2012年,百度与世界最大的广告主宝洁,共同推出了"联合商业计划"的合作,包括以消费者画像为主要内容的市场研究,深入洞察消费者对品牌和产品的认知,帮助广告主探索有哪些新的途径和手段可以影响消费者。此外,双方在大数据品牌营销上也有所创新,比如宝洁的奥运品牌活动"感谢妈妈"就与百度进行了深度合作。双方共同搭建了活动官网,用户可在地图上标注妈妈的位置,传递对母亲的感激和挂念之情。百度整合了贴吧、地图、无线客户端、MP3等全媒体平台推广资源,而宝洁也在全国867家大型商超及1000家屈臣氏门店进行了活动的推广和宣传,此次活动官网访问量超过800万,总覆盖人数超过8000万,双方都从中积累了更多大数据时代的营销实践经验和消费者认知。

2.6.2 延伸阅读:Target 基于数据分析的精准销售

消费者每一次进行消费,其实都将自己的消费模式细节透露给了销售方。现在销售商,尤其是电子商务销售公司,致力于利用数据挖掘分析出消费者的个人偏好、需求、对不同优惠券的反应等,进行客户信息管理,向客户精准推销,提高销售效率。Target是美国最大的连锁超市之一,该公司使用数据挖掘极其有效地提高营销精准率,能做到在事情显现之前就预测到它的发生,旨在"提供最专业的建议"。有一个经典案例是该超市基于数据分析结果给一位高中女生寄去婴儿用品优惠券,其父亲发现后投诉Target误导未成年人,但却在之后了解到他女儿已经怀孕的事实。原来Target超市的数据库系统给每个顾客分配一个Target Guest ID,在该条目下详细记录顾客的信用卡信息、网上注册信息、在Target官网浏览的每一个页面和停留时间长短、每次购买行为等信息,并从其他相关机构购买了关于顾客的其他必要信息,如年龄、婚姻状况、子女情况、住址、收入、是否搬过家、购房记录、信用情况、求学记录等,数据分析团队专门分析这些收集到的历史信息,预测顾客将来的购物行为和需求甚至生活方式,然后发邮件给顾客。例如判断一个女性怀孕,线索是该顾客已经发生了的消费行为,她可能购买了维生素补给、大量的专用乳液、无水洗手液等典型的孕妇会购买的一些商品,在孕妇、婴儿用品页面停留较长时间等。由于美国人非常注重隐私,为了避免上述早于父亲发现女儿怀孕这种尴尬事件发生,Target针对性地改变营销策略,把母婴系列产品的优惠券和信息混合在其他产品的信息里发给顾客以掩人耳目,结果使Target的母婴产品销量猛增。

2.7 本章小结

本章首先介绍了大数据分析处理流程,然后详细阐述了大数据分析的基本理论与技术,包括数据采集与存储、数据预处理、数据分析与可视化方式、方法等。说明了大数据的来源与采集方法,介绍了常用的大数据预处理方式,对用户画像分析、分类分析、聚类分析、回归分析、关联规则挖掘、推荐算法等大数据分析方法进行了详细说明和举例,并对常用的可视化图形和可视化工具进行了介绍。

大数据的分析处理流程包括数据的采集与存储、数据预处理、数据分析与可视化等步骤。

大数据的来源包括个人、企业和社会三个维度,根据数据的来源与类型不同,数据采集的方法也不同。常用的数据采集工具有八爪鱼数据采集软件与 Flume 日志采集系统等。

数据的预处理方法包括数据清洗、数据集成、数据变换与数据规约等,在数据处理的全过程都要进行数据质量管理工作。

大数据分析方法包括用户画像分析、分类分析、聚类分析、回归分析、关联规则挖掘、推荐算法等。

用户画像是真实用户的虚拟代表,是建立在一系列真实数据之上的目标用户模型。通过用户画像分析可以使企业的产品与服务聚焦到特定的人群。

采用距离及相似性来衡量用户与用户、商品与商品之间的差异程度或相似程度。

分类分析是找出一组数据对象的共同特点并按照分类模式将其划分为不同的类;而聚类分析是一种无监督学习方法,它在没有给定数据划分类别的情况下,根据数据的相似度对样本进行分类。常用的分类算法有 K-近邻、ID3 决策树算法等,常用的聚类分析算法有 K-Means 算法。回归分析是研究两个或两个以上随机变量相关关系,关联规则挖掘可以探索不同商品之间的关联关系,较好地反映出某商品组合受欢迎的程度,可以为组合营销、交叉销售提供依据。回归分析可以分为线性回归与非线性回归,常用的关联规则挖掘算法有 Apriori 等。推荐系统可以自动为用户推荐他们所喜欢的商品或者项目,并为商家提升销量。常用的推荐算法可以分为基于用户、基于项目和基于模型的协同过滤推荐算法三类。

大数据可视化是指以图形的方式展示数据。可视化可以在小空间内展示大规模的数据,帮助用户更快地识别模式。常用的可视化图形有柱状图、条形图、饼图、折线图、柱线图、散点图、雷达图、热力图、地图、漏斗图、瀑布图、仪表盘、词云和矩形树图等。

2.8 习题

1. 获取数据后,为顺利分析数据,需要先进行数据清洗。数据清洗工作一般不包括( )。

A. 筛选清除多余重复的数据

B. 将缺失的数据补充完整

C. 估计合理值修改异常数据

D. 纠正或删除错误的数据

2. 将原始数据进行清洗、集成、变换、规约是( )的任务。

A. 关联规则挖掘   B. 分类分析   C. 数据预处理   D. 预测

3. 下列关于聚类分析技术的说法中,错误的是( )。

A. 可以不预先设定数据归类的数目,完全根据数据本身性质将数据聚合成不同类别

B. 要求同类数据的内容相似度尽可能小

C. 要求不同类数据的内容相似度尽可能小

D. 与分类分析技术相似的是,都是要对数据进行分类处理

4. 如果不知道对象所属类别,可以使用( )技术来预测此对象所属的类别。

A. 分类分析   B. 聚类分析   C. 回归分析   D. 关联规则挖掘

5. 聚类分析的基本原则是( )

A. 类间差异小,类内差异大 　　　　　B. 类间差异小,类内差异小

C. 类间差异大,类内差异小 　　　　　D. 类内差异与类间差异均大

6. 在一元线性回归模型 $y=\beta_0+\beta_1 x+\varepsilon$ 中,ε 反映的是(　　)

A. x 变化引起 y 的线性变化部分

B. y 变化引起 x 的线性变化部分

C. x 与 y 的线性关系对 y 的影响

D. 除 x 与 y 的线性关系之外的随机因素对 y 的影响

7. 调查人员欲以统计图形展示企业产品的品种构成,则适用的统计图为(　　)

A. 饼图　　　　　　B. 直方图　　　　　C. 箱线图　　　　　D. 茎叶图

8. 下面关于大数据的解说正确的是(　　)。

A. 大数据分析是人们在大规模数据的基础上可以做到的事情,而这些事情在小规模数据的基础上是无法完成的

B. 大数据是人们获得新的认知、创造新的价值的源泉

C. 大数据还是改变市场、组织机构,以及政府与公民关系的方法

D. 无效的数据越来越多

9. 请阅读以下材料,回答后面的问题。

负责全国促进城镇化健康发展规划的国家发改委规划司官员需要精确知道人口的流动,怎么统计出这些流动人口成为难题。而榨菜,属于低值易耗品,收入增长对于榨菜的消费几乎没有影响。一般情况下,城市常住人口对于方便面和榨菜等方便食品的消费量,基本上是恒定的。销量的变化,主要由流动人口造成。据国家发改委官员的说法,涪陵榨菜这几年在全国各地区销售份额变化,能够反映人口流动趋势,一个被称为"榨菜指数"的宏观经济指标就诞生了。国家发改委规划司官员发现,涪陵榨菜在华南地区销售份额由 2007 年的 49%、2008 年的 48%、2009 年的 47.58%、2010 年的 38.50%下滑到 2011 年的 29.99%。这个数据表明,华南地区人口流出速度非常快。他们依据"榨菜指数",将全国分为人口流入区和人口流出区两部分,针对两个区的不同人口结构,在政策制定上将会有所不同。

要统计一个城市有多少人口,通过户籍数据或统计调查很难实时统计出来,但如果通过对电信运营商采集的上网记录和通话记录进行分析可以比较精确地得到城市的人口数据。请根据涪陵榨菜与人口流动这个示例,来说明如何对上网记录和通话记录进行分析从而可以比较精确地得到城市人口的数据。

10. 表 2.8.1 为用户购买产品的记录,以及用户对产品 A、B、C 中的部分评价信息表,请通过 Slope One 推荐算法预测用户丙对产品 A 和 C 的评分。

表 2.8.1　用户购买记录表

用户	产品 A	产品 B	产品 C
甲	2	3	4
乙	3	5	?
丙	?	3	5

答:丙对产品 A 的评分=＿＿＿＿＿＿,丙对产品 C 的评分=＿＿＿＿＿＿。

11. 阅读延伸阅读"Target 基于数据分析的精准销售",回答以下问题:

（1）Target 超市的数据分析团队用了哪些数据分析算法来预测这个女孩已经怀孕？

（2）Target 超市是如何保护顾客隐私的？

12. 集成式学习的思想是什么？

参考文献

［1］许家珩，白忠建，吴磊. 软件工程：理论与实践（第 3 版）. 北京：高等教育出版社，2017

［2］中国信息通信研究院. 中国大数据发展调查报告（2017 年）. http：//www. cbdio. com/BigData/2017-03/28/content_5480934. htm. 2017-05-02

［3］马小东. 大数据分析及应用实践. 北京：高等教育出版社，2016

［4］深圳视界信息技术有限公司. 八爪鱼采集软件. https：//www. bazhuayu. com/. 2019.03.20

［5］Apache 基金会. Flume 日志采集系统. http：//flume. apache. org/. 2018-06-03

［6］中国行业研究网. 丰富的数据源是大数据产业发展的前提. http：//www. chinairn. com/news/20141219/173323520. shtml. 2018-06-03

［7］DT 数据技术. 如何判断爬虫采集内容是否违法？https：//blog. csdn. net/gongbing798930123/article/details/79048109. 2019-03-21

［8］简书. 浅谈数据质量管理：为了更清醒的数据. https：//www. jianshu. com/p/931db6f8f12a. 2018-06-20

［9］汤羽，林迪，范爱华，等. 大数据分析与计算. 北京：清华大学出版社，2018

［10］张良均，王路，谭立云，等. Python 数据分析与挖掘实战. 北京：机械工业出版社，2017

［11］百度百科. 曼哈顿距离. https：//baike. baidu. com/item/%E6%9B%BC%E5%93%88%E9%A1%BF%E8%B7%9D%E7%A6%BB/743092？fr＝aladdin. 2017-05-21

［12］百度百科. 切比雪夫距离 https：//baike. baidu. com/item/%E5%88%87%E6%AF%94%E9%9B%AA%E5%A4%AB%E8%B7%9D%E7%A6%BB/8955729？fr＝aladdin. 2017-05-21

［13］马海平，于俊，吕昕，等. Spark 机器学习进阶实战. 北京：机械工业出版社，2018

［14］李航. 统计学习方法. 北京：清华大学出版社，2012

［15］王晓成. 决策树的基本认识. https：//www. cnblogs. com/abcdwxc/p/9838288. html. 2018-05-25

［16］张良均，樊哲，赵云龙，等. Hadoop 大数据分析与挖掘实战. 北京：机械工业出版社，2016

［17］辛阳，刘治，朱洪亮，等. 大数据技术原理与实践. 北京：北京邮电大学出版社，2018

［18］刘凡平. 大数据时代的算法：机器学习、人工智能及其典型实例. 北京：中国工信出版集团，电子工业出版社，2017

［19］孙小华. 协同过滤系统的稀疏性与冷启动问题研究. 杭州：浙江大学，2006

［20］杜心武. 推荐算法之 slope one 算法. https：// www. cnblogs. com/a-du/p/
　　9699217. html. 2018-05-31

［21］王星. 大数据分析：方法与应用. 北京：清华大学出版社,2013

［22］周志华. 机器学习. 北京：清华大学出版社,2016

［23］郑捷. 机器学习算法原理与编程实践. 北京：中国工信出版集团,电子工业出版
　　社,2015

［24］麦好. 机器学习实践指南案例应用解析(第 2 版). 北京：机械工业出版社,2016

［25］王馨晨. 大数据背景下数据挖掘技术在电子商务营销拓展中的应用：以某网商企
　　业为例. 生产力研究. 2017(4)：64-67

［26］何光威. 大数据可视化. 北京：中国工信出版集团,电子工业出版社,2018

［27］智库百科. 用户画像. https：// wiki. mbalib. com/wiki/％E7％94％A8％E6％88％
　　B7％E7％94％BB％E5％83％8F. 2018-03-30

［28］居红云. 无监督聚类算法和支持向量机及其应用研究. 无锡：江南大学. 2008

［29］百度百科. 聚类算法. https：// baike. baidu. com/item/％E8％81％9A％E7％B1％
　　BB％E7％AE％97％E6％B3％95/1252197? fr＝aladdin. 2018-03-30

［30］邱南森. 数据之美：一本书学会可视化设计. 北京：中国人民大学出版社,2014

3 大数据分析软件的使用

作　者　孙小华

主题词　八爪鱼 Hadoop Weka Echarts 魔镜大数据

摘　要　本章介绍常用大数据分析软件的使用与操作流程,包括数据采集、数据分析与可视化工具等数据分析软件。详细说明了八爪鱼数据采集软件的操作模式与流程,简要介绍了 Hadoop 大数据分析的工作原理与优点,通过实例说明大数据分析软件 Weka、可视化工具 Echarts 及国云大数据魔镜平台的使用与操作流程。

3.1　八爪鱼数据采集软件

八爪鱼数据采集软件[1]是深圳视界信息技术有限公司旗下一个强大且易用的互联网数据采集平台,是国内首个大数据一键采集平台。八爪鱼采集器是模拟人的思维去访问互联网数据,通过设计工作流程,可以实现采集的程序自动化,以达到快速地对网页数据进行收集整合,完成用户数据采集的目的。简单来讲,使用八爪鱼可以非常容易地从任何网页精确采集用户需要的数据,生成自定义的、规整的数据格式。

在进行八爪鱼采集器和官网登录时,首先需创建八爪鱼账号。注册账号可在官网直接免费注册,也可打开八爪鱼采集器点击免费注册。下载、安装八爪鱼采集器软件完毕后启动软件,输入用户名和密码,点击登录即可。

3.1.1　八爪鱼数据采集软件工作原理

八爪鱼数据采集软件的整个采集流程基于火狐内核浏览器,通过模拟人的思维操作方式(如打开网页,点击网页中的某个按钮),对网页内容进行全自动提取。系统完全可视化流程操作,无须专业知识就可轻松实现数据采集。通过对网页源码中各个数据 XPath(XML Path Language,XML 路径语言,一种用来确定 XML 文档中某部分位置的语言)路径的准确定位,八爪鱼可以批量化准确采集出用户所需数据。

八爪鱼是一款通用的网页数据采集器,其并不针对某一网站某一行业的数据进行采集,而是网页上所能看到或网页源码中有的文本信息几乎都能采集,市面上 98% 的网页都可以用八爪鱼进行采集。

八爪鱼数据采集软件有两种工作模式:本地采集(也称单机采集)和云采集。

使用本地采集时,除了可以实现绝大多数网页数据的爬取,还可以在采集过程中对数据进行初步的清洗。如使用程序自带的正则工具,利用正则表达式将数据格式化。在数据源头即可实现去除空格、筛选日期等多种操作。此外,八爪鱼还有分支判断功能,可对网页中信息进行是与否的逻辑判断,实现用户筛选需求。

云采集除具有本地采集的全部功能之外,还可以实现定时采集(如图 3.1.1 所示),实时监控,数据自动去重并入库,增量采集,自动识别验证码,应用程序接口多元化导出数据以及修改参数。同时利用云端多节点并发运行,采集速度将远超于本地采集,多 IP 在任务启动时自动切换还可避免网站的 IP 封锁,实现采集数据的最大化。

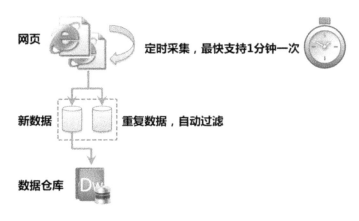

图 3.1.1　八爪鱼定时云采集

3.1.2　八爪鱼四种操作模式

八爪鱼功能强大,操作简便,提供了简易、智能、向导和自定义四种操作模式(如图 3.1.2 所示),满足不同用户的个性化应用需求。

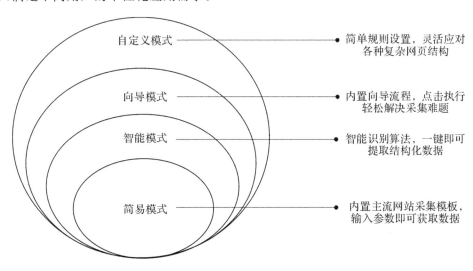

图 3.1.2　八爪鱼的四种操作模式

3.1.2.1 简易模式

简易模式下存放了国内一些主流网站采集规则,在需要采集相关网站时可以直接调用,可以节省制作规则的时间以及精力。其采集步骤如下:

步骤1:打开八爪鱼采集器→点击网站简易采集模式下的立即使用图标→选取需要采集的数据源(如图3.1.3所示)→点击开始使用按钮,此时可以看到要采集的字段和采集的示例数据(如图3.1.4和图3.1.5所示),如果符合采集的要求,则点击立即使用图标。

图 3.1.3　八爪鱼内置的数据源

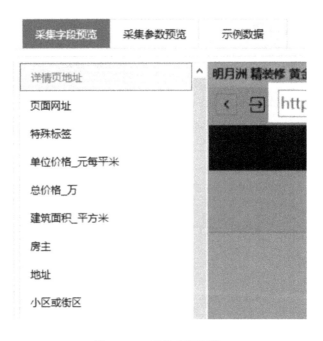

图 3.1.4　采集字段预览

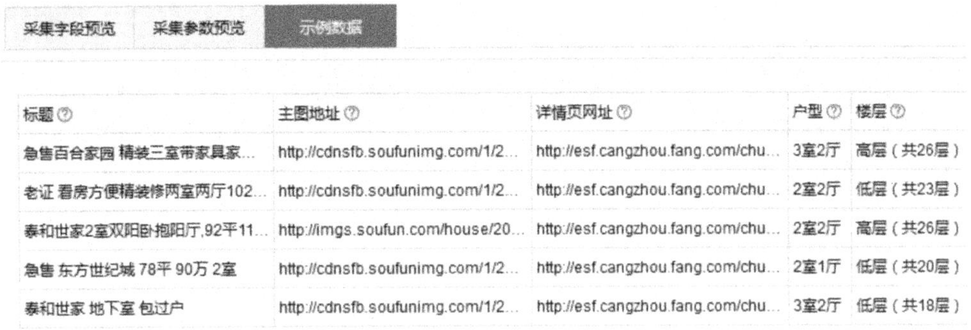

图 3.1.5 采集示例数据

步骤 2:更改任务名→将任务放置在合适的任务组当中→输入需要搜索的关键词→设置采集该网站前多少页的内容(如图 3.1.6 所示)。设置完成后点击"保存并启动"。

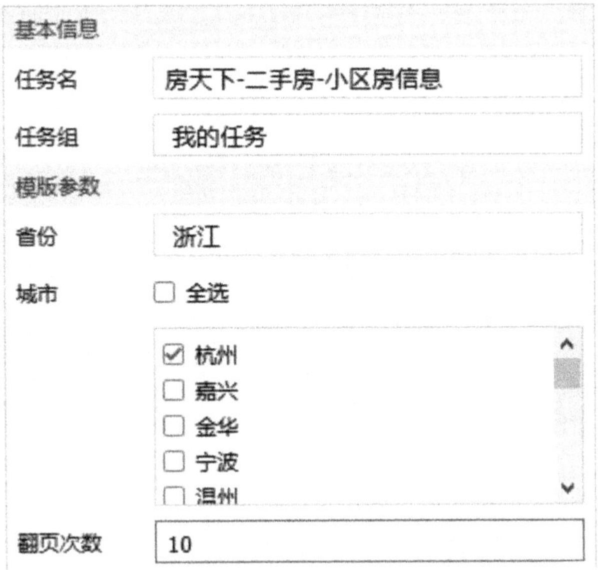

图 3.1.6 简易模式设置任务信息

步骤 3:选择数据采集工作模式(单机采集或云采集),采集完成→导出任务(选择导出方式、导出位置),得到采集结果如图 3.1.7 所示,数据导出方式如图 3.1.8 所示。

3.1.2.2 智能模式

智能模式下,只需要输入网址,点击搜索,八爪鱼便会自动采集网页数据并以表格形式呈现出来,用户可以对字段信息进行修改名称、删除、翻页、数据导出等操作。

步骤 1:打开八爪鱼采集器,点击自定义采集图标下的"立即使用"下拉框,选中"使用智能模式采集"进入智能采集模式(如图 3.1.9 所示)。

步骤 2:输入采集网址或者关键词(如图 3.1.10),点击放大镜图标进入智能采集模式。查看搜索框下方结果 1—结果 3,寻找到能满足自己需求的结果。

步骤 3:如果当前页信息不能判断是否满足需求,可以点击加载下一页,八爪鱼采集器

	标题	主图地址	详情页网址	户型
1	采荷1小, 你要的200万...		https://hz.esf.fang....	2室1厅
2	三新家园 房主卧朝南...		https://hz.esf.fang....	2室2厅
3	采荷1小2幼, 玉荷难得...		https://hz.esf.fang....	1室1厅
4	双菱新村 精装修 全南...		https://hz.esf.fang....	2室1厅
5	采荷一区 两房朝南 三...		https://hz.esf.fang....	3室1厅
6	采荷小:配套2幼、小户...		https://hz.esf.fang....	2室1厅
7	采荷1小, 全明边套, 滨...		https://hz.esf.fang....	3室2厅
8	14年交付次新房 中间...		https://hz.esf.fang....	2室2厅
9	采荷1小, 新上精装20万...		https://hz.esf.fang....	2室1厅
10	采荷芙蓉精装两房, 南...		https://hz.esf.fang....	2室1厅

<   < 1 2 3 4 5 6 7

已采集:181条　已用时:5分钟19秒　平均速度:34条/分钟

图 3.1.7　数据采集结果

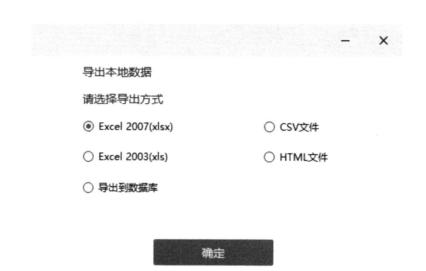

图 3.1.8　数据导出方式

会自动翻页并采集下一页内容。

步骤 4:对表头进行修改,修改自己需要的字段名并删除不需要的字段。

步骤 5:开始采集或者导出到 Excel,如果采集数据量较大建议使用云采集功能。

3.1.2.3　向导模式

向导模式通过向导指引用户熟悉网页结构,对八爪鱼采集器采集流程有一个更准确的认识。向导模式操作步骤如下:

步骤 1:打开八爪鱼采集器→点击自定义采集图标下的"立即使用"下拉框,选中"使用

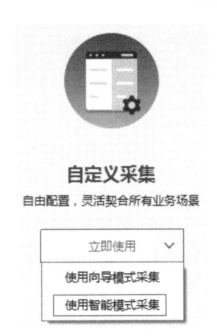

图 3.1.9 使用智能模式采集

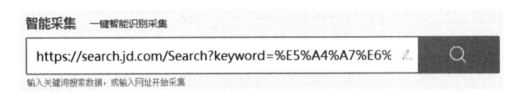

图 3.1.10 智能模式下输入采集网址或关键词

向导模式采集"进入向导采集模式。

步骤 2:输入要采集的网址(如图 3.1.11),然后点击"下一步"。

图 3.1.11 设置向导模式采集网址

步骤 3:选择要采集的网页类型(如图 3.1.12),然后点击"下一步"。

步骤 4:配置抓取模板,如列表、表格或页面内容等,如图 3.1.13 所示,然后点击"下一步"按钮。

步骤 5:翻页配置,如需要翻页,则选择"需要翻页"选项,并点击网页中的翻页按钮或链接(一般在页面底部,如图 3.1.14 所示),并设置翻页次数(如图 3.1.15 所示);如不需翻页,

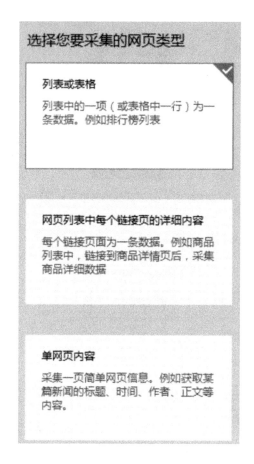

图 3.1.12　选择要采集的网页类型

图 3.1.13　简易模式下配置抓取模板

则选择"不需要翻页"选项。然后点击"下一步"按钮,提示"保存成功"。

步骤 6:与简易模式步骤 3 类似,选择数据采集工作模式(单机采集或云采集),采集完成→导出任务(选择导出方式、导出位置)。

3.1.2.4　自定义模式

自定义模式是八爪鱼进阶用户使用频繁的一种模式,需要自行配置规则,通过配置规则模拟人浏览网页的操作对网页数据进行抓取,可以实现全网 98% 以上网页数据的采集。

图 3.1.14　点击网页中的翻页按钮或链接

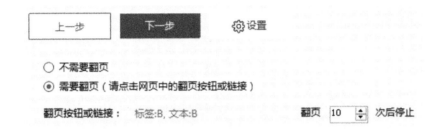

图 3.1.15　翻页设置

采集步骤：

步骤 1：选择自定义采集，然后点击立即使用。

步骤 2：输入网址（网址也可从文件或任务导入或批量生成，如图 3.1.16 所示），点击"保存网址"。此时，采集软件将打开所要采集的网址，并给出操作提示（如图 3.1.17 所示）。选择页面元素，此时可以点击"查看采集流程"显示所处流程（如图 3.1.18 所示）。

图 3.1.16　自定义模式下设置采集网址

图 3.1.17　数据采集操作提示

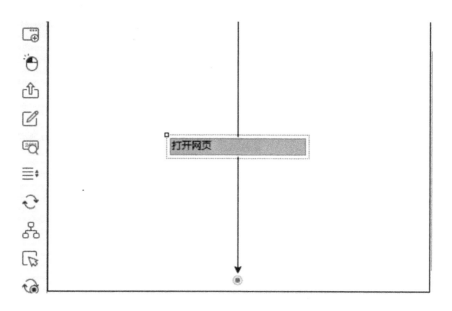

图 3.1.18　数据采集流程

步骤 3：设置翻页。点击"下一页"，提示发现同类链接（如图 3.1.19），选择"循环点击下一页"。

图 3.1.19　翻页操作提示

步骤4:设置详情页面链接。点击页面上要采集详情的页面链接(例如图3.1.20中的书名),提示发现同类链接(如图3.1.21所示),选择"选中全部"。

大数据挖掘与统计机器学习（大数据分析统计应用丛书）

¥35.00 定价: ¥35.00

吕晓玲 宋捷 /2016-07-01 /中国人民大学出版社

⭐⭐⭐⭐⭐ 540条评论

当当自营 每满100-50

导语_点评_推荐词

加入购物车　　收藏

图3.1.20　设置要采集详情的页面链接

① 操作提示

! 已选中一个链接，同时发现60个同类链接，您可以:

选中全部 ✓

采集该链接的文本 ⑦

采集该链接地址 ⑦

点击该链接 ⑦

鼠标移动到该链接上 ⑦

循环点击单个链接 ⑦

采集该链接的Inner Html ⑦

采集该链接的Outer Html ⑦

取消选择

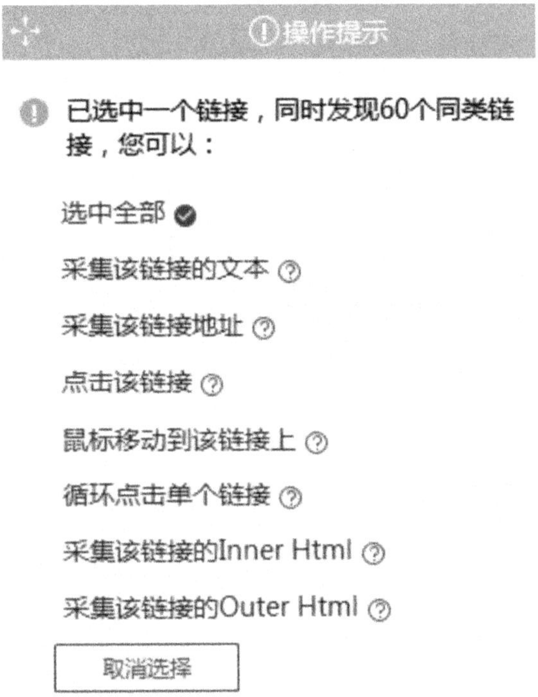

图3.1.21　设置采集详情的页面链接提示

步骤5:采集详情页面信息。选"循环点击单个元素",进入链接的详情页面。按照图3.1.22提示,点击每个要采集的字段,如书名、价格等,提取出字段(如图3.1.23)。然后修改字段名,并将不需要的字段删除,如图3.1.24所示。

步骤6:与简易模式步骤3类似,得到的采集结果如图3.1.25所示。

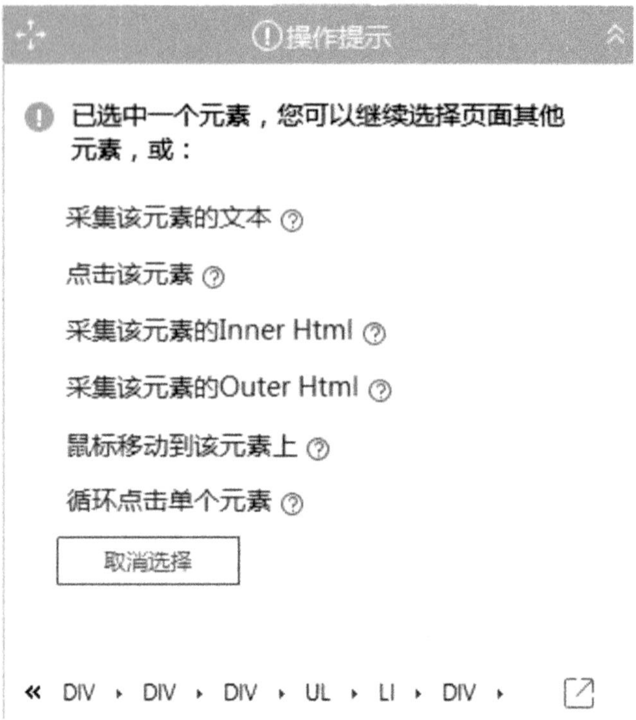

图 3.1.22　提取要采集的字段

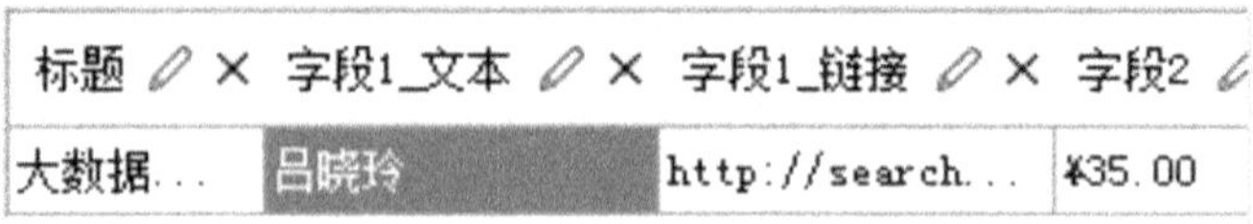

标题	字段1_文本	字段1_链接	字段2
大数据...	吕晓玲	http://search...	¥35.00

图 3.1.23　要采集的字段(修改前)

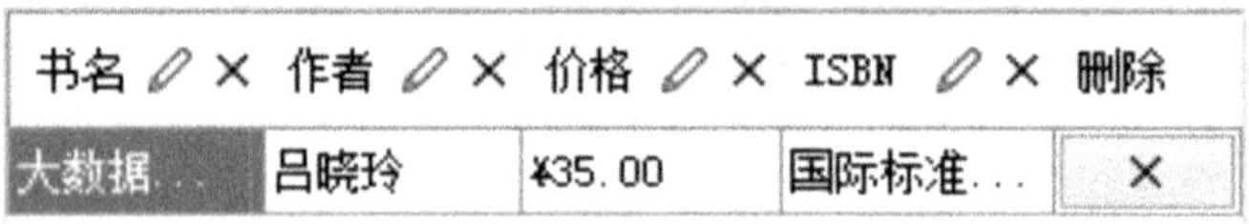

书名	作者	价格	ISBN	删除
大数据...	吕晓玲	¥35.00	国际标准...	×

图 3.1.24　要采集的字段(修改后)

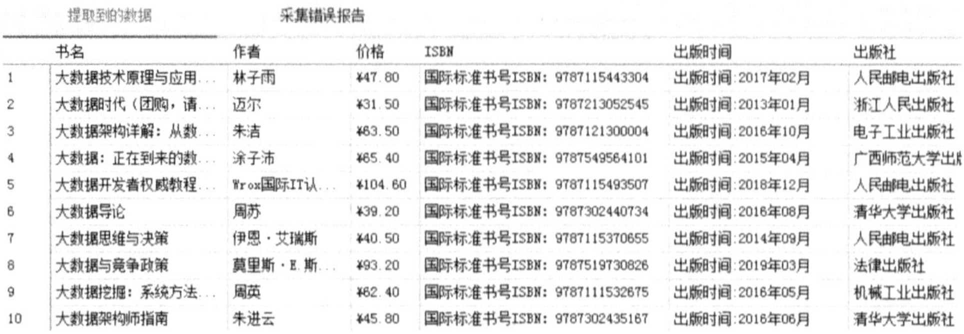

提取到的数据　采集错误报告

	书名	作者	价格	ISBN	出版时间	出版社
1	大数据技术原理与应用...	林子雨	¥47.80	国际标准书号ISBN: 9787115443304	出版时间:2017年02月	人民邮电出版社
2	大数据时代（团购，请...	迈尔	¥31.50	国际标准书号ISBN: 9787213052545	出版时间:2013年01月	浙江人民出版社
3	大数据架构详解：从数...	朱洁	¥63.50	国际标准书号ISBN: 9787121300004	出版时间:2016年10月	电子工业出版社
4	大数据：正在到来的数...	涂子沛	¥65.40	国际标准书号ISBN: 9787549564101	出版时间:2015年04月	广西师范大学出版
5	大数据开发者权威教程...	Wrox国际IT认...	¥104.60	国际标准书号ISBN: 9787115493507	出版时间:2018年12月	人民邮电出版社
6	大数据导论	周苏	¥39.20	国际标准书号ISBN: 9787302440734	出版时间:2016年08月	清华大学出版社
7	大数据思维与决策	伊恩·艾瑞斯	¥40.50	国际标准书号ISBN: 9787115370655	出版时间:2014年09月	人民邮电出版社
8	大数据与竞争政策	莫里斯·E.斯...	¥93.20	国际标准书号ISBN: 9787519730826	出版时间:2019年03月	法律出版社
9	大数据挖掘：系统方法...	周英	¥62.40	国际标准书号ISBN: 9787111532675	出版时间:2016年05月	机械工业出版社
10	大数据架构师指南	朱进云	¥45.80	国际标准书号ISBN: 9787302435167	出版时间:2016年06月	清华大学出版社

图 3.1.25　采集的结果

3.1.3　八爪鱼数据采集的基本流程

八爪鱼数据采集,一般有以下几个基本流程,其中打开网页、提取数据是不可或缺的,其他流程可根据自身需求进行增删。如上面自定义模式进行列表详情采集得到的采集流程,如图 3.1.26 所示。

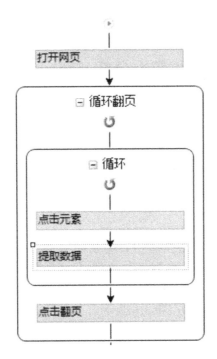

图 3.1.26　列表详情数据采集流程

1. 打开网页

本步骤根据设定的网址打开网页,一般为网页采集流程的第一个步骤,用来打开指定的网站或者网页。如果有多个类似的网址需要分别打开执行同样的采集流程,则应该放置在循环的内部,并作为第一个子步骤,即使用 URL(统一资源定位符)循环打开网页。

2. 点击元素

本步骤对网页上指定的元素执行鼠标左键单击动作,比如点击按钮、点击翻页,点击跳转到其他页面等等。

3. 输入文本

本步骤在输入框中输入指定的文本,例如输入搜索关键词、输入账号等。将设定的文本输入到网页的某个输入框中,如使用搜索引擎时输入关键字。

4. 循环

本步骤用来重复执行一系列步骤,根据配置不同,支持多种循环方式。(1)循环单个元素:循环点击页面中的某个按钮;(2)循环固定元素列表:循环处理网页中固定数目的元素;(3)循环不固定元素列表:循环处理网页中不固定数目的元素;(4)循环 URL 列表:循环打开一批指定网址的网页,然后执行同样的处理步骤;(5)循环文本列表:循环输入一批指定文字,然后执行同样的处理步骤。

5. 提取数据

本步骤根据自身需求提取网页中自己所需要的数据字段,要哪个就点击选择哪个。除从网页中提取数据,同时还可添加特殊字段:当前时间、固定字段、空字段、当前网页网址等。

一个完整的采集任务必须包含"提取数据",且提取数据中至少要有一个字段。如果没有,当启动采集时程序会报错,提示"没有配置采集字段"。

3.2 大数据分析 Hadoop 软件

Hadoop 是一个在计算机硬件的集群上存储数据、运行应用程序的开源的软件框架。它为各种各样的数据提供了庞大的存储,具有巨大的处理能力,可以对几乎无限的 task/job(任务/工作)进行并发操作。它提供了进行大数据运算的框架方案,适用于大规模的存储/计算问题,对于大型的 Job 处理速度非常快。

3.2.1 Hadoop 发展简史

Hadoop 最初是由 Apache Lucene 项目的创始人 Doug Cutting 开发的文本搜索库。Hadoop 源自始于 2002 年的 Apache Nutch 项目,一个开源的网络搜索引擎并且也是 Lucene 项目的一部分[2]。

在 2004 年,Nutch 项目也模仿 GFS 开发了自己的分布式文件系统 NDFS(Nutch Distributed File System),也就是 HDFS 的前身。

2004 年,谷歌公司发表了一篇具有深远影响的论文,阐述了 MapReduce 分布式编程思想。

2005 年,Nutch 开源实现了谷歌的 MapReduce。

到了 2006 年 2 月,Nutch 中的 NDFS 和 MapReduce 开始独立出来,成为 Lucene 项目的一个子项目,称为 Hadoop;同时,Doug Cutting 加盟雅虎。

2008 年 1 月,Hadoop 正式成为 Apache 顶级项目,Hadoop 也逐渐开始被雅虎之外的其他公司使用。

2008 年 4 月,Hadoop 打破世界纪录,成为最快排序 1TB 数据的系统,它采用一个由 910 个节点构成的集群进行运算,排序时间只用了 209 秒。

2009 年 5 月,Hadoop 更是把 1TB 数据排序时间缩短到 62 秒。Hadoop 从此名声大震,迅速发展成为大数据时代最具影响力的开源分布式开发平台,并成为事实上的大数据处理标准。

3.2.2 MapReduce 和 HDFS 的工作原理

Hadoop 是一个由 Apache 基金会所开发的分布式系统基础架构,它可以使用户在不了解分布式底层细节的情况下开发分布式程序,充分利用集群的威力进行高速运算和存储。Hadoop 解决了两大问题:大数据存储、大数据分析,也就是 Hadoop 的两大核心:HDFS 和 MapReduce。一般我们所说的 Hadoop 其实是指 Hadoop 体系,它包括 Hadoop MapReduce，HDFS，HBase，还有其他更多的技术。

Hadoop 的存储系统是 HDFS(Hadoop Distributed File System)分布式文件系统[3]，对外部客户端而言，HDFS 就像一个传统的分级文件系统，可以进行创建、删除、移动或重命名文件或文件夹等操作，与 Linux 文件系统类似。

MapReduce 是 Google 提出的一个软件架构，用于大规模数据集(大于 1TB)的并行运算。MapReduce 包含 map(映射)和 reduce(归约)过程，负责在 HDFS 上进行计算。

MapReduce 和 HDFS 的工作原理以一个例子描述如下[4]：

假如有 1000G 的多个文本文件，内容是英文网页，需要统计词频，也就是哪些单词出现过，各出现过多少次，有 1000 台计算机可供使用，要求速度越快越好。最直接的想法是，把 1000G 的文件分成 1000 份，每台机器处理 1G 数据。处理完之后，其他 999 台机器将处理结果发送到一台固定的机器上，由这台机器进行合并然后输出结果。

Hadoop 将这个过程进行自动化处理。首先看如何存储这 1000G 的文本文件。HDFS 在这 1000 台机器上创建分布式文件系统，将 1000G 的文件切分成若干个固定大小的文件块，每个块一般是 64M 大小，分散存储在这 1000 台机器上。这么多机器，在运行的时候难免会出现有几台突然死机或者挂掉的情况，这导致上面存储的文件块丢失，会导致计算出错。为避免这种情况，HDFS 对每个文件块都做复制，复制成 3~5 个相同的块，放到不同的机器上，这样死机的文件块在其他机器上仍然可以找得到，不影响计算。

MapReduce 其实是两部分，先是 Map 过程，然后是 Reduce 过程。从词频计算来说，假设某个文件块里的一行文字是"This is a small cat. That is a small dog."，那么，Map 过程会对这一行进行处理，将每个单词从句子解析出来，依次生成形如<"this"，1>，<"is"，1>，<"a"，1>，<"small"，1>，<"cat"，1>，<"that"，1>，<"is"，1>，<"a"，1>，<"small"，1>，<"dog"，1>的键值对。<"this"，1>表示"this"这个单词出现了 1 次，在每个键值对里，单词出现的次数都是 1 次，允许有相同的键值对多次出现，比如<"is"，1>这个键值对出现了 2 次。Reduce 过程就是合并同类项，将上述产生的相同的键值对合并起来，将这些单词出现的次数累加起来，计算结果就是<"this"，1>，<"is"，2>，<"a"，2>，<"small"，2>，<"cat"，1>，<"that"，1>，<"dog"，1>。这种方式很简洁，并且可以进行多种形式的优化。比如说，在一个机器上，对本地存储的 1G 的文件块先 Map，然后再 Reduce，那么就得到了这 1G 的词频统计结果，然后再将这个结果传送到远程机器，跟其他 999 台机器的统计结果再次进行 Reduce，就得到 1000G 文件的全部词频统计结果。如果文件没有那么大，只有三四个 G，就不需要在本地进行 Reduce 了，每次 Map 之后直接将结果传送到远程机器做 Reduce。

具体地，如果用 Hadoop 来做词频统计，流程是这样的：

1)先用 HDFS 的命令行工具，将 1000G 的文件复制到 HDFS 上；

2)用 Java 写 MapReduce 代码，写完后调试编译，然后打包成 Jar 包；

3)执行 Hadoop 命令，用这个 Jar 包在 Hadoop 集群上处理 1000G 的文件，然后将结果文件存放到指定的目录；

4)用 HDFS 的命令行工具查看处理结果文件。

3.2.3 Hadoop 的优点

Hadoop 具有以下优点[3]：

1)高可靠性,采用冗余数据存储方式,即使一个副本出现故障,其他副本也可以保证正常对外提供服务;

2)高扩展性,Hadoop 在计算机集群间分配数据并完成计算任务,这些集群可以方便地扩展到数以千计的节点中;

3)高效性,Hadoop 能够在节点之间动态地移动数据,并保证各个节点的动态平衡,因此处理速度非常快;

4)高容错性,Hadoop 能够自动保存数据的多个副本,并且能够自动将失败的任务重新分配;

5)低成本,与一体机、商用数据仓库以及数据集市相比,即使是普通用户也很容易用自己的 PC 机搭建 Hadoop 运行环境,而且 Hadoop 是开源的,项目的软件成本因此会大大降低。

由于使用 Hadoop 软件需要熟悉 Linux 操作系统及软件编程,故本书对 Hadoop 软件的使用不做深入介绍。

3.3 大数据分析 Weka 软件

3.3.1 Weka 简介

Weka 是一款开源、免费、强大的数据分析、数据挖掘、机器学习工具[5]。Weka 是基于 JAVA 环境下运行的,如果计算机上没安装过 JAVA,可以选择带有 jre(Java 运行环境)的版本。下载后解压文件,解压目录下有一个批处理文件 RunWeka.bat,双击此文件直接进行运行即可,启动后进入如图 3.3.1 所示界面。

图 3.3.1 Weka 启动界面

窗口右侧共有 4 个应用,分别是:

1)数据挖掘

用来进行数据分析的环境,它提供了分类、聚类、关联规则、特征选择、数据可视化的功能。

2)实验室

用来进行实验,对不同学习方案进行数据测试的环境。

3)知识流

功能和数据挖掘差不多,不过提供的接口不同,用户可以使用拖拽的方式去建立实验方案。

4)简单命令行界面

3.3.2　Weka 数据格式

Weka 支持很多种文件格式,包括 arff、xrff、csv 等等。其中,arff 是最常用的格式,在 Weka 安装目录下的 Data 目录下有一些示例文件。如 Data 目录下的 labor. arff,来源于加拿大劳资谈判的案例,它根据工人的个人信息,来预测劳资谈判的最终结果。

arff 文件中,"%"开头的是注释;剩余的可以分为两大部分,头信息(header information)和数据信息(data information)。

头信息中,"@relation"开头的行代表关系名称,在整个文件的第一行(除去注释)。格式是

@relation <relation-name>

"@attribute"开头的代表特征,格式是@attribute <attribute-name> <datatype>,其中 attribute-name 是特征的名称,后面 datatype 是数据类型。常用数据类型有以下几种:

1)numeric,数字类型,包括 integer(整数)和 real(实数)。

2)nominal,可以认为是枚举类型,即特征值是有限的集合,可以是字符串或数字。

3)string,字符串类型,值可以是任意的字符串。

从"@data"开始,是实际的数据部分。每一行代表一个实例,可以认为是一个特征向量。各个特征的顺序与头信息中的 attribute 逐个对应,特征值之间用逗号分隔。在有监督分类中,最后一列是标注的结果。

某些特征的数值如果是缺失的,可以用"?"代替。

3.3.3　Weka 数据处理流程

Weka 数据处理流程如图 3.3.2 所示,其中在 Weka 内进行的是数据预处理、训练、验证这三个步骤。

1)数据预处理

数据预处理包括特征选择、特征值处理(比如归一化)、样本选择等操作。

2)训练

训练包括算法选择、参数调整、模型训练。

3)验证

对模型结果进行验证。

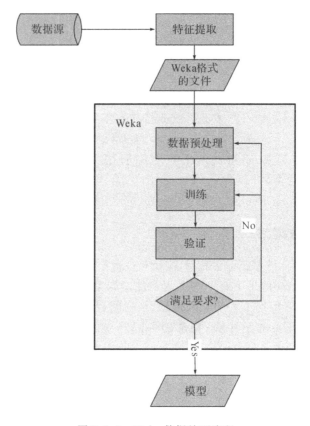

图 3.3.2　Weka 数据处理流程

　　打开数据挖掘界面，点"open file"，在 Weka 安装目录下，选择 data 目录里的"labor.arff"文件，将会看到如图 3.3.3 所示的界面。整个区域分为 7 部分。

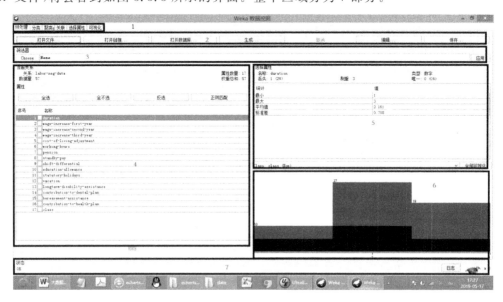

图 3.3.3　Weka 数据挖掘界面

1)区域1共6个选项卡,用来选择不同的数据挖掘功能面板,从左到右依次是Preprocess(预处理)、Classify(分类)、Cluster(聚类)、Associate(关联)、Select attribute(选择属性)和Visualize(可视化)。

2)区域2提供了打开文件、保存、编辑等功能。打开文件不仅仅可以直接从本地选择,还可以使用统一资源定位符URL和数据库来做数据源。Generate按钮提供了数据生成的功能,Weka提供了几种生成数据的方法。

3)区域3名为筛选器,筛选器针对特征(attribute)和样本(instance)提供了大量的操作方法,功能十分强大。

4)在区域4,可以看到当前的特征、样本信息,并提供了特征选择和删除的功能。

5)在区域4用鼠标选择单个特征后,区域5将显示该特征的信息,包括最小值、最大值、平均值和标准差。

6)区域6提供了可视化功能,选择特征后,该区域将显示特征值在各个区间的分布情况,不同的类别标签以不同的颜色显示。

7)区域7是状态栏,没有任务时,小鸟是坐着的;任务运行时,小鸟会站起来左右摇摆。如果小鸟站着但不转动,表示任务出了问题。

3.3.3.1　Weka筛选器的使用

筛选器可分为两大类,supervised(有监督的)和unsupervised(无监督的)。supervised下的方法需要类别标签,而unsupervised则不需要。attribute类别表示对特征做筛选,instance表示对样本做选择。

1)特征值归一化

该项功能与类别无关,且是针对attribute的,点击"choose"按钮将出现筛选器选择窗口(如图3.3.4所示),选择unsupervised -> attribute下面的Normalize,使用默认参数,点击ok,回到主窗口。在区域4选好将要归一化的特征(如duration),可以是一个或多个,然后点击"应用"按钮。在区域5中,我们可以看到特征值从1到3(如图3.3.5所示)被归一到了0到1之间(如图3.3.6所示)。

2)分类器特征筛选

该功能与类别相关,选择supervised -> attribute下面的Attribute Selection。该界面有两个选项,evaluator是评价特征集合有效性的方法,search是特征集合搜索的方法。如用InformationGainAttributeEval作为evaluator,使用Ranker作为search,表示我们将根据特征的信息增益值对特征做排序。Ranker中可以设置阈值,低于这个阈值的特征将被扔掉。

3.3.3.2　Weka分类分析

分类在Explorer中,打开分类选项卡,整个界面被分成几个区域,分别是:

1)分类算法

点击choose按钮,可以选择Weka提供的分类器。常用的分类器有

a)bayes下的Naïve Bayes(朴素贝叶斯)和BayesNet(贝叶斯信念网络)。

b)trees下的J48(weka版的C4.5决策树算法)、RandomForest(随机森林算法)等。

2)测试选项

测试选项用于设置评价模型效果的方法。

图 3.3.4　筛选器选择窗口

选择属性

名称: duration 　　　　　　　　　　　　　　　　　　　　类型: 数字
丢失: 1 (2%)　　　　　　　　　剔重: 3　　　　　　　　　唯一: 0 (0%)

统计	值
最小	1
最大	3
平均值	2.161
标准差	0.708

图 3.3.5　duration 特征归一化之前

选择属性

名称: duration 　　　　　　　　　　　　　　　　　　　　类型: 数字
丢失: 1 (2%)　　　　　　　　　剔重: 3　　　　　　　　　唯一: 0 (0%)

统计	值
最小	0
最大	1
平均值	0.58
标准差	0.354

图 3.3.6　duration 特征归一化之后

a)Use training set：使用训练集，即训练集和测试集使用同一份数据，一般不使用这种方法。

b)Supplied test set：设置测试集，可以使用本地文件或者 url，测试文件的格式需要跟训练文件格式一致。

c)Cross-validation：交叉验证，是一种很常见的验证方法。N-folds cross-validation 是指将训练集分为 N 份，使用 N-1 份做训练，使用 1 份做测试，如此循环 N 次，最后整体计算结果。

d)Percentage split：按照一定比例，将训练集分为两份，一份做训练，一份做测试。

在这些验证方法的下面，有一个 More options 选项，可以设置一些模型输出、模型验证的参数。

3）结果

这个区域保存分类实验的历史，右键点击记录，可以看到很多选项。常用的有保存或加载模型以及可视化的一些选项。

4）分类算法输出

分类器的输出结果，默认的输出选项有 Run information，该项给出了特征、样本及模型验证的一些概要信息；Classifier model 给出的是模型的一些参数，不同的分类器给出的信息不同。

下面以使用 J48 算法对 labor 文件做分类介绍 Weka 分类分析的流程。步骤如下：

1）打开 data 目录下的 labor. arff 文件，切换到分类面板。

2）选择 trees－＞J48 分类器，使用默认参数。

3）在测试选项中选择默认的十字交叉验证。

4）点击"开始"按钮，启动分类分析。

5）在右侧的分类算法输出里面，就可以看到分类分析的结果（如图 3.3.7 所示）。

6）在"开始"按钮下方的结果中选中"tree-J48"，然后点击鼠标右键，将出现一个菜单，在菜单中选择"visualize tree"，可以看到分类结果的决策树表示（如图 3.3.8 所示）。

3.3.3.3　Weka 可视化

打开 Explorer 的"可视化"面板，可以看到最上面是一个二维的图形矩阵，该矩阵的行和列均为所有的特征（包括类别标签），第 i 行第 j 列表示特征 i 和特征 j 在二维平面上的分布情况。图形上的每个点表示一个样本，不同的类别使用不同的颜色标识。

下面有几个选项，PlotSize 可以调整图形的大小，PointSize 可以调整样本点的大小，Jitter 可以调整点之间的距离，有些时候点过于集中，可以通过调整 Jitter 将它们分散开。

3.3.4　Weka 聚类分析实例

BMW（宝马汽车）经销店保留了人们如何在经销店以及展厅行走、他们看了哪些车以及他们最终购车的概率的记录。经销店期望通过寻找数据内的模式分析这些数据并使用聚类来判断其客户是否有某种行为特点。在这个例子中有 100 行数据，并且每个列都描述了顾客在他们各自的 BMW 体验中所到达的步骤，比如列中的 1 表示到达这一步的顾客看过这辆车，0 表示他们不曾到达看过车的这一步。数据文件格式如下：

```
J48 pruned tree
------------------

wage-increase-first-year <= 2.5: bad (15.27/2.27)
wage-increase-first-year > 2.5
|    statutory-holidays <= 10: bad (10.77/4.77)
|    statutory-holidays > 10: good (30.96/1.0)

Number of Leaves  :       3

Size of the tree :        5


Time taken to build model: 0.02 seconds

=== Stratified cross-validation ===
=== Summary ===

Correctly Classified Instances          42               73.6842 %
Incorrectly Classified Instances        15               26.3158 %
Kappa statistic                          0.4415
Mean absolute error                      0.3192
Root mean squared error                  0.4669
Relative absolute error                 69.7715 %
Root relative squared error             97.7888 %
Coverage of cases (0.95 level)          91.2281 %
Mean rel. region size (0.95 level)      85.9649 %
Total Number of Instances               57
```

图 3.3.7　分类分析的结果

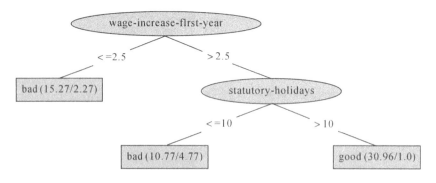

图 3.3.8　分类结果的决策树表示

@attribute Dealership numeric

@attribute Showroom numeric

@attribute ComputerSearch numeric

@attribute M5 numeric

@attribute 3Series numeric

114

@attribute Z4 numeric

@attribute Financing numeric

@attribute Purchase numeric

@data

1,0,0,0,0,0,0,0

1,1,1,0,0,0,1,0

打开数据文件 bmw-browsers. arff 开始进行聚类分析,单击"聚类"选项卡。单击 "Choose"按钮并从所出现的各种选项中选择 SimpleK Means(如图 3.3.9 所示)。

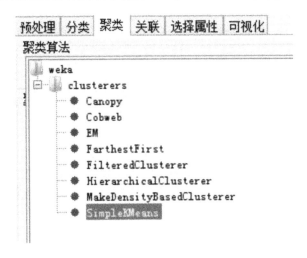

图 3.3.9　选择聚类算法

通过单击 SimpleK Means 调整聚类算法的属性。如 numClusters 字段,它表明要创建多少集群(根据经验设置),将默认值从 2 更改为 5(如图 3.3.10 所示)。

然后点击"开始"按钮,即可得到聚类结果(如图 3.3.11 所示)。

从聚类分析输出结果可以看出这五个集群(编号分别为 0、1、2、3、4)中包含的实例个数分别为 26、27、5、14 和 28。每个集群结果分析如下:

集群 0:这个组可以称之为"Dreamers",因这部分顾客围着经销店徘徊,查看在停车场上停着的车,却不步入店面内,且更糟的是,他们没有购买过任何东西。

集群 1:这一组称为"M5 Lovers",因为这部分顾客常常会径直走到 M5 车型区,对 3 系列的车型和 Z4 均视而不见。不过,他们也没有多高的购买率——只有 52%。这表明存在潜在问题,也是经销店今后改进的重点,比如可以派更多的销售人员到 M5 区。

集群 2:这个组很小,包含的实例很少,可以称之为"Throw-Aways",因为这部分顾客没有统计意义上的相关性,也不能从其行为得出任何好的结论。

集群 3:这个组可以称之为"BMW Babies",因为这部分顾客总是会购买一辆车而且还会支付车款。而且可以从数据中看出来:他们一般会在停车场内查看各种车型,然后返回到经销店内的计算机处搜索中意的车型是否有货。他们最终会购买 M5 或 Z4 车型(但从不购买 3 系列的)。这个集群告诉经销店,应该考虑让它的广告在停车场处就很醒目。一旦顾客决定购买汽车,他总是符合购车款的支付条件并能够圆满完成这次购买。

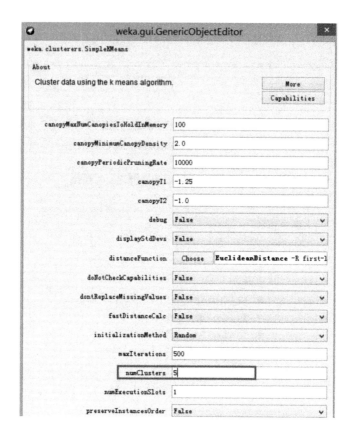

图 3.3.10　聚类算法的选项设置

```
 1                            Cluster#
 2    Attribute        Full Data      0         1          2         3         4
 3                      (100)        (26)      (27)        (5)      (14)      (28)
 4    ==============================================================================
 5    Dealership         0.6        0.9615    0.6667         1     0.8571         0
 6    Showroom           0.72       0.6923    0.6667         0     0.5714         1
 7    ComputerSearch     0.43       0.6538         0         1     0.8571    0.3214
 8    M5                 0.53       0.4615     0.963         1     0.7143         0
 9    3Series            0.55       0.3846    0.4444       0.8     0.0714         1
10    Z4                 0.45       0.5385         0       0.8     0.5714    0.6786
11    Financing          0.61       0.4615    0.6296       0.8          1       0.5
12    Purchase           0.39            0    0.5185       0.4          1    0.3214
13
14
15    Clustered Instances
16
17    0        26 ( 26%)
18    1        27 ( 27%)
19    2         5 (  5%)
20    3        14 ( 14%)
21    4        28 ( 28%)
```

图 3.3.11　聚类分析输出结果

集群 4:这个组可以称之为"Starting Out With BMW",因为这部分顾客总是看 3 系列的车型,从不看贵很多的 M5。他们会径直步入展厅,而不会在停车场处东看西看,而且也不会使用计算机搜索终端。他们中有 50% 会到达支付车款的阶段,但只有 32% 会最终成交。经销店可以得出这样的结论:这些初次购买 BMW 车的顾客知道自己想要的车型是哪种(3 系列的入门级车型)而且希望能够符合购车款的支付条件以便买得起。经销店可以通过放宽购车款的支付条件或是降低 3 系列车型的价格来提高这一组的销量。

3.4 可视化工具 Echarts 软件

3.4.1 Echarts 简介

Echarts,缩写来自 Enterprise Charts,商业级数据图表,是百度公司推出的一个纯 Javascript 的图表库[6]。Echarts 网站为 https://echarts.baidu.com/,它可以流畅地运行在 PC 和移动设备上,兼容当前绝大部分浏览器,底层依赖轻量级的 Canvas 类库 ZRender,提供直观、生动、可交互、可高度个性化定制的数据可视化图表。创新的拖拽重计算、数据视图、值域漫游等特性大大增强了用户体验,赋予了用户对数据进行挖掘、整合的能力。Echarts 图表架构说明如图 3.4.1 所示。

Echarts 基本名词如表 3.4.1 所示。Echarts 支持的图表类型如表 3.4.2 所示,目前支持折线图(区域图)、柱状图(条状图)、散点图(气泡图)、K 线图、饼图(环形图)、雷达图(填充雷达图)、和弦图、力导布局图、地图、仪表盘、漏斗图、孤岛等 12 类图表,同时提供标题、提示、图例、值域、数据区域、时间轴、工具箱等 10 个可交互组件,支持多图表、组件的联动和混搭展现。

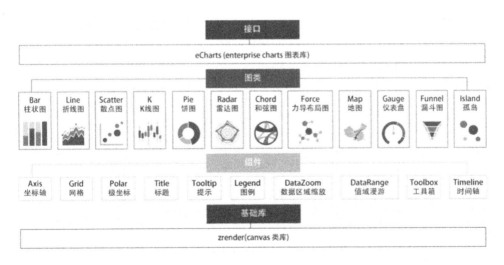

图 3.4.1　Echarts 图表架构说明

表 3.4.1　Echarts 基本名词

名词	描述
chart	指一个完整的图表,如折线图、饼图等"基本"图表类型或由基本图表组合而成的"混搭"图表,可能包括坐标轴、图例等
axis	直角坐标系中的一个坐标轴,坐标轴可分为类目型、数值型或时间型
xAxis	直角坐标系中的横轴,通常并默认为类目型
yAxis	直角坐标系中的纵轴,通常并默认为数值型
grid	直角坐标系中除坐标轴外的绘图网格,用于定义直角系整体布局
legend	图例,表述数据和图形的关联
dataRange	值域选择,常用于展现地域数据时选择值域范围
dataZoom	数据区域缩放,常用于展现大量数据时选择可视范围
roamCon-troller	缩放漫游组件,搭配地图使用
toolbox	辅助工具箱,辅助功能,如添加标线、框选缩放等
tooltip	气泡提示框,常用于展现更详细的数据
timeline	时间轴,常用于展现同一系列数据在时间维度上的多份数据
series	数据系列,一个图表可能包含多个系列,每一个系列可能包含多个数据

表 3.4.2　Echarts 图表名词

名词	描述
line	折线图,堆积折线图,面积图,堆积面积图
bar	柱形图(纵向),堆积柱形图,条形图(横向),堆积条形图
scatter	散点图,气泡图。散点图至少需要横纵两个数据,更高维度数据加入时可以映射为颜色或大小,当映射到大小时则为气泡图
k	K 线图,蜡烛图。常用于展现股票交易数据
pie	饼图,圆环图。饼图支持两种(半径、面积)南丁格尔玫瑰图模式
radar	雷达图,填充雷达图。高维度数据展现的常用图表
chord	和弦图。常用于展现关系数据,外层为圆环图,可体现数据占比关系,内层为各个扇形间相互连接的弦,可体现关系数据
force	力导布局图。常用于展现复杂关系网络聚类布局
map	地图。内置世界地图、中国及中国 34 个省自治区市地图数据、可通过标准 GeoJson 扩展地图类型。支持 svg 扩展类地图应用,如室内地图、运动场、物件构造等
heatmap	热力图。用于展现密度分布信息,支持与地图、百度地图插件联合使用
gauge	仪表盘。用于展现关键指标数据,常见于商业智能类系统
funnel	漏斗图。用于展现数据经过筛选、过滤等流程处理后发生的数据变化,常见于商业智能类系统
evnetRiver	事件河流图。常用于展示具有时间属性的多个事件,以及事件随时间的演化。
treemap	矩形式树状结构图,简称:矩形树图。用于展示树形数据结构,优势是能最大限度展示节点的尺寸特征
venn	韦恩图。用于展示集合以及它们的交集
tree	树图。用于展示树形数据结构各节点的层级关系
wordCloud	词云。词云是关键词的视觉化描述,用于汇总用户生成的标签或一个网站的文字内容

3.4.2 JSON 数据格式

在编辑生成 Echarts 图表时,需要用到 JSON 对象。JSON(JavaScript Object Notation 的缩写)是一种轻量级的数据交换格式。它基于 JavaScript(Java 脚本语言,简称 js)的一个子集。JSON 采用完全独立于语言的文本格式。这些特性使 JSON 成为理想的数据交换语言,易于人阅读和编写,同时也易于机器解析和生成。

JSON 语法是 JavaScript 对象表示法语法的子集。数据在名称/值对中,名称是字符串,使用双引号表示。值可以是数字(整数或浮点数)、字符串(在双引号中)、数组(在方括号中)、对象(在花括号中)、true/false/null 等。

JSON 中数据由逗号分隔,用花括号保存对象。对象可以包含各种数据,包括数组。方括号保存数组,数字可以包含对象。

JSON 建构有两种结构,JSON 简单说就是 JavaScript 中的对象和数组,所以这两种结构就是对象和数组两种结构,通过这两种结构可以表示各种复杂的结构。

1. 对象:对象在 js 中表示为"{}"括起来的内容,数据结构为{key∶value,key∶value,…}的键值对的结构,在面向对象的语言中,key(键)为对象的属性,value(值)为对应的属性值,所以很容易理解,取值方法为对象 key 获取属性值,这个属性值的类型可以是数字、字符串、数组和对象等几种。

2. 数组:数组在 JavaScript 中是中括号"[]"括起来的内容,如某一表示编程语言类型的数组为["java","javascript","vb",…],取值方式和所有语言中一样,使用索引获取,字段值的类型可以是数字、字符串、数组、对象几种。

经过对象、数组这两种结构就可以组合成复杂的数据结构了。

以下面 JSON 对象为例,它具有 3 个属性:code、msg、result,其中 code 和 msg 的值都是字符串,result 的值是一个对象数组。result 包含了一个对象,这个对象具有 3 个属性:uid、uname、mp。

```
data={
    "code":"0",
    "msg":"用户注册成功",
    "result":[
        {
            "uid":"1002",
            "uname":"grizzly",
            "mp":"13512345678"
        }
    ]
}
```

3.4.3 Echarts 简单示例

下面以柱状图为例编写一个 html 网页文件,用 Echarts 绘制一个简单的图表,在绘图前需要为 Echarts 准备一个具备高度和宽度的 DOM(文档对象模型)容器。

```
<body>
    <! ——为 ECharts 准备一个具备大小(宽高)的 DOM——>
    <div id="main" style="width：600px;height：400px;"></div>
</body>
```

然后就可以通过 echarts. init 方法初始化一个 echarts 实例并通过 setOption 方法生成一个简单的柱状图，下面是完整代码。

```
<! DOCTYPE html>
<html>
<head>
    <meta charset="utf-8">
    <title>ECharts</title>
    <! —— 引入 echarts. js ——>
    <script src="echarts. min. js"></script>
</head>
<body>
    <! —— 为 ECharts 准备一个具备大小(宽高)的 Dom ——>
    <div id="main" style="width：600px;height：400px;"></div>
    <script type="text/javascript">
        // 基于准备好的 dom,初始化 echarts 实例
        var myChart = echarts. init(document. getElementById('main'));

        // 指定图表的配置项和数据
        var option = {
            title：{
                text：'ECharts 入门示例'
            },
            tooltip：{},
            legend：{
                data:['销量']
            },
            xAxis：{
                data:["衬衫","羊毛衫","雪纺衫","裤子","高跟鞋","袜子"]
            },
            yAxis：{},
            series：[{
                name：'销量',
                type：'bar',
                data：[5，20，36，10，10，20]
            }]
        };
        // 使用刚指定的配置项和数据显示图表。
        myChart. setOption(option);
```

```
    </script>
  </body>
</html>
```

把这个 html 文件保存好,将从 Echarts 官网下载下来的 echarts.js 文件和这个 html 网页文件放在同一个目录下或者放在指定的目录下,用浏览器打开显示的效果如图 3.4.2 所示。

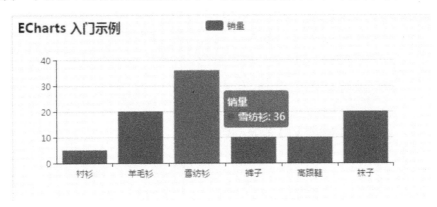

图 3.4.2　Echarts 柱状图示例

类似的,可以编写雷达图的代码如下,将这段代码替换上面柱状图示例中的 option 对象即可。

```
option = {
    title: {
        text: '基础雷达图'
    },
    tooltip: {},
    legend: {
        data: ['预算分配(Allocated Budget)', '实际开销(Actual Spending)']
    },
    radar: {
        // shape: 'circle',
        name: {
            textStyle: {
                color: '#fff',
                backgroundColor: '#999',
                borderRadius: 3,
                padding: [3, 5]
            }
        },
        indicator: [
            { name: '销售(sales)', max: 6500},
            { name: '管理(Administration)', max: 16000},
            { name: '信息技术(Information Techology)', max: 30000},
```

121

```
        { name：'客服（Customer Support）'，max：38000}，
        { name：'研发（Development）'，max：52000}，
        { name：'市场（Marketing）'，max：25000}
    ]
},
series：[{
    name：'预算 vs 开销（Budget vs spending）'，
    type：'radar'，
    // areaStyle：{normal：{}}，
    data ：[
        {
            value ：[4300，10000，28000，35000，50000，19000]，
            name ：'预算分配（Allocated Budget）'
        },
        {
            value ：[5000，14000，28000，31000，42000，21000]，
            name ：'实际开销（Actual Spending）'
        }
    ]
}]
};
```

用浏览器打开显示的效果如图 3.4.3 所示。

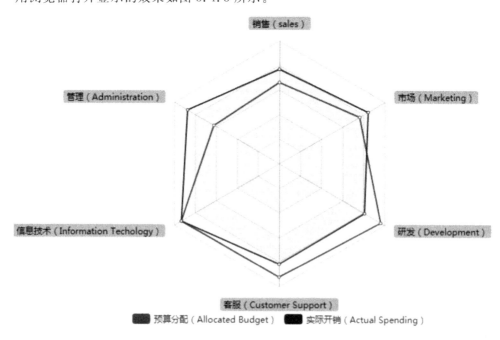

图 3.4.3 Echarts 雷达图示例

122

类似地,我们可以用 Echarts 生成其他类型的图表。

3.5　国云大数据魔镜平台

国云大数据魔镜是苏州国云数据科技有限公司开发的一款大数据可视化分析工具[7-8],可接入各种数据源,拥有 500 种可视化效果及动态炫酷的分析报告。国云大数据魔镜产品有四个版本:免费版、标准企业版(公有云)、标准企业版(私有云)及高级企业版。魔镜目前支持市面上所有数据源,标准企业版和高级企业版支持 Excel、Mysql、SQL Server、ORACLE、Access、NOSQL、MongoDB、DB2 等数据表和数据库,还支持 Hadoop、Spark 等数据源;除此之外,大数据魔镜还支持 Google Analytics、微信、微博、淘宝、京东等第三方社会化数据源,供开发者使用。

大数据魔镜平台集数据采集发布、数据工具使用、数据应用和发布于一体,可以对各行业领域的数据进行采集和发布,方便用户查询和获取相关数据。同时,用户可以利用魔镜平台连接并整合自身的内外部数据,实现多角度和多维度的数据整理、分析、挖掘、预测、展现和管理。

在使用魔镜平台之前,用户需要注册一个账号。用户可以在浏览器中用百度搜索大数据魔镜或直接输入网址 www.moojnn.com 进入魔镜的首页,点击"免费注册"通过输入邮箱、密码、手机号码等信息进行注册。下面以免费版为例介绍魔镜平台的使用。

用户注册完成后登录免费版平台,主界面如图 3.5.1 所示。

图 3.5.1　大数据魔镜平台主界面

3.5.1　应用管理

用户登录平台后就进入应用管理界面。应用分为两类,一类为用户自己生成的,放在"我的应用"下面;另一类为平台提供的一些范例,放在"示例应用"下面。为帮助用户使用魔镜进行数据分析并美观地将其展示,"示例应用"一栏一共放置五种不同类型的数据分析应用供用户参考,每一示例应用由多个仪表盘组成,分析不同的问题。

3.5.1.1 新建应用

为集中分析某一具体事项,如要对人力资源部门所有员工的户籍、学历等情况进行一个综合分析,用户需要新建一个应用并基于分析事项的需要命名,如取名为"人力资源部门"。点击主界面右上角"新建应用"按钮,进入图3.5.2所示界面。平台提示用户设置数据源,数据源可以从界面左侧的已有数据源列表中选择,也可以点击左侧的"添加"按钮,新添加一个数据源。

图 3.5.2　设置数据源

1)添加数据源

点击"添加"按钮,按照图3.5.3所示的数据源种类选择数据源类型,如Excel文件。点击"选择文件"按钮选择需要导入的Excel表。免费的大数据魔镜基础企业版支持Excel单行

图 3.5.3　大数据魔镜免费版所支持的数据源

单列的格式。选择本地的一个 Excel 文件如"京东大数据图书 20181010 预处理. xlsx",点击
"打开"按钮后平台将上传这个文件(如图 3.5.4 所示),上传后的数据预览如图 3.5.5 所示。

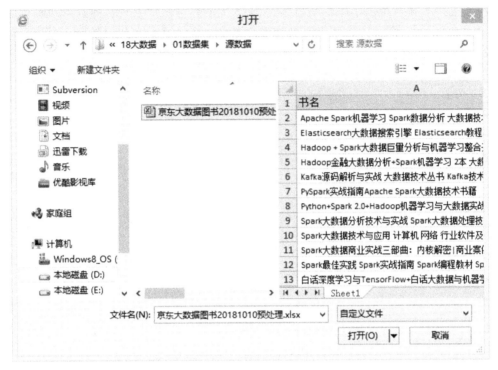

图 3.5.4　选择文件上传

图 3.5.5　上传的文件数据预览

2）保存数据

上传完毕后点击"保存"按钮。

将左边数据源展开（如图 3.5.6 所示），选择"sheet1"，拖动要分析的数据到右边，数据将会显示在右下方，修改表名为"大数据书籍"（如图 3.5.7 所示），用户如点击"保存"，则进入"数据分析"（如图 3.5.8 所示）；如点击按钮"保存，去分析"，则进入"新建应用"窗口。

图 3.5.6　数据源列表

显示条数　325	显示/隐藏			大数据书籍　保存　保存，去分析
ABC 书名	123 价格	ABC 出版社	ABC ISBN	ABC 其它
Apache Spark机器学习 Spark数据分析 大数据技术丛...	46.50	机械工业出版社	NULL	页数：208
Elasticsearch大数据搜索引擎 Elasticsearch教程书籍搜...	39.60	电子工业出版社	NULL	页数：228
Hadoop + Spark大数据巨量分析与机器学习整合开发...	57.50	清华大学出版社	NULL	页数：425
Hadoop金融大数据分析+Spark机器学习 2本 大数据处...	88.00	电子工业出版社	NULL	NULL
Kafka源码解析与实战 大数据技术丛书 Kafka技术内幕...	62.60	机械工业出版社	NULL	NULL
PySpark实战指南Apache Spark大数据技术书籍	39.80	机械工业出版社	NULL	NULL

图 3.5.7　修改数据表名称

3）新建应用

点击"保存，去分析"按钮后平台就会弹出"新建应用"窗口（如图 3.5.9 所示），用户可以新建应用或者选择已有应用。

3.5.1.2　更改应用封面、重命名、删除应用

回到应用管理界面，将光标移到需要修改的应用上，应用的右下角将会出现"≡"标记，单击此标记，右侧会出现"封面"、"重命名"和"删除"三个按钮（如图 3.5.10 所示），单击这三个按钮，分别可进入更改应用封面、重命名应用名称和删除应用等操作界面。

图 3.5.8 数据分析界面

图 3.5.9 新建应用窗口

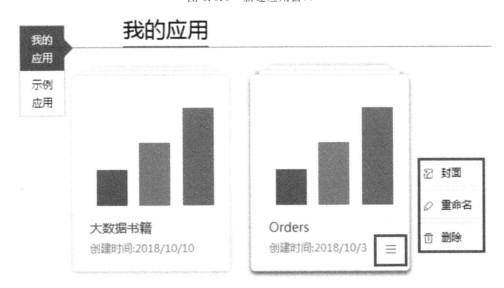

图 3.5.10 更改应用封面,重命名、删除应用

3.5.2　数据分析

在应用管理界面,点击某一应用,会进入该应用的操作界面。界面右上角是操作菜单(如图 3.5.11 所示)。点击右上角操作菜单的"数据分析"进入数据分析界面,界面左侧为业务对象区,用于数据源显示;中间部分是操作和图表生成区,用于生成展示分析结果的图表;右侧是图表类型选择区,用户可以根据需要选择不同的图表展示数据分析的结果。

大数据书籍　▼　　数据源　▼　　数据开发　　数据分析　　数据挖掘　▼　　仪表盘　　设置　▼　

图 3.5.11　应用操作界面右上角操作菜单

3.5.2.1　业务对象区

业务对象区被划分为三块(如图 3.5.12 所示)。"我的数据",上传的数据源将在这里展示;另外,在成功注册魔镜后,系统为用户默认了两种数据源类型,一种是公共数据(如图 3.5.13 所示),另一种是示例数据(如图 3.5.14 所示)。其中,公共数据为常用的国民统计数据,如年度国民经济统计、国家人口统计、就业统计数据等公共数据源;示例数据包括一些行业的统计数据,如能源、医疗卫生、教育、房地产等行业的相关数据。因此,应用可以使用用户自己导入的数据、公共数据和示例数据进行数据分析等。

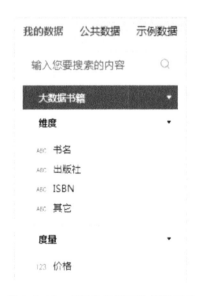

图 3.5.12　应用操作界面数据源显示

图 3.5.13　魔镜平台提供的公共数据

数据源显示中,在字段名前面带"ABC"字符的表示这个字段是个字符串,前面带"123"表示这个字段类型是数字。

3.5.2.2　操作和图表生成区

操作和图表生成区主要分为"拖拽模式"、"代码模式"以及"路径模式"这三种模式(如图 3.5.15 所示)。用户可以通过简单拖拽生成图表;可以查看生成图表的代码;还可以查看

图 3.5.14　魔镜平台提供的示例数据

系统是否选择了最优路径生成图表的。"拖拽模式"中,用户还可以选择筛选器或限制生成图表的条数。普通用户使用拖拽模式比较方便。

请将左侧维度、度量拖入建模区(列、行、标记)

图 3.5.15　数据分析操作和图表生成区

3.5.2.3 图表类型选择区

大数据魔镜平台版本免费提供一些基本的常规图形以及酷炫效果的图表类型(如图 3.5.16 所示),我们可以根据需求任意选择。

图 3.5.16 数据分析图表类型选择区

3.5.2.4 图表类型——表格

数据通常分为维度和度量这两种类型。维度通常作为行或列的表头,一般不能被聚合的字段属于维度;度量顾名思义指的是可以被测量或聚合或用于数学计算的字段,通常给绘制或者给标记的大小赋值。

数据导入大数据魔镜平台后,平台会自动将数字格式的字段解析为"度量(Y轴)",将非数字格式的字段解析为"维度(X轴)"。如果平台将某些字段错误划分了,可以通过鼠标右键点击要转换的字段,选择"转换为维度"或"转换为度量"进行相应的类型转换,或者将要转换的字段拖入"度量"或者"维度"面板进行类型转换。用户可以进行任意的拖拽"度量(Y轴)"到列生成器中,拖拽"维度(X轴)"到行生成器中。如果点击界面右侧的图表类型,即可快速生成分析效果图。

点击右边"表格"图标(如图 3.5.17 所示方框所围的图标),将左边"维度"面板中的"出版社"、"书名"及"度量"面板中的价格拖入右边的表头,平台将把相关数据展成一个表格形式(如图 3.5.18 所示)。

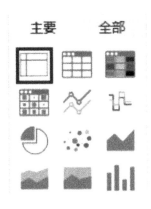

图 3.5.17 数据分析图表类型——表格

拖拽模式	代码模式	路径模式				保存
表头:	出版社	书名	价格(汇总)		三 行:	
标记:					筛选:	

上海交通大学出版社	从大数据到智能制造	31.80
上海交通大学出版社	从大数据到智能制造 产品服务系统 科技革命 上海交通大学出版社 马光远	31.60
上海科学技术出版社	公共大数据技术与应用	71.50
上海科学技术出版社	大数据产业发展总体战略研究	44.10
上海科学技术出版社	大数据技术与应用：医疗大数据	44.50
上海科学技术出版社	大数据治理与服务	48.20
上海科学技术出版社	大数据测评	41.08
上海科学技术出版社	大数据资源	59.30
上海科学技术出版社	工业大数据：架构与应用	65.20
上海科学技术出版社	智慧城市大数据	41.08
上海科技出版社	城市道路交通状态指数研究/大数据技术与应用	59.20
上海科技出版社	汇计划在行动/大数据技术与应用	35.10
上海科技出版社	海洋大数据/大数据技术与应用	62.40

图 3.5.18 数据分析图——表格形式

3.5.2.5 图表类型——直方图

点击图表生成区的直方图图标(如图 3.5.19 所示),将界面左侧业务对象区中示例数据中医疗卫生下度量面板上的"献血人次"拖入行,维度面板上的"日期"拖入列,平台将把相关数据展成一个直方图形式(如图 3.5.20 和图 3.5.21 所示)。由图中可以看出不同年份全国献血人数。

图 3.5.19　数据分析图表类型——直方图　　　　图 3.5.20　数据分析图——直方图形式

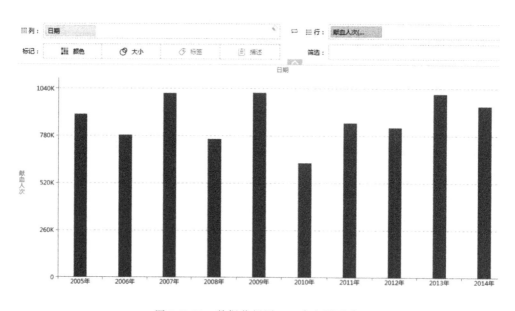

图 3.5.21　数据分析图——直方图形式

3.5.2.6　图表类型——气泡图

选择"我的数据"中"大数据书籍",将光标移到维度中的"书名",并点击"书名"右侧的小三角形,选择"转化为度量",将"书名"由维度转换成度量,在度量中将增加一个字段"书名(不同计数)",表示对不同的书名进行计数(如图 3.5.22 所示)。

在操作和图表生成区的拖拽模式可以设置不同的标记,如颜色、大小、标签、描述(如图 3.5.23 所示)。

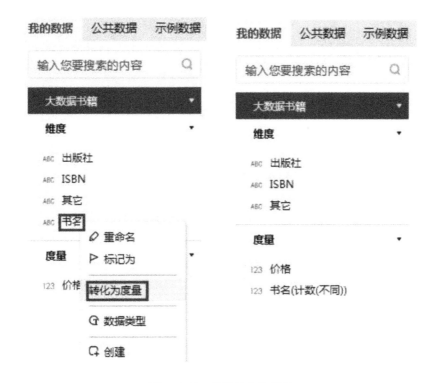

图 3.5.22　维度转化为度量

图 3.5.23　标记类型

　　点击界面右侧的"气泡图"按钮(如图 3.5.24 所示),将维度中的"出版社"拖入标记中的"颜色",再将"出版社"拖入标记中的"标签",并将度量"书名(不同计数)"拖入标记中的"大小",则气泡图显示如图 3.5.25 所示,可以看出不同的出版社展示的颜色不同,出版大数据相关图书多的出版社显示的气泡要大,出版得少的出版社显示的气泡要小。

图 3.5.24　数据分析图表类型——气泡图

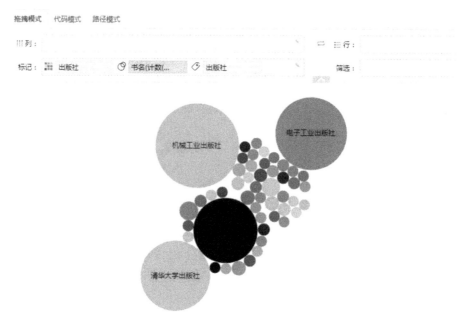

图 3.5.25　数据分析图——气泡图形式

3.5.3　数据挖掘

魔镜大数据平台的数据挖掘功能包括聚类分析、数据预测、关联分析、相关性分析、决策树、营销解决方案和用户画像等。下面以聚类分析和数据预测为例介绍数据挖掘的功能。

3.5.3.1　聚类分析

将"我的数据"中的"大数据书籍"数据按照书的价格进行聚类。进入数据挖掘窗口后，点击数据挖掘菜单下面的按钮"聚类分析"。点击左侧列表中的维度和度量进行添加列，至少要有一个维度和度量。这里维度选"书名"，度量选"价格"，现在准备将书籍按书的价格聚为三类，"价格高"、"价格中等"和"价格低"，所以拖动聚类数滑条将聚类数目设为 3。聚类方法选择默认的"K-Means"算法，然后点击"聚类"按钮。平台就会自动将书籍按照价格聚为 3 类，聚类结果如图 3.5.27 所示。

点击某一个聚类所示意的圆形，将会显示该聚类包含的个体信息，如点击最小的圆形，将会出现下面这个图表显示价格高的图书的相关信息（如图 3.5.28 所示）。

3.5.3.2　数据预测

下面以平台提供的"超市零售"示例数据来说明如何进行数据预测。进入数据挖掘窗口后，点击数据挖掘菜单下面的按钮"数据预测"，在业务对象区选择示例数据中的"超市零售"（如图 3.5.29 所示）。这时可以看到左侧列表中的维度中除了"订单日期"和"发货日期"之外的属性都变成灰色的，而度量中的字段都未变色。

根据界面提示可知只能选择一个时间维度，但度量至少要选择两个才能进行预测。拖拽左侧列表中的"发货日期"到时间维度，双击"销售额"和"利润"字段，平台自动将"销售额"和"利润"设为度量。将因变量设为"利润"，自变量就自动设成了"销售额"，在销售额处输入

包含列

书名　　价格

聚类数 3

∨ 隐藏高级选项

K-means ▼　聚类

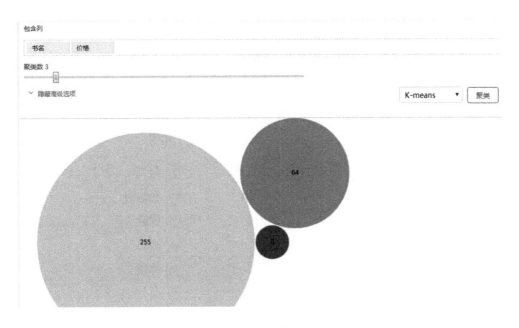

图 3.5.27　聚类分析结果

书名	价格
Spark大数据商业实战三部曲：内核解密|商业案例|性能调优 数据挖掘分析技术书籍	223.800000
风控：大数据时代下的信贷风险管理和实践+互联网金融时代+信贷风险与大数据+消费金融	146.600000
逆流而上+机器学习在线+大数据之路 3本 阿里巴巴大数据实践 系统框架构开发教	161.800000
大数据分析基础:概念、技术、方法和商务（英文版）	186.400000
大数据优秀产品、服务和应用解决方案案例集（2016）	140.700000
制造大数据技术与应用	163.600000

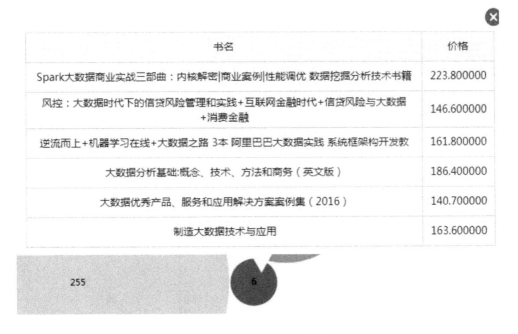

图 3.5.28　聚类包含的个体信息

1000，然后点击"开始预测"（如图 3.5.30 所示）。平台经过算法计算后得到预测的利润约为 111.417（如图 3.5.31 所示）。预测的结果表示如果销售额是 1000 元，预计获得的利润为 111.417 元。

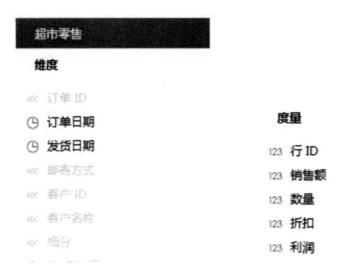

图 3.5.29　选择数据源用于数据预测

图 3.5.30　设置数据预测的参数

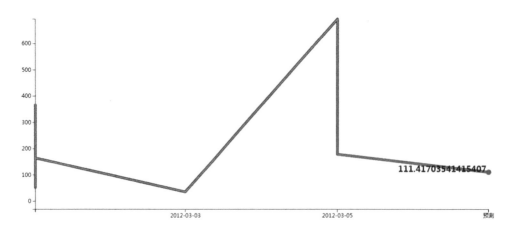

图 3.5.31　数据预测的结果

3.5.4　仪表盘

3.5.4.1　新建仪表盘

在数据分析主界面,生成图表之后,点击界面左上角的"保存"按钮,可以将这个图表保存到仪表盘中(如图 3.5.32 所示),可以新建一个仪表盘或者保存到已有的仪表盘中。如新建一个仪表盘,名称为"京东大数据书籍展示"。保存完成后会自动进入仪表盘界面(如图 3.5.33 所示)。

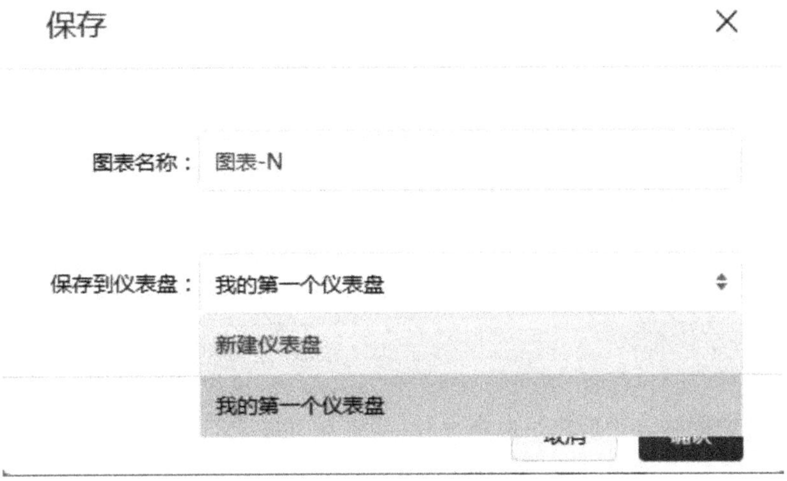

图 3.5.32　将图表保存到仪表盘

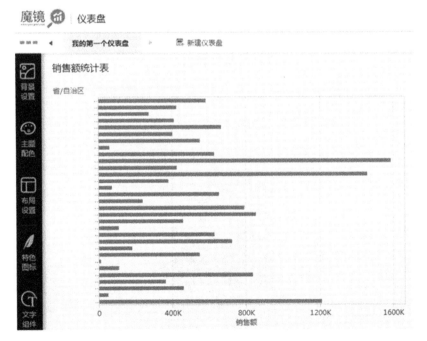

图 3.5.33　仪表盘主界面

从界面上可以看到,在数据分析中新建的图表已经显示在仪表盘上了。点击仪表盘左上角的第二个图标(如图 3.5.34 所示)新建图表,这时界面会切换到数据分析窗口。

图 3.5.34　仪表盘主界面单

在仪表盘中,用户可以对每个创建好的图表进行操作。用户可以"删除图表"、"编辑图表"、"全屏显示"图表或是将数据源导出。

3.5.4.2　调整以及丰富仪表盘

如图 3.5.33 所示,在仪表盘界面左侧提供了一些操作按钮,如"背景设置"、"主题配色"等等。通过这些功能,可以对仪表盘页面自定义排版,支持背景设置、主题配色、布局设置、特色图标、文字组件、插件等。如点击仪表盘左侧"布局设置"按钮,可以对仪表盘上的图表位置进行调整,也可以通过仪表盘左侧"特色图标"和"文字组件"功能加上一些图标和文字组件去丰富仪表盘。用户还可对默认的仪表盘配色进行调整,点击"主题配色"选择满意的仪表盘颜色。

3.5.4.3　分享仪表盘

制作好图表后,还可以将图表分享给好友使用。点击仪表盘界面右上侧菜单的分享按钮(图 3.5.34 中倒数第二个按钮),点击设置,输入对方的手机号码和验证码,点击"发送",会立即生成该仪表盘的链接以及二维码(如图 3.5.35 所示),对方就能收到这个应用的访问

分享仪表盘设置　　　　　　　　　　　　　　　　✕

私密分享设置　公开分享设置

您的私密分享链接为:

http://pro.moojnn.com/public.html#/mueQvy?status=isPrivate (密码:pmVN)

发送短信到手机:　请输入手机号

验证码:　　　　　　*E2XN*　　发送

也可以扫描二维码分享

图 3.5.35　分享仪表盘主设置

地址和授权码,既可以访问这个链接地址查看此仪表盘,也可以通过扫码在移动端查看。

3.5.4.4　其他功能

在仪表盘界面,用户可以点击筛选器进行数据的筛选,也可以设置多个图表间的联动,通过图表维度的拖拽,与其他具有相同维度的图表建立单向或者双向的关系。

3.6　延伸阅读

3.6.1　延伸阅读:慧选址

慧选址(网址为 http://bi.dituhui.com/)是知名 GIS(地理信息系统)公司超图软件旗下的一款互联网＋大数据创业项目[9],得益于公司雄厚的技术积淀和多年客户服务的经验,慧选址在地理信息系统和大数据分析技术上取得了非常明显的优势。

慧选址基于大量的消费者行为和搜索数据,可以让店铺的经营变得越来越清晰。它从受众洞察、受众定位、受众接触到受众转化几个步骤,每一步都提供精准、细致、高效、经济的数据引导,从而实现大众创造的 C2B(消费者到企业),即由用户需求决定店铺的日常经营销售决策,最终为用户的店铺提出针对性的经营建议,而不仅仅是在最初的店铺选址上。

对于一个小型店主来说,最头疼的事就是店开在什么地方。选址的合理与否对于店铺将来的经营情况起到了至关重要的作用。有专家指出:找到一个理想的店面,开店创业就等于成功了一半。这话一点都不为过,开店不同于办厂开公司,以零售为主的经营模式决定了店面的选址至关重要,它往往直接决定着店铺的成败。

在传统模式下,店主们一般通过以下方式选择合适的地段:首先要进行实地考察,看看目标地段的位置,是否是热门商圈,离居民区、学校、商业区的距离,调查人流量、交通方式等等,其间还要面临种种情况导致的信息不对称的问题。到最后用户可能忙活了大半个月甚至大半年,投入了大量的时间和精力,却发现付出和所得完全不成正比。为此,慧选址产品利用大数据分析方法,帮助店主们选择理想的门店。整个产品包括位置管理、商圈分类、客户挖掘、竞品分析、选址分析和选址推荐功能(如图 3.6.1、3.6.2、3.6.3 所示)。

慧选址在网站上提供了一个以上海为试点,可供展示的体验版系统。在这里,用户可以快速直观地看到店铺的信息、商品购买分布热度。而在这背后,是多到难以想象的数据在做支撑。实地考察的兴趣点、网民行为、消费能力、消费习惯、人口、经济数据、小区、房屋、商圈面数据……在这种种海量数据支撑的基础上,慧选址构建了一套精准的选址分析模型,可以快速准确地帮用户分析出什么类型的店开在什么地方可以挖掘最大的用户群体,并热心地为用户推荐周边的待租店铺,帮用户快速选择最合适的、最符合其期待的店铺位置。

此外,得益于大数据的红利,慧选址基于大量的消费者行为和搜索数据,管中窥豹,用户看到的也许只是一个结果,但这背后却是由海量的数据和高精准的复杂模型在做支撑。

慧选址的核心价值是大幅度降低了传统开店模式下选址的精力和时间成本。过去用户需要半个月乃至大半年才能完成的事,在慧选址的网站上几分钟就可以完成。如果用户不满足于线上的推荐,还可以再结合线下自己的调研,从而得到更精确的结果。

慧选址目前对普通用户是免费的,用户可以在网站上浏览其想要的信息。如果用户是

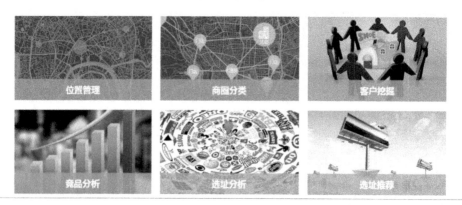

图 3.6.1　慧选址产品功能

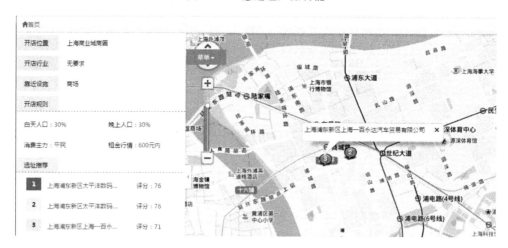

图 3.6.2　慧选址商圈分类

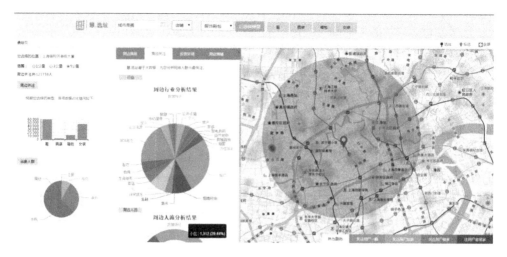

图 3.6.3　慧选址的选址分析

一个小型店主的话,免费模式绰绰有余。如果用户想开个大型商铺,或者有更深入的个性化定制需求,如品牌/产品研究、消费者研究、精准营销、户外广告投放、产品线下推广点等等,慧选址通过大数据分析也可以满足用户的定制需求。

3.6.2 延伸阅读:龙门石窟进入大数据时代

2016 年 7 月 15 日,龙门石窟智慧旅游再升级,全面跨入大数据时代,景区营销、管理、服务、共享能力全面升级。

大数据中心板块,基于实时精准的 LBS(基于位置的服务)大数据计算能力,依托游客在景区使用手机 QQ、微信、腾讯地图等所发送的大数据位置请求,龙门石窟可以清晰掌握游客的来源地、游玩频次、出行轨迹、购买偏好等旅游画像并进行分析和展示,在协助景区管理服务和应急预警外,还为龙门智慧旅游再升级奠定了坚实基础。

该大数据中心由腾讯公司为龙门石窟智慧旅游量身打造,一期将提供人口迁徙图、区域热力图、位置流量趋势图、人物画像分析四大核心功能。

一、营销升级:人口迁徙图板块。以龙门石窟景区为参照维度,通过 T+1 自定义时间段选择,随时调取迁入迁出龙门的城市 top10 排名以及对应交通出行方式,这有助于景区掌握游客来源及去向,做好精准定向营销。

二、管理升级:位置流量趋势图板块。"框"出龙门景区位置后,通过细至每分钟的粒度,可以实时调取景区人流,清晰计算并预测出该景区人口分布和密度。而通过区域热力图与卫星图对比,可以获取预估人数和自定义临界值,对景区高峰阈值进行安全预警。

三、体验升级:通过 3D 建模技术的应用,全国首个景区慢直播平台的打造,龙门石窟通过大数据建设,全面提升游客体验。

四、服务升级:人物画像分析能力板块。通过大数据建模、计算,景区能精准获悉游客年龄、性别、使用手机类型、常住地、出行轨迹、购买偏好、逗留时长等用户画像,帮助旅游管理者真正了解旅客行为,为他们定制科学、便捷的贴心服务。

五、共享升级:通过数据共享,提升智慧旅游共享服务能力。通过多平台数据的收集、管理、分析,可以定期制作龙门石窟旅游大数据统计报表,辅助景区完成旅游大数据的报告分析。通过大数据共享,为洛阳市及周边景区及旅游机构提供多方面游客信息,加速洛阳智慧旅游共享经济的发展与升级。

3.7 本章小结

本章介绍常用大数据分析软件的使用与操作流程,包括数据采集、数据分析与可视化工具等数据分析软件。

八爪鱼是一款通用的网页数据采集器,功能强大,操作简便,提供了简易、智能、向导和自定义四种操作模式,可以满足不同用户的个性化应用需求。一个完整的采集任务包含打开网页、点击元素、输入文本、循环与提取数据五个基本流程。

Hadoop 是一个由 Apache 基金会所开发的分布式系统基础架构,可以使用户在不了解分布式底层细节的情况下开发分布式程序,充分利用集群的威力进行高速运算和存储,其解决了大数据存储、大数据分析问题。

本章介绍了八爪鱼数据采集软件的操作模式与流程,简要介绍了 Hadoop 大数据分析的工作原理与优点,通过实例说明大数据分析软件 Weka、可视化工具 Echarts 及国云大数据魔镜平台的使用与操作流程。

Weka 是一款开源、免费、强大的数据分析、数据挖掘、机器学习工具,可以进行数据预处理、聚类、分类、关联规则挖掘等分析,并可将分析结果可视化输出。

Echarts 是百度公司推出的一个纯 Javascript 的图表库,支持常用的 12 类图表,同时提供标题、详情气泡、图例、值域、数据区域、时间轴、工具箱等 7 个可交互组件,支持多图表、组件的联动和混搭展现。

国云大数据魔镜平台集数据采集发布、数据工具使用、数据应用和发布于一体,可以对各行业领域的数据进行采集和发布,方便用户查询和获取相关数据。同时,用户可以利用魔镜平台连接并整合自身的内外部数据,实现多角度和多维度的数据整理、分析、挖掘、预测、展现和管理。

3.8　习题

1. 八爪鱼数据采集软件的一个完整的采集任务包含哪几个基本流程?

2. 用八爪鱼数据采集软件采集网页 http:∥www.skieer.com/guide/demo/moviespage1.html 的列表详情数据,采集到的数据格式应如图 3.8.1。

提取到的数据

	电影名称	剧情	上映年份
1	肖申克的救赎	两年监禁的男人,通过…	1994
2	辛德勒的名单	波兰在第二次世界大战…	1993
3	教父	一个有组织的犯罪王朝…	1972
4	教父:第二部分	早期的生活和在上世纪…	1974
5	黑暗骑士	当蝙蝠侠,戈登和哈维…	2008
6	危险人物	两人生命的杀手,一个…	1994
7	好的,坏的和丑陋的	一项悬赏狩猎骗局在一…	1966
8	12个愤怒的人	在谋杀案审判反对陪审…	1957
9	指环王:国王的回归	甘道夫和阿拉贡带领人…	2003
10	搏击俱乐部	一个失眠的办公室人员…	1999

图 3.8.1　采集的数据结果

3. Echarts 的图表包含哪些基本组件?

4. 请用 Echarts 生成下面的饼图。

5. 在国云大数据魔镜平台中进行新建应用、删除应用、增加维度等操作,利用平台中的

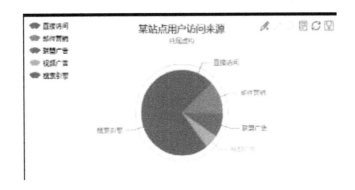

图 3.8.2　生成的饼图

示例数据生成一个柱状图,并保存到仪表盘中,将做好的仪表盘分享给其他同学。

6. 在延伸阅读"慧选址"中,慧选址产品用到了哪些图表形式?采用这些图表分别有什么作用?

参考文献

[1] 深圳视界信息技术有限公司.八爪鱼采集软件.https://www.bazhuayu.com/. 2019-03-20

[2] 林子雨.大数据技术原理与应用(第2版).北京:中国中信出版集团,人民邮电出版社,2017

[3] binarylei. Hadoop 系列(一)基本概念. http://www.cnblogs.com/binarylei/p/8903601.html. 2018-07-31

[4] 程序员乐园.从零开始学习 Hadoop-第 2 章第一个 MapReduce 程序. http://www.cnblogs.com/pangblog/p/3395249.html. 2018-07-31

[5] IBM 公司.用 WEKA 进行数据挖掘,第 2 部分分类和群集. https://www.ibm.com/developerworks/cn/opensource/os-weka2/. 2017-02-20

[6] 百度公司.Echarts 特性. https://echarts.baidu.com/feature.html. 2019-03-26

[7] 马小东.大数据分析及应用实践.北京:高等教育出版社,2016

[8] 苏州国云数据科技有限公司.大数据魔镜云平台版本用户使用手册(第1版),2015.

[9] 创业邦.慧选址:如果你想开个店,不妨试试这款大数据的选址分析模型. http://www.cyzone.cn/article/125995.html. 2018-03-25

4 大数据的典型应用

作　者　孙小华　俞华锋

主题词　大数据;电子商务;商业决策;金融监管;智能物流

摘　要　本章介绍了大数据在不同行业的典型应用。首先介绍了大数据在企业的
应用现状,然后详细阐述了大数据在电子商务、零售业、商业决策、金融、智能物流
等行业的应用,在延伸阅读部分介绍了时尚业、车联网应用大数据的案例。

4.1 大数据应用现状

全球零售业巨头沃尔玛在对消费者购物行为分析时发现,男性顾客在购买婴儿尿片时,常常会顺便搭配几瓶啤酒来犒劳自己,于是尝试推出了将啤酒和尿布摆在一起的促销手段。没想到这个举措居然使尿布和啤酒的销量都大幅增加了。如今,"啤酒＋尿布"的数据分析成果已成为了大数据技术应用的经典案例,被人津津乐道。

根据中国信息通信研究院 2018 年 4 月发布的《中国大数据发展调查报告(2018 年)》[1],接近 2/3 的企业已经成立了数据分析相关部门,企业对数据分析的重视程度进一步提高。调查结果显示,65.2% 的企业已成立数据分析部门;另外,目前没有数据分析相关部门,但正在计划成立相关数据部门的企业占比为 24.4%。中国大数据产业总体规模在 2017 年已经达到了 4700 亿元。

如图 4.1.1 所示,2017 年近四成的企业已经应用了大数据。在接受调查的 1572 家企业中,已经应用大数据的企业有 623 家,占比为 39.6%,与 2016 年相比上升 4.5%,垂直行业中如金融等领域大数据应用增加趋势较为明显。此外,24.3% 的企业表示未来一年内将应用大数据。

4.1.1 大数据应用场景

营销分析、客户分析和内部运营管理仍是企业大数据应用场景最广泛的三个领域。已经应用大数据的企业中,将大数据用于营销分析的企业占比最高,达到 63.2%,与 2016 年相比上升了 1.5%;其次,55.3% 的企业将大数据应用于客户分析,比 2016 年提升了 5.1%,部分企业已将大数据应用于分析客户反馈并改进产品和服务等场景;另外,将大数据应用于内部运营管理的企业占比为 50.7%,与 2016 年相比上升了 2.3%。

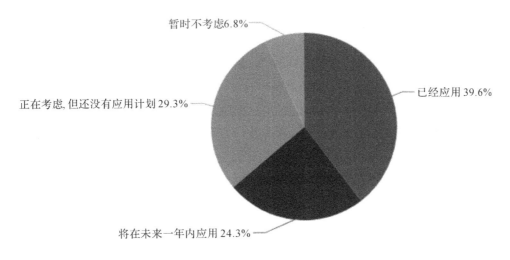

图 4.1.1　2017 年企业对大数据的应用状况(N＝1572)

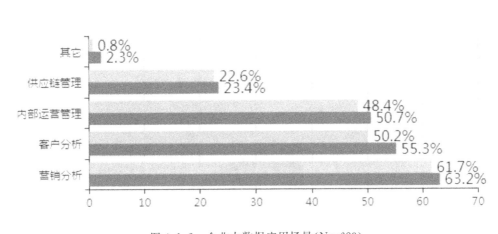

图 4.1.2　企业大数据应用场景(N＝623)

4.1.2　大数据应用带来的效果

大数据应用在实现智能决策、提高运行效率和风险管理能力等方面具有较明显的效果。已经应用大数据的企业中,实现了智能率决策的企业占比最高,达到 55.2％;其次,46.6％的企业表示应用大数据后提升了运营效率;还有 35.9％的企业认为应用大数据后能够更好地管理风险,与 2016 年相比有较大幅度的提升(10.2％);此外,分别有 27.4％、26.4％和 23.6％的企业表示应用大数据后创造了新的业务收入、提升了客户满意度以及增强了生产能力。

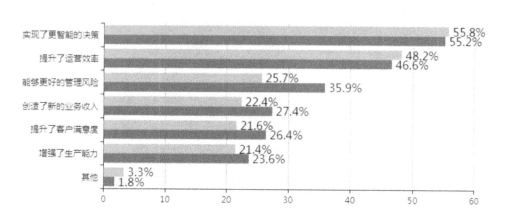

图 4.1.3　企业应用大数据带来的效果（N＝623）

4.1.3　大数据的行业应用

大数据在社会生产和生活中有着广泛的应用,图 4.1.4 是《互联网周刊》发布的"大数据应用案例排行榜 TOP100"。从图中可以看出,大数据在电子商务及零售、金融、城市、医疗等行业都有着广泛的应用。随着大数据技术的发展,大数据必将在各行各业中发挥巨大的价值。

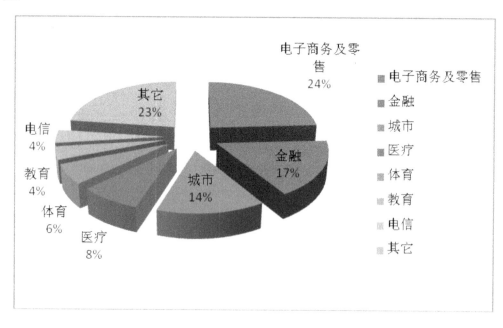

图 4.1.4　大数据应用案例排行榜 TOP100 分行业汇总占比图

4.2　大数据在电子商务及零售业的应用

电子商务是利用互联网在网络上进行交易等商务活动,主要以信息技术为主。电子商务是传统的商业交易活动向电子网络方面进行转变的新型商务活动,目前电子商务的广泛应用,使各行各业的商品交易或者是信息交易逐渐变得便捷。

在电子商务领域,数据采集维度主要有用户基本信息数据,包括性别、年龄、婚否、收入等;用户内容偏好数据,包括用户的浏览、点击、收藏、评论等;网络行为数据,包括浏览路径、浏览次数、页面停留时长等;用户交易数据,包括购买数量、购买种类、支付金额、购买频率等。这些数据主要来源于用户行为日志、企业后台数据库、客户关系管理系统等。

随着物联网等技术的发展,零售企业可以改变传统粗放的数据收集方式,通过 Wifi 自动感应、蓝牙定位、对接商户 POS 系统等方式采集用户基础数据、用户行为数据和用户交易数据,并打通线上线下、内部外部数据。内部数据有商品销售动向、竞争对手信息、顾客信息、公司的方针与指示、门店所在楼盘相关信息、销售额与利润的分析、门店周边商圈分析、商家自有的线上资源(如 APP、微博、微信)等,外部数据有零售消费领域的第三方数据库,包括市场信息、流行趋势、厂商信息、消费结构的变化、政策与制度改变、新商品新技术的革新等[13]。

4.2.1　大数据给电子商务带来了巨大的变化

大数据给电子商务带来了巨大的变化[2]:

(1)大数据使得一切的活动都变得有记录可追踪,当消费者浏览某一产品时,网站搜索引擎可以利用大数据找到提供这一产品或服务的所有平台和卖家,并生成相关报告。根据这些报告按类别排名,顾客对这一产品进行全方位对比,并且根据自己所看重的方面来选择最佳产品。因此,大数据时代的电子商务有助于卖家提供品质优良并且具有独家特色的产品。

(2)电子商务企业的战场便是各个展示商品的网站,大数据时代的到来不仅仅简单地要求电子商务卖家的网站如以往一样将商品用图片、文字、视频等元素进行描述,更重要的是要重视描述过程中的诚信问题,为消费者搭建一个可以安全购买、放心购买的消费环境。卖家任何的虚假广告、不良记录都将会被记录和分析,甚至会在各个卖家网站上出现该商家的从商信用报告。

(3)消费者的选择多样化、个性化趋势明显。消费者需求从产品自身的核心价值逐渐向期望价值和附加价值转移,在获得商品功能服务的同时消费者更希望凸显自我的特色与个性。大数据时代下,利用数据挖掘出来的很多实用技术已经打入市场,为消费者追求个性、追求自我提供了可能与便利。如:一些电子商务卖家已向消费者提供了免费的 3D 模拟试衣间,根据消费者信息与历史数据对试衣效果进行评估与建议,让消费者能够在电子商务这样一个虚拟的购物环境中体验线下试衣的效果过程,并且根据自己的喜好、身材等选择自己想要的服饰,这在很大程度上去除了很多顾客在网站上挑选衣服时喜欢但又不确定上身效果这样的忧虑。

大数据分析系统可以采用关联规则、聚类、分类、推荐等算法实现客户、行业及竞争对手分析；进行消息推送，精准营销；风险控制，按需存货；优质产品信息汇总等[2]。

(1)客户、行业及竞争对手分析

基于web来挖掘和发现消费者的网络浏览偏好、内容以及消费决策等数据对消费者进行实时分析。根据收集到的同业竞争对手的经营战略、投资方向等历史数据，对其进行分析与预测，观察行业领头羊的发展动向，从而了解行业更多的内外部信息，适应瞬息万变的内外部环境，准确把握行业未来的发展趋势。

在大数据的收集、分析等环节中能够提炼出有价值的商业信息。例如亚马逊在进行大数据的挖掘上就是一个非常好的案例。亚马逊主要是通过用户IP地址来分析出用户所处位置的附近有多少家书店，并且还能够分析出用户是否在其他平台上购买过图书，进一步得出用户所处位置是否有书店的结论。

(2)消息推送，精准营销

通过消费者的消费轨迹、历史浏览内容、"收藏"或"心愿单"等标记信息、用后好评的同类产品等相关信息做好消费者的消费习惯定位，进而准确判断消费者做出购买决策时主要的影响因素，了解目标消费者在消费活动中重视什么、喜好什么、偏爱什么、可能会受什么样的条件制约，从而对用户进行画像。这些信息相对真实可信，可以利用人的从众心理，对销量高的商品进行精准推送，提高用户体验。

做好消费者网络区域定位是为了将其可能感兴趣的商品信息准确地推送到消费者经常访问的网站、社交平台以及各种APP上，并且根据消费者的消费习惯和喜好以及制约因素等对其进行精准营销，做到对每一位消费者都用心服务。在零售业，可以在用户靠近店铺时，适时推送商家信息，极大地提高消息的时效性及利用程度。

通过数据分析，电子商务企业可以依据消费者的不同消费需求，把企业的营销目标投放在某一个行业当中，从而垂直细分服务领域。比如聚美优品将营销目标定位在女性产品上，具体提供洗护、彩妆、美容等产品；而酒仙网则将营销目标定位在酒类产品，具体是白酒、葡萄酒以及国外的酒类产品。这不但有效满足了消费者个性化的消费需求，而且也为消费者提供了产品质量上的保障。

通过大数据分析，还可以提高广告投放的精准度。精准广告的投放流程如图4.2.1所示。利用大数据技术，对海量的数据信息进行采集、管理和分析，可以发现消费者的购买习惯和消费兴趣，从而能够判断消费者的真实需求，这时候再对消费者发送有针对性的产品和服务信息，才能提高消费者的消费欲望。因此，基于大数据技术的电子商务精准营销，提高了广告信息的命中率以及电子商务广告推送的精准率。

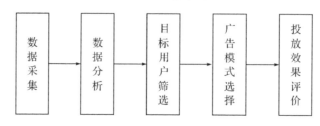

图4.2.1　精准广告投放流程

在对商品广告进行精准投放时,还需要根据消费者的不同类别选择广告的投放模式,如是通过短信,还是在线商城推广或在线下传单推广等。在广告投放之后,还需对广告投放的效果进行评价。

(3)风险控制,按需存货

在大数据时代背景下,企业通过研究海量数据,能够明确客户的需求,更能够有效避免产生的市场风险和存货风险。而通过研究客户需要在一定程度上降低因市场变化、产品滞销等原因导致跌价或不能及时卖出自己的产品的影响,同时还能够及时发现市场存在的问题,将企业的风险降低。另外,通过市场数据和客户数据的结合研究,企业能够更好地控制生产投入、控制采购、按时产出。

由于电子商务企业能够准确无误地将消费者的需求反馈到生产商那里,就能够按需库存,不再只是凭经验下单,而是实现按订单进行定制生产。通过利用大数据分析,科学缩减库存,按订单存货,降低库存积压带来的商业风险。

(4)优质产品信息汇总

依据用户对购买量以及浏览量最大的商品的分析和筛选,来加大这类商品对消费者的吸引力,可以有效降低消费者在数量众多的商品寻找要购买的商品的时间。比如蘑菇街这一主要以分享优质商品为主的网站,主要是由淘宝买家将自己喜欢或者购买过的商品链接发到网站上,或者通过一系列的搭配,让更多的消费者进行评论和筛选。

(5)制定科学的价格策略

基于大数据技术的大数据营销平台,实现了海量、不同类型的数据的收集,并跨越多种不同的系统,比如不同的渠道平台(网络销售平台,以及线下批发、零售平台)、不同的客户需求、不同的细分市场,以及不同的但可以区隔的市场区域。这样就可以帮助企业迅速收集消费者的海量数据,洞察和预测消费者的偏好、消费者价格接受度等,使之能够了解客户行为和反馈,深刻理解客户的需求、关注客户行为,进而高效分析信息并做出预测,不断调整产品的功能方向,验证产品的商业价值,制定科学的价格策略。

4.2.2 会员分析

随着大数据时代的到来,大数据行业相关的企业应运而生,并且迅速发展壮大起来。比如近年来出现了大量的数据租赁公司、数据分析公司、决策外包公司等基于大数据研究的专业公司,能够运用专业技术分析、挖掘大数据中隐藏的价值,为各行各业做出合理的评估预测,为使用者提供科学的决策依据。电子商务企业应该抓住机会,与专业的大数据行业公司进行合作,更好地把握大数据时代的机遇。

电子商务与零售业最重要的数据分析就是会员分析。会员分析包括会员分级、用户画像、精准营销等等。目前,围绕会员的运营模式正在发生着变化,从过去做产品,到现在做会员服务,从产品到服务的转变势必会需要数据来挖掘会员的特征、习惯、活跃度、忠诚度等。

不论是电子商务还是零售业,会员分析都涉及会员分级和忠诚度问题。因为20%的客户创造了80%的价值,企业需要从海量的会员中挑出这创造价值的20%,给他们更好的服务。这部分会员表现出来的特点就是高频高消费高活跃度,不需要花太大的成本来推广,作为商家可以花更多的时间在服务上。

4.2.2.1 会员分级

会员分级是指按会员对企业的价值来区分会员,对高价值的用户提供优先的服务。对会员进行分级有利于针对不同类型的会员进行客户分析,分别制定客户服务策略。如不管是 QQ 会员还是淘宝会员或者是京东会员等,企业都是希望用户能够从最底层的潜在用户发展到 VIP 会员,刺激用户的消费,提高用户的忠诚度,通过一些优惠活动或特权来吸引用户不断进行消费[4]。

如淘宝的消费者会员等级是以交易额为基础的,1 元相当于 1 分,不同分值对应不同的会员等级。会员等级越高,能享受的特权越多,包括购物、服务、生活等方面的优惠或特权。另外,基于网购行为,淘宝匹配设计了简单的勋章成就,作为虚拟自我价值的体现,在淘江湖等社区中,等级和勋章可以体现一个人的购物经验,以得到更多人的认可。与其他网站不同,淘宝的会员等级是按照 0.25%/天衰减的,这也是激励用户稳定消费的一种手段。

会员的价值或等级可以用 RFM 用户价值模型(如表 4.2.1 所示)来衡量或评价[5]。对于活跃的用户,可以对他们的消费 RFM 进行分析。其中 R 是 Recency,指最近一次消费的时间。一般来说,最近一次消费时间越近,说明用户再次消费的可能性越大,因为用户对产品正处在关注中,对产品传递的内容和活动更容易响应。通过这个指标,可以划分出用户的活跃度。F 是 Frequency,消费频率,也就是一定时间内的消费次数。通常,用户对产品关注的次数越多,也就意味着对产品越熟悉,接受度越高。通过这个指标,可以划分出用户的成熟度。M 是 Monetary,消费金额,就是一定时间内用户总的消费金额。从这个指标可简单看出一个用户对产品的贡献度。

表 4.2.1 RFM 用户价值模型

Recency 时间	Frequency 频次	Monetary 金额	客户类型
↑	↑	↑	重要价值客户
↑	↓	↑	重要发展客户
↓	↑	↑	重要保持客户
↓	↓	↑	重要挽留客户
↑	↑	↓	一般价值客户
↑	↓	↓	一般发展客户
↓	↑	↓	一般保持客户
↓	↓	↓	一般挽留客户

注:"↑"表示大于均值,"↓"表示小于均值

4.2.2.2 用户画像

构建精准的用户画像,是提高用户活跃度与复购率的有效手段,是企业运营与决策的重要依据。用户画像是通过收集与分析消费者社会属性、行为习惯等主要信息后,抽取用户信息并进行标签化和结构化处理,完美地抽象出一个用户的全貌的过程。其本质是给用户贴标签,一个标签通常是人为规定的高度精练的特征标识。用户画像主要呈现出两个重要特征:一是语义化,如客户类型:忠诚客户,人们能方便地理解每个标签含义,能够较好地满足业务需求;二是短文本,每个标签通常只表示一种含义,标签本身无须再做过多文本分析等预处理工作。

（1）用户画像构建

用户画像是要根据用户行为偏好和认知差异等,通过用户信息标签化,把具有共同行为特点、同一消费层次的用户划分为同一类别。构建用户画像需要划分用户画像维度,从电子商务与零售的角度来看,用户画像可以从基本属性、行为特征、购买特征、社交特征、心理特征、兴趣特征六个维度进行组合。

基本特征:通常在注册时引导获取,如手机号码、性别、年龄、教育程度、所属地区等等,可以根据生日、年龄等推断出星座、目前身份等其他属性。

行为特征:通过分析用户访问来源、访问时长、沟通渠道、支付方式等分析用户的上网行为和购买习惯。

购买特征:分析用户的购买频率、购买金额等,对用户的消费能力、消费品质、消费刺激进行长时间多频次的建模,判断客户处在价值金字塔的哪一等级,是活跃用户还是沉睡用户等。

社交特征:分析用户将商品分享给好友的频次,在问答社区及评论区交流的情况,以及收货人地址的数量等,研究用户的社交情况。

心理特征:分析用户参加促销活动的频次、优惠券消耗情况、同一品牌复购率等情况,推算用户对大型促销的敏感度、对品牌的忠诚度等。

兴趣特征:根据搜索类目、浏览类目、收藏类目、长期关注点等,分析用户对某些品牌、品类的偏好度,从而进行某个品类的专场营销活动。

（2）用户画像管理

用户的兴趣偏好随时都可能发生变化,为了设计出能更准确地描述用户需求的标签,需要及时根据变化的用户信息更新标签,为了得到能更清晰地描述用户需求的标签,需要对数据进行更细粒度的挖掘。因此,科学的用户画像必须注重时效性和覆盖度,为了满足这两点需求,对用户画像的管理也提出了相应要求。

首先,为了应对画像数据维度扩大、快速更新、海量增长的存取需求,需要建立起容量大且可扩展性好的画像存储机制;其次,为了实现标签库和业务场景的联动管理,需要建立定时更新机制,根据变化信息不断迭代和优化已有画像,获得对用户描述更加完善和准确的更新画像;最后,为了满足各种不同的画像查询需求,且便于画像实时查询,需建立起满足并行查询、缓存优化和聚合统计等功能的查询机制。做好用户画像管理从长远来看是为企业节省时间和人力成本,是保障企业业务朝正确方向展开的前提。

（3）用户画像应用

实际应用中,用户画像需要企业或商家立足自身业务领域,沿着业务需求路线,选取特定角度的标签集合,从整体到细节对标签进行逐级展现,并利用可视化方法勾勒出消费主体的全貌。比如,企业想要进行用户细分,可以调用用户基本特征和购买特征两个维度的标签组合出用户画像,识别出不同价值的客户群体,然后有针对性地进行营销和维护;如果企业想要探究转化率背后的影响因素,可以调用用户购买特征、心理特征、兴趣特征三个维度组合出用户画像,有人可能是因为评论影响购物决定,有人可能是因为商品展示影响购物决定,有人可能是因为优惠活动影响购物决定,利用用户画像可以方便直观地探究消费者消费偏好背后的原因。

4.2.2.3 精准营销

大数据为精准营销提供了海量的数据,以此建立起更加精确的市场定位与分析,高效地寻找客户。营销决策是基于数据和分析做出的,所以更加科学和精准,从而实现营销的新发展。通过用户数据的积累和挖掘,可以分析用户行为规律,准确地描绘其个体轮廓,为用户提供更加个性化的产品和服务。

对零售业客户,可以给他们提供个性化的商品推荐。线下零售个性化营销系统是依赖大数据管理平台数据挖掘结果,基于线下业务特点建立的个性化营销体系。通过场景体系确定营销触发后,通过对消费者基本属性、交易数据、行为数据的分析,可以对消费者品类风格倾向、品类消费能力、品类品牌倾向进行详细标定,从而获取所需的消费者消费倾向。基于每个消费者长期偏好和短期意图,利用规则算法选择发送个性化营销信息,可通过短信、APP、微信、POS机、电子邮件等推送信息。

另外,良好的购物体验不仅是将用户需要的商品摆放在显眼的货架位置,业务人员对消费者提供的导购服务同样也起着至关重要的作用。但很多时候导购人员会显得过于热情,为消费者推荐一些他不需要的商品,造成消费者体验不佳。个性化营销系统可以帮助零售商脱离传统的同质化营销内容推送,最大限度地减少消费者的被骚扰感,提高营销信息的关注度和反应程度,达到个性化营销的目的。

数据分析的目的是找出潜在的用户,挖掘他们的价值。精准营销主要涉及关联分析,所使用的营销包括向上营销和交叉营销。向上营销是指根据既有客户过去的消费喜好,提供更高价值或者其他用以加强其原有功能或者用途的产品或服务。而交叉营销指鼓励一个已经购买了某公司A产品的顾客购买其B产品,即从客户的购买行为中发现客户的多种需求,向其推销相关的产品或服务。

在进行关联规则挖掘时,先设置好最小支持度和最小置信度这两个指标。在用户的购买行为中,购买A商品的用户可能不仅购买B商品,还购买了C、D、E等一系列商品,所以需要分别算出所有这些组合的支持度和置信度,只有支持度和置信度均大于最小支持度和置信度的商品组合才可以认为是有关联的,值得推荐的。

4.2.3 应用示例:重要客户的识别与维护

高频次购买者一般为忠诚度高的消费者,会为企业带来持续的订单,并通过口碑传播为企业带来新的消费者;而高价值购买者通常会在某段时间内多次光顾并消费较高的金额,是提高企业利润的关键。企业应通过大数据分析,如回归、分类等分析方法识别出这两类消费者并加以发展和维护。

某电商商城采用回归分析方法对客户进行识别的结果[7]。其中被解释变量为按消费者分类汇总的销售次数(Y)。解释变量包括消费者性别(X1)、消费者年龄(X2)、消费者地区(X3)、消费者信用(X4)、注册时间(X5)、在线时间(X6)、整体好评率(X7)。其中消费者性别(X1)为分类离散变量,将男性设置为1,女性设置为2;消费者地区(X3)为分类离散变量,将东部地区设置为1,中部地区设置为2,西部地区设置为3;消费者信用(X4)亦为分类离散变量,从1到5分为5个等级,数字越大,信用等级越好。其他变量均为连续变量。数据处理方面,为了消除不同量纲之间的差距和数据的异方差性,对数据进行对数标准化处理。建立的数据回归分析模型如下所示:

$$Y = \beta_0 + \sum_{i=1}^{7} \beta_i X_i + \varepsilon$$

表 4.2.2 潜在客户挖掘高频次购买者行为分析结果

属性变量	Coef	Std. Err.	t	$P > \lvert t \rvert$	[95% confInterval]	
X1	0.68	0.57	11.58	0	13.75	17.09
X2	−1.72	0.03	−8.68	0	−0.38	−0.22
X3	−0.81	−0.02	−29.24	0	−0.77	−0.88
X4	1.28	0.37	7.89	0	10.25	13.27
X5	0.27	0.44	0.78	0.18	−1.16	2.22
X6	2.28	0.43	5.57	0	7.54	9.23
X7	0.43	0.41	0.66	0.14	−1.32	2.54

用软件进行回归分析得到分析结果如表 4.2.2 所示,Coef 为回归系数的 OLS(普通最小二乘)估计值;Std. Err 为回归系数的标准误;回归系数的 t 统计量值,$P > \lvert t \rvert$ 表示回归结果的显著性,[95% ConfInterval]为 95% 置信区间。

从回归分析的结果可以看出,消费者性别(X1)的系数显著为正,说明女性消费者的高频次购买行为相对更多;消费者年龄(X2)的系数显著为负,说明年轻消费者的高频次购买行为相对更多;消费者地区(X3)的系数显著为负,说明东部地区的高频次购买行为相对更多;消费者信用(X4)的系数显著为正,说明信用度高的消费者的高频次购买行为相对更多;注册时间(X5)的相关系数不够显著,说明消费者的注册时间对高频次购买行为的影响关系较弱;在线时间(X6)的系数显著为正,说明在线时间长的消费者的高频次购买行为相对更多;整体好评率(X7)的系数不够显著,说明消费者的整体好评率对高频次购买行为的影响关系较弱。综上所述,信用度高且在线时间长的东部地区年轻女性消费者的高频次购买行为相对更多。

类似可以作高价值购买者行为分析,结果如表 4.2.3 所示:

表 4.2.3 潜在客户挖掘高价值购买者行为分析结果

属性变量	Coef	Std. Err.	t	$P > \lvert t \rvert$	[95% confInterval]	
X1	0.81	0.75	10.58	0	12.54	15.54
X2	−1.59	0.04	−7.65	0	−0.18	−0.04
X3	−0.68	−0.03	−26.16	0	−0.53	−0.63
X4	1.41	0.49	7.26	0	9.39	12.10
X5	0.40	0.58	0.86	0.18	−0.88	2.16
X6	2.41	0.57	5.17	0.00	6.95	8.47
X7	0.56	0.54	0.75	0.13	−1.03	2.45

从高频次购买者和高价值购买者行为分析的结果来看,信用度高且在线时间长的东部地区年轻女性消费者既是高频次购买者,也是高价值购买者。结合高频次购买者分析结果来看,商铺销售中存在明显的"二八定律"特征,商铺应该选择该部分客户优先拓展。

4.3 大数据在商业决策方面的应用

商业决策是企业赖以生存及发展的根本所在,但长期以来,它往往依赖于个人智慧、领袖意志或偶发性的非逻辑化思考;而随着大数据时代的到来,企业运营中所有的主体、客体、流程、过程都在被数字化,大数据在商业决策方面发挥着愈来愈大的作用。下面以百度司南为例说明大数据在商业决策方面的应用[6]。

百度司南专业版是百度首款大数据商业决策工具,它通过将传统市场调研领域沉淀下来的方法论与大数据海量、真实、迅速、低成本的优势相结合,帮助企业以最高的效率获取关于消费者与市场洞察有价值的信息,让商业决策更高效、更简单。如百度营销人员在服务玉兰油客户时,通过百度大数据"搜索行为"功能发现产品的定位问题、在用户心中的营销机会点,引导客户对百度大数据进行多维度分析,最终绘制出玉兰油真正的"消费者画像",诞生了畅销的"玉兰油 25 岁装"。

百度司南专业版基于企业的需求模式提供品牌分析、人群分析及媒体分析三大报告模块(如图 4.3.1 所示),更加贴合企业的思维逻辑。

图 4.3.1 百度司南三大模块

(1)品牌分析:用户可以通过品牌分析功能得到自身品牌的现状分析,更可以通过此功能挖掘出消费者心中的竞争格局,及哪些竞争对手与自身争夺消费者心理份额最为激烈,从而指导市场策略制定。

(2)人群分析:用户可以通过人群分析功能对人群方方面面的特征进行分析挖掘,如通过兴趣偏好报告挖掘自身品牌与竞品人群的兴趣偏好异同,通过搜索路径报告挖掘目标人群的搜索路径,探知消费者需求及意图,辅助其制定传播沟通策略。

(3)媒体分析:媒体分析功能帮助用户挖掘目标人群的触网习惯及媒体偏好,从而指导其制定媒体组合策略。

4.3.1　市场格局研究

要制定一个有效的营销策略,企业必须研究其所在市场的格局以及所有竞争对手。在大数据背景下,企业越能够迅速掌握市场格局变化及竞争态势的变化,就越有助于其制定出行之有效的营销策略。企业需要了解关于市场格局的四件事:

(1)谁才是我的竞争对手?

(2)我和我的竞争对手,分别在消费者心中占据多大的位置?

(3)相较于我的竞争对手,我在哪些地域比较占优?

(4)相较于我的竞争对手,消费者认为我满足了哪些功能诉求点? 当消费者出现相关诉求时,首先会想到我还是我的竞争对手?

4.3.1.1　识别竞争者

图 4.3.2 是百度司南基于百度大数据所挖掘出的消费者关于牙膏品牌的认知分析。相关分析是一种数据分析方法,能够呈现出两个事物间关系的远近。此图呈现出的就是消费者对牙膏品牌远近关系的认知,距离越近的两个点,代表消费者认为二者越相似;反之,距离越远的两个点,代表消费者认为二者差异越大。用户可以人为地将相近的点聚类在一起,以便于分析解读。

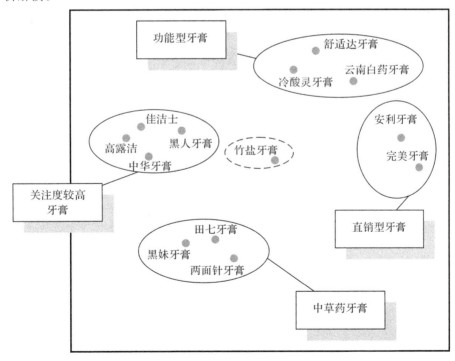

图 4.3.2　牙膏品牌的认知分析图

聚类之后就可以利用这张认知分析图来分析消费者对品牌的认知及识别竞争者。最上面"功能型牙膏"所标注的圈,圈出的是舒适达牙膏、冷酸灵牙膏和云南白药牙膏,说明在消费者的心目中,对这三款牙膏品牌的认知较为相似——即认为这三款牙膏品牌具有较高的相似性,这也符合真实的市场情况及常识逻辑,因为这三款牙膏品牌均属于功用型牙膏,都具有专效、药物的性质和特点。同理,消费者同时认为高露洁、佳洁士、黑人牙膏和中华牙膏是相似的一群,田七牙膏、黑妹牙膏和两面针牙膏是相似的一群,安利牙膏和完美牙膏是相似的一群。通过消费者对品牌的认知,可以细分现阶段牙膏品牌市场。

对这个图进行分析还可以看出以下两点:

一、高露洁和佳洁士最近,说明在消费者的心目中,二者互为最直接的竞品,也最为相似;

二、竹盐牙膏似乎离每一个圈的距离都较远,说明在消费者的心目中,竹盐牙膏与每一个细分市场都不大相似。通过此图我们了解到消费者对竹盐牙膏的认知较为模糊,同时也了解到消费者认为竹盐牙膏在各品牌中较为独立,没有非常直接的竞品。通过大数据的分析挖掘获取到消费者真实的想法,就可以帮助竹盐牙膏去校正产品定位及整体的营销沟通决策。竹盐牙膏一方面可以加强消费者的认知,使消费者对自己的定位逐渐清晰;另一方面也可以继续保持并扩大独立性,使得没有竞争对手接近自己。

4.3.1.2 心理份额

用户可以通过对百度上人们的真实搜索需求量进行分析,呈现出网民对品牌或产品的心理份额。它与企业的实际市场份额并不会时时保持一致,因为心理份额反映的是在消费者的心目中,品牌或产品占据了多大的位置,而并不是市场份额反映的直接销量数据。但是二者却有着较强的正相关关系,且有心理份额先行的特点,即心理份额的提升会进而带动销量的提升。

图 4.3.3 表示的是各豪华车品牌的心理份额占比。

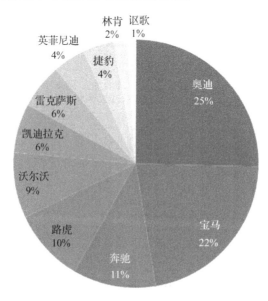

图 4.3.3　各豪华车品牌的心理份额占比

从图中可以看出,奥迪、宝马及奔驰三大品牌占据一半以上的心理份额,而奥迪更是占到了 25%,这证明在豪华车市场中,每 4 个人中就有 1 个人对奥迪有兴趣。宝马以 22% 的心理份额占比紧随其后,而奔驰作为知名豪华车品牌,虽然也排到了第三名,但其占比较奥迪及宝马落后较多,这意味着对奔驰感兴趣的人群只有宝马的一半。

4.3.1.3 地域分布

企业识别出自己的竞争对手,且了解完自己与竞争对手的心理份额之后,就可以着手做一些竞争分析,在这里以地域分布维度的竞争分析为例。

图 4.3.4 所示地域分析图,可以看出不同地域的消费者对宝马、奥迪、奔驰这三大豪华车品牌的偏好差异。如果把与豪华车品牌相近的地域进行聚类,可以看出:宝马占据的是广东、浙江等东部经济大省,而奔驰占据的则是四大直辖市,人群呈高端化。山西、陕西、四川等内陆地域的消费者偏好的则是奥迪品牌。根据此分析图,企业不仅能够了解哪些地域的消费者最为偏好自己,也能分析出哪些地域是自己的薄弱区域。

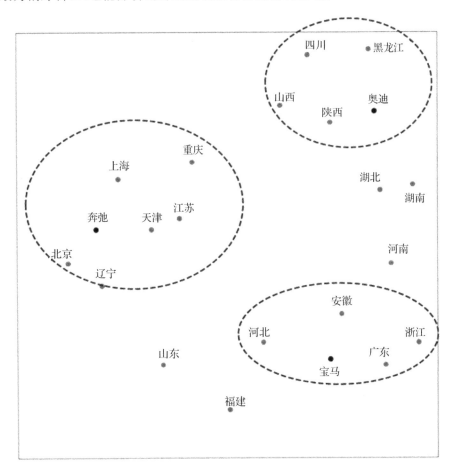

图 4.3.4　消费者对豪华车品牌的偏好分析

4.3.1.4 诉求点分析

消费者怎样在众多可供选择的品牌中做抉择,是一个企业非常关心的问题,而回答这个问题就涉及了解消费者的决策评价过程。

通过搜索的数据,能够获得诉求点信息,因为消费者的每一次搜索,都是对其寻找的利益点及其需要的一种表达,利用对应分析的方法,可以对诉求点进行分析解读。

图 4.3.5 表示的是消费者认为牙膏品牌和牙齿症状诉求点之间的相关关系。两个点离得越近,说明当消费者出现某种症状时,越能想起某个牙膏品牌,所以我们仍通过聚类方式来帮助解析。

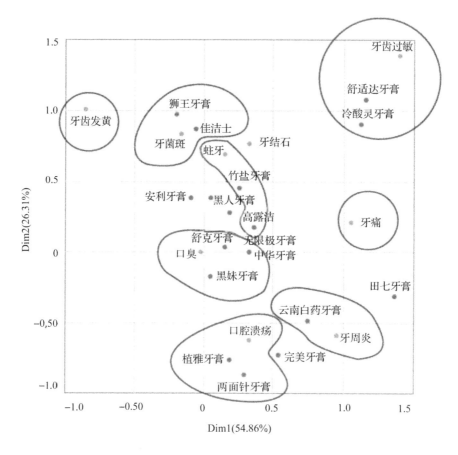

图 4.3.5　牙膏品牌和牙齿症状诉求点之间的相关关系

从此图可以发现,消费者认为狮王牙膏和佳洁士都可以帮助解决牙菌斑,舒适达牙膏和冷酸灵牙膏均用来对付牙齿过敏,当消费者出现蛀牙和牙结石时,比较容易想起竹盐牙膏,消费者认为云南白药牙膏满足了其牙周炎的诉求点,等等。此外,我们还注意到牙齿发黄和牙痛这两个诉求点,目前的市场较为空白,即当出现牙齿发黄和牙痛的诉求时,消费者无法将任何一个牙膏品牌与之紧密联系在一起。诉求点分析除了验证消费者对诉求点的认知是否与企业本身所设定的相符外,还能够帮助企业发现空白诉求点,即空白细分市场,可作为产品研发的方向。

4.3.2　消费者画像

企业必须意识到它不可能为市场中的全体消费者服务。市场上消费者人数众多,分布广泛,而他们的需求、偏好又不尽相同。因此,企业需要辨别由特定消费者组成的细分市场,进而才能选择其最占优的细分市场,扬长避短,而非四面出击。市场是由消费者组成的,消费者需求及偏好的差异决定了市场细分的要素,而洞察消费者的特征又能够帮助企业制定出行之有效的营销沟通策略,了解消费者并勾勒出其画像的重要性显而易见。

区分消费者画像意味着在众多消费者中,辨别出自己的首要目标受众,并且描述其特征。特征指首要目标受众区别于其他群体的核心要素,可以从多个角度去描述,如消费者的兴趣点、消费者所处的人生阶段、消费者的购买动机等等。我们可以利用对应分析的方法识别出消费者的特征,如图 4.3.6 所示。

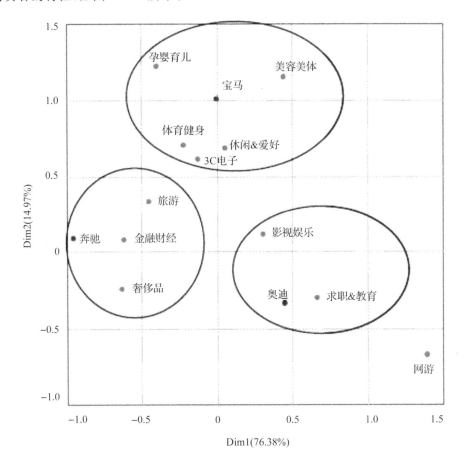

图 4.3.6　豪车拥有者兴趣点特征分布

由图可以发现,宝马、奔驰和奥迪所覆盖的人群特征还是较为明显突出的,重叠的部分并不是很大。宝马的人群平常喜好孕婴育儿、美容美体、3C 电子等方面的内容,奔驰的人群偏好旅游、金融财经和奢侈品,相较之下,奥迪的人群兴趣集中在求职教育和影视娱乐。将三个品牌的人群放在一起进行分析,可以明显看出其兴趣差异,因此可以得出结论:宝马的人群是年轻时尚的,女性特征明显,是小资的消费者;奔驰的人群比起来就显得年长一些,且呈现出高端、商务化的特征;奥迪比起这两个品牌来说,兴趣爱好是最少的,他们关注教育,爱好影视。值得注意的一点是,网游这个兴趣点离三个豪华车品牌都较远,说明这些类型消费者基本不关注网游。了解消费者的兴趣点,不仅能够帮助刻画消费者特征,助力沟通决策的制定,同时也可以帮助企业确定细分市场,如宝马相比起奔驰和奥迪来说,它要锁定的是年轻时尚的女性市场,而非奔驰的高端商务市场,等等。

由于核心受众的兴趣点和关注度不同,用户还可以细化他们对某一兴趣点分类下面的具体内容的偏好度。如下面的例子,图 4.3.7 是超级本(英特尔公司的一款笔记本产品)的使用人群与其竞品苹果公司的 Macbook air 笔记本的使用人群与电视剧集的对应分析。

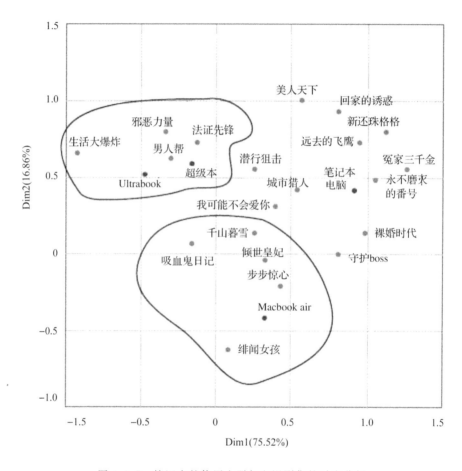

图 4.3.7　笔记本的使用人群与电视剧集的对应分析

通过分析解读后,可以看出:超级本的使用人群平常喜欢看的剧集有《生活大爆炸》《邪恶力量》等,而 Macbook air 的使用人群喜欢看的剧集有《步步惊心》《吸血鬼日记》,以及《绯闻女孩》等。通过对比发现,超级本的使用人群偏好的剧集以男性为主线进行剧情发展,而 Macbook air 人群更加偏好时尚类的情感剧。这对于决定传播的调性(形容广告的创意)有一些启示,可以利用人群的偏好来发展广告创意,使得沟通内容顺应目标人群的口味。比如《生活大爆炸》就是一个好的点,Macbook air 人群离《生活大爆炸》非常远,使得这个点区分度较高,可以利用超级本使用人群对《生活大爆炸》的喜爱来开发创意。

4.3.2.1　根据消费者画像勾勒细分市场

企业需要辨别由特定消费者组成的细分市场,市场细分将一个市场划分成不同消费群体,这些群体可能值得为其提供独立的产品或服务,而企业需要利用不同的变量,去观察哪一种变量能揭示最好的细分机会。如根据消费者所处人生阶段综合对于铃木汽车公司旗下几款车型的分析,总结得出其消费者细分轮廓,如图 4.3.8 所示。

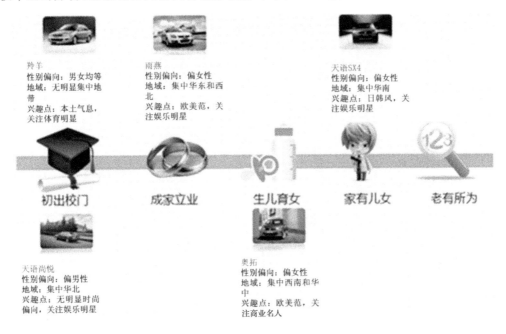

羚羊
性别偏向:男女均等
地域:无明显集中地带
兴趣点:本土气息,关注体育明显

雨燕
性别偏向:偏女性
地域:集中华东和西北
兴趣点:欧美范,关注娱乐明星

天语SX4
性别偏向:偏女性
地域:集中华南
兴趣点:日韩风,关注娱乐明星

初出校门　成家立业　生儿育女　家有儿女　老有所为

天语尚悦
性别偏向:偏男性
地域:集中华北
兴趣点:无明显时尚偏向,关注娱乐明星

奥拓
性别偏向:偏女性
地域:集中西南和华中
兴趣点:欧美范,关注商业名人

图 4.3.8　铃木旗下各车型人群所处人生阶段对应分析

除老有所为外,对每个细分市场,都能找到与之对应的车型去满足他们的需求;而对每一个群体,都能将其特征根据数据分析描述出来,这样细分市场就被勾勒出来了。比如初出校门的年轻人群偏向羚羊和天语尚悦,成家立业的新婚人群对雨燕更感兴趣,生儿育女的夫妇偏好奥拓,而家有儿女的较年长人群喜欢天语 SX4。企业不仅可以根据各车型人群所处的人生阶段刻画他们的特征,也能够检验各车型所覆盖的细分市场是否与企业规划一致。如羚羊和天语尚悦不论是从价位还是车型角度考量,均适合还没有一定存款积累的年轻人群,甚至是单身人群,他们更多地在寻找代步工具,那么铃木对这款车的定位与实际消费者的认知就一致。

4.3.2.2　消费者洞察

消费者洞察指的是沟通决策中的洞察力。产品可能会同时在很多属性上具有优势,如一家旅馆会同时具有位置好、干净卫生、高性价比等优势,某一产品可能同时具有功能完善、使用便捷、价格适中等优势,但如果在沟通中把所有的优势属性均告诉消费者的话,反而有可能造成沟通重点不明确,进而导致消费者认知不清晰等问题。加之并不是所有属性均是企业的目标消费群体所关心的问题,通常情况下他们会具有一到两个主诉求点,对于企业来说,找到并抓住主诉求点,并在营销活动中与目标消费群体着重去沟通这一两个点,可以达到事半功倍的效果。

如图 4.3.9 所示,这张消费者诉求和其所处地域的对应分析图,经过分析解读后,可以看出:因为这款产品是一个美容类的仪器,所以女性消费者偏多。从分析图中可以发现地处北京的女性消费者,更关心这个产品的官网和购买渠道;地处广州的女性消费者关心产品的口碑,而东北和上海的女性消费者更加关心产品价格,于是企业就可以根据不同消费群体的

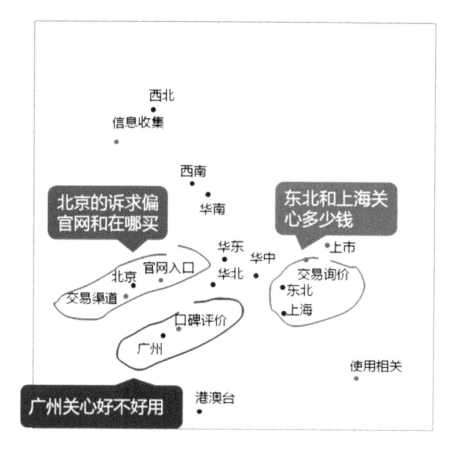

图 4.3.9　费者诉求和其所处地域的对应分析

诉求点,制定出具有针对性的沟通技巧和策略。这与诉求点分析有些类似,诉求点分析更侧重检验企业的定位,而消费者洞察更侧重用于制定沟通策略。

4.3.3　媒体投放策略

企业做广告得找媒介。然而,该找什么样的媒介发挥更大的效用,却有很大的学问。不少企业经常出现广告投放不当而造成浪费的问题,经常是知道企业的广告费浪费很多,但却不知道究竟浪费在哪个方面。为了在广告投放时能将钱用在"刀刃"上,使企业的每一分钱都发挥效用,需要找到目标受众活跃的精准传播平台。

目标受众指在媒介的所有受众中,那些对自己广告诉求内容比较关注和敏感的人群。在媒介的总受众人群里,特定的广告针对特定的人群进行诉求,而这些人群只占总体受众的一部分,这才是目标受众。一些品牌和产品广告之所以收效甚微,主因是自己的目标受众仅占媒介总受众的小部分。例如:凤凰卫视每周三晚的《军情观察室》很多年轻人爱看,如果插播越野摩托车、游戏软件之类的广告,肯定效果会奇佳。但如果插播"农夫山泉""旺仔牛奶"之类的快消品广告,就算广告再优秀,广告效果也会大打折扣。对同一则广告而言,如果媒介受众大部分是自己的目标人群,那么,它所获得的效益就好,反之,它所获得的效益就低。

有效的媒体投放需要做到以下几点：

(1)找到目标用户,掌握他们的触网习惯;

(2)在覆盖目标人群、取得好的传播效果的同时控制预算成本;

(3)制定效果良好的媒体投放组合。

通过分析目标消费群体的媒体偏好,或者说触网习惯,从而得到可投放的媒体组合。消费者每天接触的在线媒体可能会多达几十个,其中有较为大众的媒体,比如网易、新浪这类门户网站,也不乏相对不那么大众的网站,如豆瓣这种文艺青年聚集的网站。企业可以通过大众媒体来触及目标受众,因为能够在这类网站上找到他们,但是更好的做法是找到目标受众相较于其他消费者来说,更为偏好的网站去投放,这样既能够避免大众类网站投放竞争激烈的红海,又顺应了目标受众的媒体偏好,一举两得。

下面以珠宝首饰品牌为例,将各品牌首饰人群与在线媒体做对应分析后,得到图 4.3.10。

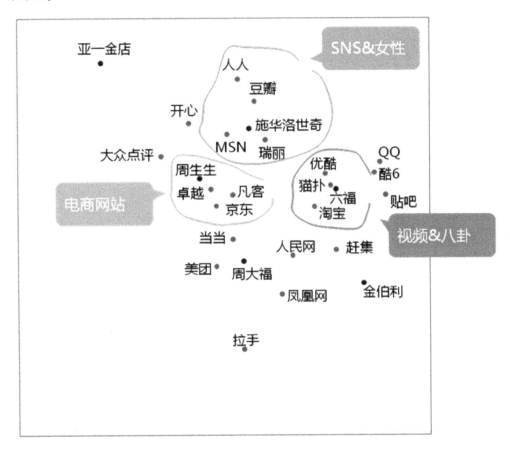

图 4.3.10　各品牌首饰消费人群与在线媒体做对应分析

经过分析解读后,可以看出:施华洛世奇的人群相较于其他珠宝首饰品牌的人群来说,更加偏好豆瓣、瑞丽、人人等 SNS(社交)及女性类网站;周生生的人群平时更加喜欢上卓越(即亚马逊中国)、京东、凡客等电商网站;而六福珠宝的人群对猫扑、土豆、优酷等八卦和视频类网站感兴趣。据此,我们可以得到根据人群定制化的媒体投放组合,比如六福珠宝可以加强视频贴片(一般指视频播放前或播放后的广告)的投放,施华洛世奇可以加大在女性类网站及 SNS 网站上的投放等。

　　企业也可以将媒体按照其类别先行分类,再去看人群对不同类别媒体的偏好。比如,图 4.3.11展示的是宝马 5 系等豪华车车型人群与媒体类别的对应分析。

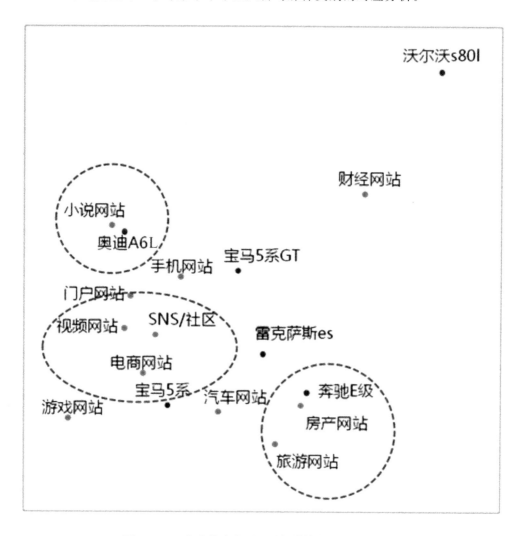

图 4.3.11　各豪华车车型人群与媒体类别的对应分析

　　通过分析解读后,可以看出:奥迪 A6L 和奔驰 E 级作为宝马 5 系的直接竞品,其人群在媒体偏好上出现一些差异。宝马 5 系的人群喜欢 SNS 及电商网站,也喜欢上汽车网站,呈现出年轻、时尚的状态;奔驰 E 级的人群偏好房产和旅游类网站,依然呈现高端、商务化;奥迪 A6L 的人群唯独喜欢小说类网站,且相较其竞品来说,似乎对其他类型网站感兴趣的程度并不高,这也印证了前面对这三个人群的消费者画像分析结果,即奥迪人群的兴趣点不多。另外,财经网站在图中所处位置较为偏离。在以往的媒体投放中,可以观察到豪华车品牌较为偏爱财经网站,因为其符合豪华车品牌的高端形象,也符合高端人群偏爱财经的常识,但是通过数据可以发现事实并非如此,即便是最偏高端、商务化的奔驰 E 级人群,距离财经网站也相去甚远,这说明投放财经网站并不是一个精准的选择,对比分析图为企业的广告投放决策提供了坚实的数据基础,可以帮助其做出有效的沟通决策。

4.4 大数据在金融行业的应用

大数据技术的发展给金融业带来了重要的发展机遇。金融机构通过大数据分析,可以找准市场定位,明确资源配置方向,推动业务创新发展;通过大数据技术的应用,金融机构可以提供全新的营销手段,更好地了解客户的需求和行为特征,及时准确地把握市场营销效果。同时,大数据技术可以有效降低信息的不对称性,增强金融机构的风险控制能力,推动普惠金融的发展,赋能小微企业的成长。

4.4.1 大数据赋能小微企业成长

小微企业普遍存在融资难问题,目前金融机构给小微企业提供金融服务面临着许多困难,主要问题有:

(1)信息不对称问题。企业规模小,经营不规范,很多小微企业没有财务报表或者其他相关的资产负债信息。金融机构之间及与政府相关职能部门信息不共享,金融机构需要花费很大的人力物力对企业进行贷款审查。

(2)企业受外界经济环境影响大,经营不确定性强,且企业缺乏抵押资源,金融机构不愿意对小微企业进行放贷或者设置较高的放贷门槛。

(3)企业缺乏财务计划,获取到贷款后无法有效利用贷款,将贷款有效性最大化。

由于小微企业金融服务往往是非标准化的,会大幅度地增加金融服务企业的各种成本。随着大数据、云计算和互联网移动技术等的高速发展,如今,借助大数据等的技术力量,金融服务机构完全可以为各类客户设计更精准的、更灵活的、更个性化的、更高效的金融服务方案和产品。

为解决小微企业金融服务中存在的问题,可以综合分析企业及企业高管的运营、财务、信用数据及社会行为数据,对传统的小微企业信用评价体系进行创新,建立多维度的信用评价体系,将大数据分析工具运用于贷前、贷中、贷后管理的全过程,具体流程见图 4.4.1,主要措施如下:

(1)建立统一的小微企业信息共享数据库。在政府的指导下,与各个政府经济职能部门相配合,获取企业和高管的相关生产、投资、消费、纳税、违法、违约、负债等社会行为数据,各银行共享数据资源,完善社会征信系统,利用大量的结构化和非结构化数据建立企业的用户画像,采用聚类、分类等算法,对企业财务状况等进行分析推算,对企业的信用情况进行动态评级。采用聚类、关联分析等手段,通过精准营销锁定目标客户。

(2)人工干预加线上审批模式,进行人工调查、系统审批。采用基于大数据思维的评分卡工具对客户进行分析评价,利用小微企业数据库信息与外部数据相结合进行交叉检验。综合各种数据对企业进行综合风险预警、识别和评判。通过企业投资链、融资链、担保链、资产链、交易链、违约链,通过关联规则等算法,进行关联关系的识别,正确识别企业之间存在的关联关系,特别是企业之间存在的隐性关联关系。

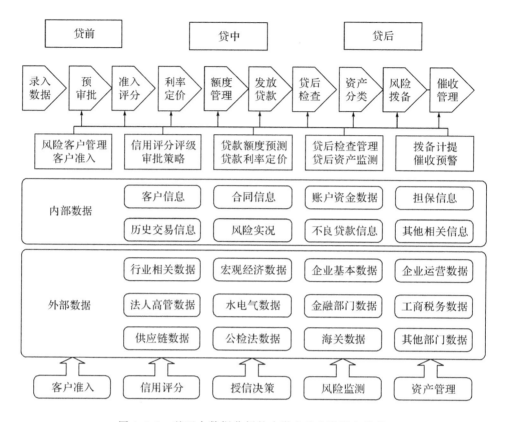

图 4.4.1　基于大数据分析的小微企业金融服务流程

（3）创新产品服务。基于大数据分析创新产品服务，如基于交易数据的贷款、基于供应链的贷款等等。

（4）贷后管理。应用大数据分析手段对企业的经营数据进行监测，对有大笔资金异常流出，企业高管个人账户有不正常的资金流入或其他相关数据有异常的企业进行检查。通过水文模型，根据企业的流水信息和相关行业情况来剔除可能的虚假交易信息，进行反洗钱、反欺诈、反套现等检测，解决假交易、假流水和假用途问题。对合法经营企业进行流失防范，采用便利、优惠服务增加客户粘性。采用预测模型来预测企业未来的现金流，对企业偿还贷款的能力进行预测评估。

大数据分析所用的数据包含内部数据和外部数据。其中银行内部数据有：客户信息、合同信息、账户资金、融资需求、风险实况、不良贷款情况等。

外部数据主要有：

（1）小微企业基本数据（如注册资金、经营范围等）

（2）行业相关数据（如行业平均利润率等）

（3）宏观经济数据

（4）企业运营情况（如工资表、社保缴纳表、利润率、周转率、速动比率、订单、销售收入等）

（5）企业法人及高管的相关数据（如在其他企业的交叉任职、信用卡交易、纳税情况、餐饮消费、商旅活动等），可以间接获得企业的经营状态、信用情况及企业间的关联关系

（6）水电气使用数据（用水、用电、用气、用煤量等）

（7）工商税务数据（是否进入各类黑名单，品牌荣誉称号，纳税情况、欠税情况、报税数据等）

（8）供应链数据（出入库表，货单、仓单、报关单等）

（9）人行及其他金融主管部门（企业及高管的资信状况、是否涉及民间借贷等）

（10）海关数据（如进出口额等）

（11）公检法数据（如企业及高管是否涉及财产、婚姻、知识产权及刑事诉讼，是否涉及黄赌毒和其他违法行为，是否为恶意欠款人等）

（12）其他部门数据，如社会保障、房产部门（土地、房产抵押）、环保部门（是否有严重破坏环境行为）等

通过大数据分析技术，利用云计算网络，掌握企业投资链、融资链、担保链、资产链、交易链、违约链情况，从人力资源、现金流动、物资流动等方面对企业进行综合评价，可以为小微企业获得优质的普惠金融创新服务。

4.4.2　大数据助力金融业务监管

通过大数据技术，能够对金融机构进行综合的、全面的数据采集，不仅可以横向打通各金融机构的信息管理，还能引入外部职能机构，如工商、税务、法院、人行等的信息数据，将原先割裂的地方金融监管数据实现实时共享，使各职能部门、监管部门、资质审核部门等能实时查看所需求信息，实现信息的协同和对称。

同时，相关监管部门通过结合各地金融风险预警规则，运用大数据分析技术对金融机构的金融业务活动信息进行分析与监管，及时发现金融机构的问题，提升金融风险识别能力，将各类风险消灭在萌芽状态。

北京金信网银金融信息服务有限公司是一家专注于金融大数据分析挖掘系统和风险管理综合服务平台的服务提供商，致力于为金融行业提供大数据分析挖掘系统和风险管理综合服务平台，提升互联网环境下金融监管机构的创新能力和金融机构的核心竞争力。该公司与北京市金融工作局建立了大数据监测预警非法集资平台，已被北京市金融工作局运用到了北京市打击非法集资专项整治行动中，大大提高了北京市金融工作局防范、处置、化解非法集资的工作效率，降低了北京市非法集资的案发数量和非法集资案件的处置成本，取得了显著的成效[8]。

（1）平台工作原理

大数据监测预警非法集资平台从海量的互联网信息中提取涉及非法集资的相关信息，大数据中心 7×24 小时对企业数据、政府新闻数据、舆情数据等进行动态监测。通过对大数据中心多个数据源的数据，在集群计算系统上进行分布式计算，经过数据清洗、数据集成、数据变换、数据规约等一系列预处理过程，把数据集合统一转换成可供分析的结构化数据。

大数据监测预警非法集资平台在综合利用跨部门数据资源的基础上，以大数据和云计算为技术支撑，利用机器学习和神经网络技术，构建"冒烟指数"分析模型，从海量数据中筛选出与企业非法集资风险高度相关的几类指标，构建"冒烟指数"模型。"冒烟指数"分数越高，该企业非集风险就越高。

大数据监测预警非法集资平台包括金融风险大数据管理系统和金融风险大数据分析挖掘

系统,分别对数据进行管理和存储,对接其他政府部门的不同数据并对数据进行分析和挖掘。

非法集资分析模型子系统主要包含系统所需要的计算模型,包含主动发现模型、全面排查模型、网贷行业风险分析模型、投资理财风险分析模型、私募模型、预警模型等;监测预警子系统是通过数据采集和加工并通过模型计算后最终通过量化指标"冒烟指数"来展示企业的风险,通过金融风险分析方法,构筑金融风险防控体系。

(2)金融风险分析大数据中心

金融风险分析大数据中心为大数据监测预警非法集资平台提供数据支撑,从海量的互联网信息中 7×24 小时不间断提取企业的非法集资相关信息,围绕非法集资的监测预警,建设金融风险大数据中心,每日数据量更新达 5000 万条。

舆情数据采集站点超过 2 万个,新闻数据 12.08 亿条,论坛 8.6 亿条,微博 163.1 亿条,微信公众号数据 2.96 亿条;工商数据覆盖 4500 万家企业和 1 亿家工商个体户;法院数据 15 亿条,采集站点超过 3800 个,覆盖 1000 万家涉诉企业;招聘数据覆盖主流招聘网站;投诉数据对接了"12345"热线、"打击非法集资"公众号、邮箱举报、"金融小卫士"等渠道举报数据;金融行业数据覆盖了网贷、私募、众筹、小额贷款公司、交易中心、融资租赁等行业。

此外,该大数据中心还采集了 ICP 备案数据,同时建立了一套非法集资高风险企业库。

(3)"冒烟指数"分析模型

"冒烟指数"分析模型如图 4.4.2 所示。

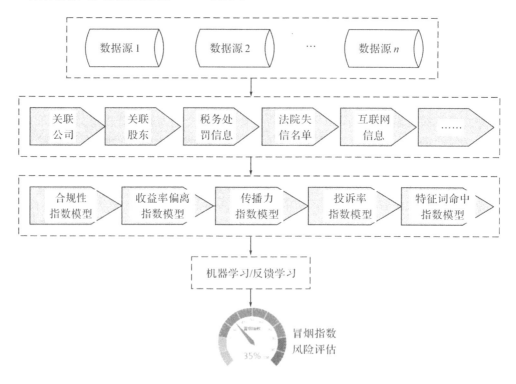

图 4.4.2 "冒烟指数"分析模型

"冒烟指数"作为非法集资犯罪预警的系统性风险综合指数,其最初构想来源于"森林着火是要冒烟的警示",是衡量目标企业非法集资风险大小的指数,监测领域为从事金融类业务的企业。通过追踪目标企业的互联网行为、经营行为以及对企业外围各类数据的研判等方式来揭示企业风险。

"冒烟指数"模型是在利用金融风险分析大数据中心数据的基础上,以大数据和云计算为技术支撑,从海量数据中筛选出与企业非法集资风险高度相关的几类指标,构建针对五大领域十七个行业的分析模型。

模型主要从合规性指数、收益率偏离指数、投诉率指数、传播力指数、特征词命中指数共5个维度的多项数据对监控对象计算分析,利用不同的机器学习方法,经过训练后建立起风险预警模型,最终得出的非法集资风险相关度指数即"冒烟指数"。

根据冒烟指数的得分来进行分级预警,分数越高,则该企业非集风险就越高。如果指数为 80—100 区间,则应向公安部门移交线索;指数为 60—80 区间,则意味着其非法集资的风险非常高,需要重点关注、约谈整改;指数为 40—60 区间,则需要监管部门重点监控、规劝改正。冒烟指数风险区划分及相应的差异化处理策略如表 4.4.1 所示。

表 4.4.1　冒烟指数分级预警

冒烟指数分值	风险区划分	差异性处置策略
[80,100]	取缔类	移交线索
[60,80)	关注类	重点关注,约谈整改
[40,60)	整改类	重点监控,规劝整改
[20,40)	可疑类	持续监控
[0,20)	正常类	正常监测

（4）大数据监测预警非法集资平台的功能

大数据监测预警非法集资平台的功能包括:

a.非法集资信息主动发现。通过招聘、地图及网络舆情等数据主动发现目标企业,包括本地注册本地经营的企业及外地注册但是在本地经营的企业;

b.非法集资的异动预警。对监测区域内企业的异常信息进行及时预警,通过制定相应的应急规则,针对可能涉及非法集资的信息进行及时提醒;

c.全息画像。不同维度展示目标企业全量信息;

d.风险评估。量化企业信用风险、量化非法集资风险;

e.分析报告。通过分析企业运营模式、信用风险分析等来判断企业的非法集资行为;

f.数据共享。打通各政府部门间数据壁垒,实现数据共享。

4.5　大数据在智能物流方面的应用

伴随着京东、淘宝等越来越多的购物网站与方式的出现,物流企业作为物资配送的重要环节也越来越重要,物流行业已成为国家十大振兴产业之一。然而传统物流产业存在规模小、运转慢、基础设施建设差、管理不规范等问题,还会出现路线优化不恰当引起的资源浪费问题。

物流大数据是运输、仓储、搬运装卸、包装及流通加工等物流环节中涉及的数据、信息等。当前中国的网购规模已经达到了空前巨大的地步,这也给物流带来了巨大的压力,对每一个节点的信息需求也越来越多。如今,大数据已经渗透到物流的各个环节,并已成为物流行业创新的基石。

通过大数据分析可以提高运输与配送效率、减少物流成本、更有效地满足客户服务要求。特别是大数据与物联网相结合在智能物流方面的应用可以优化路径,降低物流成本,提升物流速度,提升物流的信息化水平。

4.5.1 京东用户画像技术

京东是国内一个规模仅次于淘宝的电商平台,它自建了一个高效的物流系统。通过大数据分析挖掘商品标签、用户画像、消费特征等,京东物流智能系统可以为全国不同地区的京东帮进行客观性、个性化的备货推荐。这种预测是基于京东电商交易平台十多年的商品销售数据累积,每天上亿次消费者的点击浏览,购物车商品数据,以及每天数千万个包裹物流信息综合计算而做出的[9,10]。

京东的用户画像过程分为数据采集、行为建模和用户画像三个阶段(如图 4.5.1 所示)。其中采集的数据类型包括网络日志数据、用户行为数据与网站的交易数据等。行为建模方法包括文本挖掘、自然语言处理、机器学习、预测算法、聚类算法等。用户画像的标签包括基

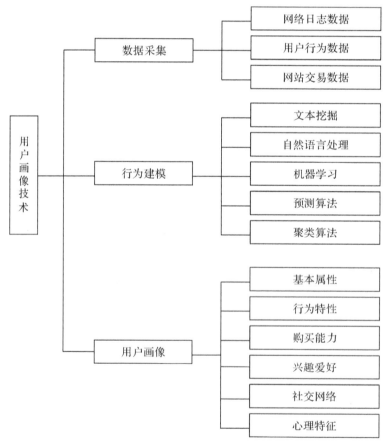

图 4.5.1 京东用户画像技术

本属性、行为特征、购买能力、兴趣爱好、社交网络与心理特征等。

4.5.2　基于精准画像的京东 1 小时达

大数据在电子商务和物流快递企业中的应用贯穿了运营的各个环节,京东移动商店依托于海量的交易数据,对不同社区的消费能力和消费习惯进行分析,描绘出不同小区的具体画像,通过小区画像实现未买先送的精准营销。将库存前置到终端的移动商店,缩短了商品与客户的距离,从而实现京东 1 小时达[11]。

4.5.2.1　京东 1 小时达的诞生背景

京东经过多年的飞速发展,积累了海量的交易数据和大量的用户群体,同时搭建了全国高效的仓储配送网络,如何更好地服务顾客,为顾客提供极致的物流体验,一直是京东追求的方向。

通过对市场的分析和调研,客户对"运费、时效"敏感,对"加急配送"的诉求占 20%。为了充分适应瞬息万变的电商市场,满足顾客多维度的物流需求,京东于 2014 年成立了移动商店项目组,制定了 1 小时达的产品目标(如图 4.5.2 所示),旨在提升用户体验的同时,将物流服务水平提升到新阶段。

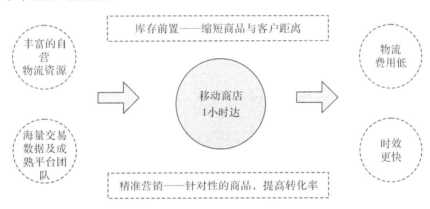

图 4.5.2　京东 1 小时达的产品目标

4.5.2.2　京东 1 小时达的业务模式

目前,"京东 211"时效是通过 RDC(区域物流中心)、FDC(前置仓)配合仓配无缝的波次对接实现的,如果要想物流速度更快,必须缩短供应链的距离。而现在的仓储几乎已经覆盖了绝大多数的行政区域,成本时效是矛盾的,所以无休止建造越来越多的仓,短期是不可行的。

为了达到更快的物流速度,京东通过其丰富的自营物流资源,依赖京东海量交易数据实现精准营销,利用其庞大的自营物流资源将库存前置进而离顾客更近,形成前置的"移动商店",从而实现物流费用更低、时效更快。

京东 1 小时达业务流程如图 4.5.3 所示,实现流程如下:

(1)采销部门下采购单,供应商送货到指定库房,上架形成库存(步骤 1)。

(2)顾客下单前,通过分析用户购买的习惯和能力,大数据预测得知用户购买力强的商品,通过现有的物流体系(步骤 2、3、4)将实物铺到指定的前置仓库(移动商店)。

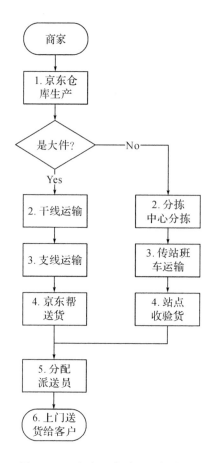

图 4.5.3　京东 1 小时达业务流程

（3）基于 LBS（Location Based Service，移动位置服务）定位客户位置，展示给客户就近移动商店库存，客户下单后，订单下传到移动商店。

（4）移动商店的配送员获取订单，上门送货（步骤 5、6）。

4.5.2.3　京东 1 小时达的系统方案

（1）利用小区画像实现精准营销。在京东的大数据平台上，通过生产数据（包括主数据与交易数据）可以产生四种派生数据：用户画像、小区画像、商品画像和商家画像，通过分析与预测为销售、运营等业务提供服务。

"小区画像"是京东派生数据中的一种，通过大数据平台对不同小区用户数量、活跃时段、促销敏感度、信用水平、消费能力、商品偏好、品牌偏好、忠诚度等维度的分析，挖掘出居民小区的基本属性和购买属性，可以按人群、品类预测复购率，筛选出以小区为单位的消费族群青睐的产品。

（2）通过小区雷达实现精准定位。京东配送系统（青龙系统）的核心子系统——预分拣系统，采用了深度神经网络、机器学习、搜索引擎技术、地图区域划分、信息抽取与知识挖掘，并利用大数据对地址库、关键字库、特殊配置库、GIS（地理信息系统）地图库等数据进行分析并使用，使订单能够快速处理自动分拣，满足各类型订单的接入。

移动商店利用青龙预分拣技术，可根据每个移动商店的配送能力在地图中画出 1 小时达配送的覆盖范围,并基于 LBS,快速定位出覆盖范围内距离客户最近的移动商店。

4.5.3　京东仓库搬运机器人

京东推出的"无人仓"项目实现了自动化时代到智能化时代的大跃迁,其智能化体现在:传统工业机器人将不再只是执行手臂,还将被赋予大脑智慧,使其具备自主判断和行为能力,从而完成复杂多变的仓储任务,为客户更快更好地提供物流服务。京东仓库搬运机器人称为天狼系统,在智能商品布局、仓库动态分区、资源匹配方面发挥着重要的作用[12]。

(1)智能商品布局

在仓储物流管理的生产中,要想用有限库容和产能等资源达到高出库效率,需要精心安排商品库存分布和产能调配;因此,库存分布将变得尤为重要,京东天狼系统分别从以下几个方面,应用大数据分析等技术,对仓库的库存分布进行精心设计。

a.热销度。应用大数据分析技术,预测商品近期热销程度。对于热销商品(出库频次高的商品),存储于距离出库工作台近的位置,降低出库搬运总成本,同时提升出库效率。

b.相关度。之前,京东仓库中不同商品之间在库内的存储区域分布是相关独立的,是互不影响的。针对海量历史订单进行数据分析,京东发现两商品同步下单的概率存在一定的耦合性。根据这种商品相关度的分析,设计商品之间的存储规律,令相关度高的商品存储于相同货架,达到优化拣货路径,减少机器人货架搬运次数,从而节省仓储设备资源,提高机器人人效。京东通过应用机器学习算法和遗传算法等优化算法,计算得出最优商品组合,即哪些商品存储在一起,能使得仓内货架整体内聚度(货架上商品之间相关度)最高。

c.分散存储。京东应用运筹优化等技术,实现全仓库存分散程度最大化,将相同或相似商品在仓储库区进行一定程度的分散存储,从而避免由于某区域暂时拥堵影响包含该商品订单出库,这样可以随时动态调度生产,实时均衡各区生产热度;同时,库区生产还可以支持并行生产,可无限平行扩展。将以上原则制定为最优库存存储规则,一旦由于因素变化(比如热销度变化、相关度变化)或货架上商品库存变化等,系统会自动调整库存分布图,并对出库、入库、在库作业产生相应的最优决策指导。小车将自动执行相应搬运指令,将对的货架(库存)送至对的位置,完成库存分布的动态调整。

(2)仓库动态分区

当订单下传到库房后,如果没有一个合理的订单分区调度,可能会带来不同区域订单热度不均问题,这个问题会导致以下两个现象:

现象 1:各区产能不均衡,从而导致部分区域产能暂时跟不上。

现象 2:部分区域过于拥挤,从而导致部分区域出库效率混乱且效率较低。

为解决这个问题,京东实时动态分析仓库订单分布,动态划分逻辑区,从而达到各区产能均衡的目的,使得设备资源利用率达到最大化和避免拥堵,进而提升仓库整体出库效率。

(3)资源匹配

当 WMS(仓储管理系统)从 ERP(企业管理系统)接受客户订单时,运用生产调度运筹优化模型,建立仓内供需最优匹配关系,使得全仓整体出库效率达到最大化。

(4)搬运小车路径规划

当搬运小车接收搬运指令时,要将货物快速准确送达目的地,需要规划合理最优路径。为了利用仓库优先的道路资源,为全仓搬运小车规划合理的搬运路线,京东应用时空大数据等技术,协调规划全仓搬运小车整体搬运路线,使得全仓小车有条不紊有序进行,最大程度减少拥堵。

智能化是物流行业发展必然趋势,许多物流问题可以通过技术手段来解决,达到降本增效的目的。在未来仓库中,人工智能与设备结合将会取代大部分物流作业,通过大数据分析技术,机器与智能在物流领域的应用与实践将会越来越广泛。未来,物流行业对大数据的需求前景将会更加广阔,大数据对包括供应链在内的行业变革以及跨界融合已在进行之中。

4.6　延伸阅读

4.6.1　延伸阅读:Prada 与 RFID

在纽约第五大道最大的 Prada 店,有一面"充满魔力的镜子"——当消费者拿着一件衣服走进试衣间后,试衣间里的智能屏幕就会自动播放模特穿着这件衣服走 T 台的视频。

原来,Prada 的每件衣服都被植入 RFID 电子标签。在试衣间的智能屏幕前,RFID 芯片会自动被识别。同时,衣服被拿进多少次试衣间、每次停留多长时间、最终是否被购买等信息,都会通过 RFID 进行收集并传回 Prada 总部,加以分析和利用。

如果有一件衣服销量很低,以往的做法是直接下架。但如果 RFID 传回的数据显示这件衣服虽然销量低,但进试衣间的次数多,那就能另外说明一些问题。也许这件衣服的下场就会截然不同,也许在某个细节的微小改变就会重新创造出一件非常流行的产品。Prada 正是利用大数据带来的直观有效的信息及时对产品进行调整,在时尚界创造出无数叫好叫座的产品。这意味着,无论是否成为最终的购买客户,每一位走进 Prada 门店的消费者,都将会参与到商业决策的过程之中。

4.6.2　延伸阅读:车联网与大数据

车联网是由车辆位置、速度和路线等信息构成的巨大交互网络。通过 GPS、RFID 传感器、摄像头图像处理等装置,车辆可以完成自身环境和状态信息的采集;通过互联网技术,所有的车辆可以将自身的各种信息传输汇聚到中央处理器;通过计算机技术,大量车辆的信息可以被分析和处理,从而计算出不同车辆的最佳路线,以便及时汇报路况和安排信号灯周期。

车联网会产生大数据,如汽车在开动的时候,车速、胎压、车内温度、实时路况等都是不断变化的数据流,当所有的车辆联网后,每一辆汽车上传的数据都会带有此车的位置状态信息,关联交通管理部门的数据库后,这些数据也会带有车主的身份信息、违规记录等。

大数据分析的核心价值在于预测,数据越完整,算法越精确,预测也就越准确。在车联网领域,数据源庞大,因此大数据的预测能发挥十分有效的作用,如预测交通拥堵的地段,实时交通信息、主动安全、公交的排班、驾驶者驾驶行为分析、车险保费设置等。

汽车的主动安全是指尽量自如地操纵控制汽车的安全系统措施。无论是直线上的制动与加速还是左右打方向都应尽量平稳,不至于偏离既定的行进路线,而且不影响司机的视野与舒适性。目前,车联网所提供的主动安全方面的措施有胎压监测、故障预警、碰撞报警、安全气囊弹出报警等。

国外的保险公司 Progressive Insurance 为获取数据,在其用户的车里面装一个蓝色小盒子,盒子能够采集驾驶人员的行为数据,如加速、减速、踩刹车、变道等,根据这个行为数据可以知道客户的开车习惯,进而确定保险费率。

4.7　本章小结

本章介绍了大数据在不同行业的典型应用。营销分析、客户分析和内部运营管理是企业大数据应用场景最广泛的三个领域。大数据应用在实现智能决策、提高运行效率和风险管理能力等方面具有较明显的效果。

大数据给电子商务带来了巨大的变化,使得一切的活动都变得有记录可追踪,展示商品的网站变成了企业的战场,消费者的选择多样化、个性化趋势明显。大数据分析系统可以采用关联规则、聚类、分类、推荐等算法实现客户、行业及竞争对手分析;进行消息推送,精准营销;风险控制,按需存货;优质产品信息汇总等。

随着大数据时代的到来,企业运营中所有的主体、客体、流程、过程都在被数字化,大数据在商业决策方面发挥着愈来愈大的作用。将传统市场调研领域沉淀下来的方法论与大数据海量、真实、迅速、低成本的优势相结合,可以帮助企业以最高的效率获取关于消费者与市场洞察有价值的信息,如品牌分析、人群分析及媒体分析等,让商业决策更高效、更简单。

金融机构通过大数据分析,可以找准市场定位,明确资源配置方向,推动业务创新发展;通过大数据技术的应用,金融机构可以提供全新的营销手段,更好地了解客户的需求和行为特征,及时准确地把握市场营销效果。同时,大数据技术可以有效降低信息的不对称性,增强金融机构的风险控制能力,推动普惠金融的发展,赋能小微企业的成长。

大数据分析可以应用在物流企业运营的各个环节,如通过交易数据实现精准营销,再通过庞大的物流资源将库存前置进而离顾客更近,实现提前发货,用搬运机器人实现智能仓储物流管理等。

4.8　习题

1. 从大数据分析在小微企业金融服务中的应用来看,假如你是一个小微企业的负责人,你在日常经营活动中应该注意哪些事项才能提升你所在企业的信用等级?

2. 阅读延伸阅读"车联网与大数据",请问大数据在车联网领域有哪些典型的应用?其中路线规划和行车警告需要哪些数据?怎样预测?

3. 阅读下面短文,回答下列问题。

在双十一活动期间,京东平台根据海量的商品历史销售收据,结合气候、促销条件等多重因素,从海量商品中选取出爆品,进而预测爆品在不同城市的销量,将其下沉至离消费者最近的前置仓;根据对用户的大数据分析,能够预测核心城市各片区的主流单品的销量需求,提前在各个物流分站预先发货;或者根据历史销售数据和对市场的预测,帮助商家制订更精准的生产计划,帮助他们在合适的地区进行区域分仓。这其中,大数据在物流中起到的作用是不容小觑的,它给企业带来了更多创新机遇。

(1)你认为京东是如何从海量商品中选取出爆品的?

(2)大数据在物流管理中能起到什么积极作用?能给企业带来哪些创新机遇?

参考文献

[1] 中国信息通信研究院.中国大数据发展调查报告(2017年). http://www.cbdio.com/BigData/2017-03/28/content_5480934.htm. 2017-05-02

[2] 杨珅,郑彤.大数据时代下电子商务企业的发展新方向.时代金融. 2017(3): 183-184

[3] 淘铺购.大数据时代下的电子商务面临的机遇. https://www.taopugou.cn/tm/index.php/10093.html. 2017-12-23

[4] 面包君.数据挖掘系列篇之会员分析. http://www.sohu.com/a/148160499_466874. 2018-06-20

[5] 简书.RFM模型的思考. https://www.jianshu.com/p/d2630789d3f4. 2019-03-21

[6] 百度公司.百度司南. http://sinan.baidu.com/. 2018-09-28

[7] 王馨晨.大数据背景下数据挖掘技术在电子商务营销拓展中的应用:以某网商企业为例.生产力研究. 2017(4):64-67

[8] 百度百科.冒烟指数. https://baike.baidu.com/item/%E5%86%92%E7%83%9F%E6%8C%87%E6%95%B0/23286605? fr=aladdin. 2018-03-23

[9] 韩璐懿.空间大数据在物流中的发展与应用——"大数据与智慧物流"连载之七.物流技术与应用. 2017(10):154-155

[10] 张志统.物流新时代大数据的应用价值——"大数据与智慧物流"连载之九.物流技术与应用. 2017(12):170-172

[11] 李亚曼,崔乐乐.基于精准画像的京东1小时达——"大数据与智慧物流"连载之四.物流技术与应用. 2017(4):148-150

[12] 王天文.大数据技术在京东仓储中的应用与实践——"大数据与智慧物流"连载之五.物流技术与应用. 2017(5):148-149

[13] 赛迪网.大数据公司实践零售O2O:打通线上线下,全触点大会员. http://www.cnii.com.cn/technology/2014-07/31/content_1414594.htm. 2019-03-21

[14] 杨懋,张海军.大数据时代小微旅游企业发展研究.生产力研究,2016(1):124-126

5 大数据在创新创业中的应用

作 者　张　颖

主题词　创新创业;大数据;大数据思维;小企业;创业方向

摘　要　本章介绍大数据如何应用到创新创业中去,阐述了大数据时代的创业机
会、创业特征和创新特征,介绍了大数据带来的四个思维方式的转变及大数据技术
给创新创业带来的机遇,说明了小企业如何利用大数据进行创新创业,同时也指明
了大数据时代创新创业的方向,并对创新创业所面临的挑战进行了阐述。

5.1　创新与创业

5.1.1　创新创业的概念

创新是指以现有的思维模式提出有别于常规或常人思路的见解为导向,运用知识和理论,在科学、艺术、技术和各种实践活动领域中不断提供具有经济价值、社会价值、生态价值的新思想、新理论、新方法和新发明的能力[1]。它包括预见能力、专业能力和实践能力。在大数据时代背景下,通过大数据发掘知识、寻找相关联系、总结规律及预见未来已成为大数据时代创新人才培养的重要特点。

创新的本质是突破,即突破旧的思维定式、旧的常规戒律。创新活动的核心是"新",它或者是产品的结构、性能和外部特征的变革,或者是造型设计、内容的表现形式和手段的创造,或者是内容的丰富和完善[2]。

在现实生活中,有人觉得创新很高端、很神秘,其实创新不只是专家学者能做的,普通人也可以成为创新的主角。在大众创业、万众创新的时代,每个人都能成为创新的主体。创新可大可小,创新不仅仅是指重大的发明创造,小发明、小创造、技术革新等也是创新。只要能突破陈规、解决问题,无论大小、无论何种形式,都可以创新。所以,创新不以年龄论、不以学历论、不以职业论,只要能够破除思想藩篱,改变"创新与己无关"的陈旧意识,掌握一定专业知识或专门技能,积极进取、敢想敢干,就能够发挥主观能动性去创新,就能够成为创新的主角。

而创业是一种思考、推理和行动的方法,在于把握机会,创造性地整合资源,从而创办新的企业或开辟新的事业。将创新的思想或成果用于产业或事业当中,开创新的领域或新的局面,就是创业。创新是创业、竞争力和经济增长的主要驱动力。

从广义上来看，创业指人类的创举活动，或带有开拓、创新并有积极意义的社会活动。广义的创业包括的内容广泛，涉及政治、经济、军事、文化、科学、教育等各个方面；而从狭义来看，创业称为自主创业，是指创办企业，通过利用各种资源包括人力和资本来创造价值，以产品或服务的形式贡献给消费者，同时自身获取利润并取得发展的过程。

5.1.2　大数据时代的创业机会

创业机会主要是指具有较强吸引力的、较为持久的有利于创业的商业机会，创业者据此可以为客户提供有价值的产品或服务，并同时使创业者自身获益。

通过大数据能够挖掘客户需求、预测人们的行为，因此大数据在各个垂直细分行业都有着广泛的应用前景，如交通、电信、金融、旅游、媒体广告、房地产、家居等行业，在政府数字化转型，加快推进数字经济的发展方面也起着促进作用。[2]

（1）交通行业

基于大数据提升交通案件侦破能力，基于图像识别技术快速发现和记录违章车辆信息；或者基于车流量的分析帮助交管部门进行交通管理和交通建设的优化；未来还会出现基于客户使用汽车导航的数据为保险公司提供客户交通事故风险分析的服务。

（2）电信行业

通过大数据分析，专门为电信企业提供客户生命周期管理解决方案、客户关系管理、精细化运营分析和营销，基于大数据提供网络层的运维管理和网络优化。

（3）金融行业

通过大数据分析进行客户信用评级，并为银行、保险公司和 P2P 平台服务，基于大数据挖掘帮助银行进行客户细分、精准营销。

（4）零售行业

大数据公司可以帮助零售企业进行店面选址服务；利用关联规则进行客户购物篮分析，从而给客户推荐相应的促销活动；基于天气的分析和预期来判断畅销产品以及相应的进货和运营策略，或者把天气数据加入物流预测模型，确保在天气模式没有改变之前，商品能够顺利运送到各商店。

（5）旅游行业

携程、如家经济连锁酒店就是由数据发现了人们在旅游、住宿方面的需求而创建的。

（6）房地产行业

通过互联网平台的大数据进行购房潜在客户挖掘；或者通过互联网大数据进行潜在装修客户挖掘；通过大数据提供精准的社区 O2O 服务；商业地产通过大数据对商场消费人群进行分析，掌握顾客活动轨迹、消费习惯等，提供定制服务、精准营销服务。

（7）疾病控制

运用大数据技术为公共卫生部门服务，打通全国的患者电子病历数据库，快速检测传染病，进行全面的疫情监测，并通过基础疾病监测和相应程序，快速进行响应，如通过用户对感冒、咳嗽等关键词的搜索更早发现流感等疾病的传播等。

（8）政府机构

大数据公司可以基于自然语言处理和语义分析，为政府提供舆情监测服务。政府可以通过大数据手段及时了解民生，优化政府相关服务。

大数据本身的发展,使得数据收集、存储、分析的要求随之提高,促进了处理软件、分析平台的开发,大大增加了创业的机会。大数据产业得到政府的大力支持,大数据相关的公司也如雨后春笋般冒出来。

5.1.3 大数据时代的创业特征

在大数据时代,寻找创业计划,最重要的是做好数据的采集与分析,从数据中寻找潜在的价值。

由于大数据种类多、数量大、获取速度快的特点,传统数据统计软件已不能满足其需求。大数据时代的创业主要依托云计算、物联网等服务平台,对数据进行分析,通过云计算获得更好更快的分析结果。

大数据给创业带来了新的方向,创业者由大数据的分布规律等获得不同的创业视野,发散式思维,不再拘泥于过去的创业项目,改变了以往的创业结构及创业模式,更多地借助了"互联网+"的方式,给他们带来了新的机遇与挑战[5]。

(1)开放数据降低了创新创业的门槛

随着政府部门和一些行业组织、企业数据资源的进一步开放,创业者可以获得更准确的市场供需信息,创业机会大大增加,同时开源项目越来越多,降低了创新创业活动的门槛。

(2)大数据为创新创业者指明了发展方向

大数据及相关技术的发展应用进一步细化了市场,将会创造出一些新的细分市场。带来新的资源配置机遇,还实现了互联网与各行各业的有机融合,带来了旺盛的需求,方便创新创业者更好地参与到创新创业活动中来。

(3)创业者不需要是统计学家、工程师或者数据分析师,普通人也可以轻松获取数据,然后凭借分析和洞察力开发可行的产品。此外,将众多数据聚合,或者将公共数据和个人数据源相结合,新数据组合能开辟出产品开发的新机遇。

(4)大数据服务走向订阅式定价模式,创业服务更个性,创业人群更普遍。订阅式定价模式是未来大数据服务的方向。这种模式使创业服务更个性化,从而扩大创业人群。目前,国内已形成平台型企业孵化器、创业咖啡、创业媒体、创业社区等孵化形态,共同构成市场化、专业化、集成化、网络化的"众创空间"。

5.1.4 大数据时代的创新特征

创新是解放生产力,推动生产力发展的源泉。自古以来,人类社会的每一次社会大分工变革都是重大技术和制度创新引领的。同时,创新也在与时俱进。在大数据时代,互联网与大数据相融合,推动着信息革命的发展。

大数据时代下创新最明显的特征是微创新。360安全卫士董事长周鸿祎在2010年中国互联网大会"网络草根创业与就业论坛"上指出一个方向:"用户体验的创新是决定互联网应用能否受欢迎的关键因素,这种创新叫'微创新','微创新'引领互联网新的趋势和浪潮"。微创新也是面向知识社会的下一代创新发展环境下,创新2.0模式在互联网创新创业领域的生动阐释和实践[17]。

互联网微创新包含两方面的含意,一是从小处着眼,贴近用户需求;二是快速出击,不断试错。大数据的应用依托于大数据分析技术和产品的研发,具有微创新的条件和优势[10]:

（1）数据获取的便利性。大数据的来源多种多样，数据无处不在，即取即得，关键在于感知、记录、归集和整理。数据资源比以往任何传统的生产物质资源更加容易获取，数据可以被无限次使用，且没有损耗。

（2）未来产品和服务的竞争将是差异化、专业化的竞争，而且这个趋势会越来越显著。而大数据微创新就是未来适应这种发展趋势的一种创新。大数据产业竞争格局将呈现"两极分化、分层竞争"的态势，资本、平台和数据优势企业将是一个竞争层次，而提供差异化、专业化服务的其他企业将又是另一个竞争层次。在数据资源同质化时代，未来的竞争侧重于需求的满足、场景的实现。

5.2 大数据在创业教育中的融合应用

随着经济和科技水平的高速发展，当今社会对具备创新创业能力的复合型人才需求增加，开展创新创业教育，以创新创业促进大学生教育全面发展，是我国高校亟待解决的问题，同时也是高校发展面临的极大机遇。

5.2.1 大数据时代的思维意识

创新意识是人们对创新与创新的价值性、重要性的一种认识水平、认识程度以及由此形成的对待创新的态度，并以这种态度来规范和调整自己的活动方向的一种稳定的精神态势。创新意识总是代表着一定社会主体奋斗的明确目标和价值指向性，成为一定主体产生稳定、持久创新需要、价值追求和思维定式以及理性自觉的推动力量，成为唤醒、激励和发挥人所蕴含的潜在本质力量的重要精神力量[2]。

创新意识包括创造动机、创造兴趣、创造情感和创造意志。创造动机是创造活动的动力因素，能推动和激励人们发动和维持创造性活动。创造兴趣能促进创造活动的成功，是促使人们积极寻求新奇事物的一种心理倾向。创造情感是引起、推进乃至完成创造的心理因素，只有具有正确的创造情感才能使创造成功。创造意志是在创造中克服困难、冲破阻碍的心理因素，创造意志具有目的性、顽强性和自制性。

创新意识与创造性思维不同，创新意识是引起创造性思维的前提和条件，创造性思维是创新意识的必然结果，二者之间具有密不可分的联系。创新意识是创造人才所必需具备的。

创新创业者要提高创新创业意识。创新创业活动的开展，必须基于创新创业意识这个前提。首先，创新创业者必须积极主动加强对创新创业的认识，了解社会的就业形势，转变传统的就业观，形成并强化对创新创业的认同感，提高创新创业意识。随着大数据的发展，人们获取信息的渠道越来越广泛，有越来越多的人习惯将生活中的各种心情、创意公布在网上，给人们创业想法的萌发带来了一定的契机。因此，创新创业者可以通过浏览博客、微信、微博、百度大数据等途径，加强对市场需求信息的敏感性，加深对社会发展动态的了解，培养自身创新创业兴趣，激发创新创业思维。

随着大数据价值和应用领域的延伸，当前越来越多的工商企业和机构组织开始基于大数据思维重建其获益模式，创业者也比以往任何时候都需要努力去收集、处理和分析数据，需要培养自己的数据洞察力，以求在更丰富而确实的信息基础上做出更有质量的决策。因此,创新创业者要建立起大数据思维意识,重视大数据在商业活动中的作用和价值,学习如何挖掘和提炼数据;同时,也要意识到大数据分析的相关局限性和风险,从而避免陷入"数据陷阱"。

5.2.2 大数据时代的信息技能

信息时代,特别是随着智能手机的更新换代带来了移动互联网井喷式的发展,使当今社会整体的思维方式向着网络化、信息化的方向转变。这些都要求一个合格的创业者拥有必备的获取、加工以及应用网络和信息的能力,以适应目前商业模式变化发展的趋势。但目前创业教育中,关于创业者必备技能的培养,一般仅限于商业项目的发掘、公司的财务运营和创业团队建设等商业技能方面。互联网及信息能力在创业教育中的不足,在一定程度上影响了创业者在当今市场中的竞争实力。因此,创业者要提升自身信息化、移动化的水平和能力,例如:基本的数据图表分析与概率预测、围绕移动互联网的商业模式构建、基于网络大数据的用户需求分析、创业团队的网上招募与在线合作等。这些将扩展创业者的思维与能力[9]。

5.2.3 大数据时代的营销手段

大数据时代的社会化营销重点是理解消费者背后的海量数据,挖掘用户需求,并最终提供个性化的跨平台的营销解决方案。

创业项目的成功,产品与技术的优势具有非常重要的作用,创业者要从自身的兴趣与专业优势出发,创新产品或技术,从而作为自己创业项目的核心竞争力。但随着经济、社会的发展,越来越多的创业案例告诉我们,对于一个成功的创业项目,优秀的商业模式,乃至精彩的营销手段,往往比产品本身的优势起到更大作用。许多传统的商业领域,例如食品与餐饮,在注入了新鲜的互联网思维之后,借助自媒体宣传、O2O营销等手段,绽放出了崭新的活力,成为众多创业者的落脚之处。

基于大数据的用户需求分析,使创业者能够根据自身的产品特点,制定差异化的竞争策略切入市场,提高竞争力。而营销手段则成为扩大市场优势甚至缩小产品差距的重要武器,其重要性与日俱增。

因此,在强调产品与技术优势的同时,创新创业者要对自身商业模式认真思考并发掘紧跟时代发展的营销手段。

5.3 大数据思维

通过大数据分析可以预测事物发展的未来趋势,大数据正在改变着人们生产、生活和思维的方式。随着大数据技术的深入人心,很多大数据的技术专家、战略专家、未来学学者等开始提出、解读并丰富大数据思维概念的内涵和外延。大数据思维的核心是理解数据的价值,把数据作为一项重要的资产。大量的数据能够让传统行业更好地了解客户需求,提供个性化的服务。总体来说,大数据思维包括全样思维、容错思维、相关思维和智能思维[4-8]。

5.3.1　全样思维

抽样又称取样,是从欲研究的全部样品中抽取一部分样品。抽样的基本要求是要保证所抽取的样品相对全部样品具有充分的代表性。抽样的目的是通过对抽取样品的分析、研究来估计和推断全部样品特性。抽样是科学实验、质量检验、社会调查普遍采用的一种经济、有效的工作。

过去,由于数据存储和处理能力有限,抽样在一定历史时期内曾经极大地推动了社会的发展。在数据采集难度大、分析和处理困难的时候,要么无法采集总体数据,要么总体数据量很大无法及时进行分析处理,所以从数据全集中抽取一部分样本数据,对样本数据进行分析来推断总体的特性。

抽样的好处显而易见,坏处也显而易见。抽样保证了在客观条件达不到要求的情况下,可能得出一个相对接近事实的结论,让研究有的放矢。抽样也带来了新的问题,抽样不稳定,从而导致结论与实际可能差异非常明显。

大数据的核心就是海量数据的存储与处理。在大数据时代,随着数据采集技术的发展,人们可以获得更多的数据,甚至是与所解决问题相关的所有数据;同时,Hadoop 等分布式系统、大数据分析算法提供了几乎无限的数据存储与处理能力,因此科学分析完全可以针对全集数据而不是抽样数据,用于发现样本无法揭示的信息,并且可以在短时间内得到分析结果。

大数据与"小数据"的根本区别在于大数据采用全样思维方式,小数据强调抽样。抽样是数据采集、数据存储、数据分析、数据呈现技术达不到实际要求,或成本远超过预期的情况下的权宜之计。随着技术的发展,过去不可能获取全样数据,不可能存储和分析全样数据的情况都将一去不复返,人们的思维方式也需要由样本思维转向全样思维。

5.3.2　容错思维

在小数据时代,我们习惯了抽样。但抽样从理论上讲,结论是不稳定的。一般来说,全样的样本数量比抽样样本数量多很多倍,抽样数据的分析结果应用到全集数据时,抽样的一点小错误或误差都会被放大。为保证抽样得出的结论相对靠谱,人们对抽样的数据精益求精,追求分析方法的精确性,容不得半点差错。

这种对数据质量和数据分析近乎疯狂的追求,是小数据时代的必然要求。这样,一方面极大地增加了数据预处理的代价,各种数据清洗算法和模型被提出,导致系统逻辑特别复杂。另一方面,不同的数据清洗模型可能会造成清洗后数据差异很大,从而进一步加大数据结论的不稳定性。最后,在现实中,世界本身就是不完美的,现实中的数据本身就是存在异常、纰漏、疏忽,甚至错误。将抽样数据做了极致清洗后,很可能导致结论反而不符合客观事实。这也是为什么很多小数据的模型在测试阶段效果非常好,而到了实际环境中效果就非常差的原因。

大数据时代,因为我们采集了全样数据,而不是一部分数据,数据中的异常、纰漏、疏忽、错误都是数据的实际情况,我们可能没有必要进行清洗,其结果是最接近客观事实的。同时,采用的是对全集数据进行分析的方法,分析结果不存在误差被放大的问题。因此,追求高精确性已经不是首要目标,思维方式要从精确思维向容错思维转换,适当忽略微观层面上的精确度,容许一定程度的错误与混杂,反而可以在宏观层面拥有更好的洞察力。

5.3.3　相关思维

在小数据的时代,大家总是相信因果关系,而不认可其他关系。但是因果关系是一个非常不稳定的关系,"有因必有果"的结论也非常武断,在大部分情况下这种关系是错误的,或不合时宜的。以前大家都认为天鹅是白色的,"因为是天鹅,所以是白色的"。但是当人们在澳大利亚发现真有天鹅就是黑色的时候,世人关于天鹅的知识体系崩溃了。我们曾经引为经典,认为千真万确的牛顿力学理论,在高速运行的世界里全颠覆了,许许多多的曾经认为理所当然的因果关系荡然无存。这都说明因果关系是非常脆弱的,非常不稳定的。

在小数据时代,有限的样本数据无法反映事物之间普遍的相关关系。在大数据时代,人们可以通过大数据技术挖掘出事物之间隐蔽的相关关系,获得更多的认知与洞见。通过这些认知和洞见来帮助我们捕捉现在和预测未来,而建立在相关关系分析基础上的预测正是大数据的核心议题。

因此,在大数据时代,我们的思维要从因果思维向相关思维转变,通过探究事物本身而不是事物背后的原因,使事物更加清晰地呈现出来。

5.3.4　智能思维

大数据思维最关键的改变在于从自然思维转向智能思维,使得大数据具有生命力,获得类似"人脑"的智能。自进入到信息社会以来,人类社会的自动化、智能化水平已得到明显提升,但始终面临瓶颈而无法取得突破性进展,机器的思维方式仍属于线性、简单、物理的自然思维,智能水平仍不尽如人意。但是,大数据时代的到来,可以为提升机器智能带来契机,因为大数据将有效推进机器思维方式由自然思维转向智能思维,这才是大数据思维转变的关键所在、核心内容。

同样,在大数据时代,随着物联网、云计算、人工智能、可视化技术等的突破发展,大数据系统也能够自动地搜索所有相关的数据信息,并进而类似"人脑"一样主动、立体、逻辑地分析数据、做出判断、提供洞见,那么,无疑也就具有了类似人类的智能思维能力和预测未来的能力。"智能、智慧"是大数据时代的显著特征,大数据时代的思维方式也要求从自然思维转向智能思维,不断提升机器或系统的智能化水平,从而获得具有洞察力和新价值的东西,甚至类似于人类的"智慧"。

总之,大数据给人们带来了深刻的思维改变。大数据不仅将改变每个人的日常生活和工作方式,还将改变商业组织和社会组织的运作方式。在大数据时代,一个创业者的思维方式应该是这样的:每天早上起来想一下,这么多数据我能用来干什么?这些数据的价值在哪里,能不能利用这些数据做到一件别人以前都没有做过的事情?

5.4　小企业与大数据

大数据时代,数据收集和分析的代价大大降低,使我们对事物的测量和量化成为可能,通过概率对事物予以预测和揭示,并随着技术的提高而越来越精确和细致。

有人认为,大数据不适合小企业,或者说大数据的利用成本太高。但大数据不仅仅是大企业的使用专利,各种规模的企业都可以利用大数据和分析大数据的结论,以获得推动未来的商业机会所需的洞察力。在当今商业时代,要想成长,不管是大企业还是小企业,都必须有战略地使用大数据。大数据对小企业的重要性体现在以下四点。

(1)大数据分析对于小企业非常重要,因为它有助于小企业确定将访问者作为新的销售线索和来源的有效途径,可以让小企业将有关新访问者的信息收集到企业的网站上,并为企业提供关于如何开发更高转换率市场的指导。

(2)大数据分析工具使得小企业可以收集有关其客户服务有效性的信息,对其进行分析并制定策略,以创建可靠和强大的客户关怀服务。

(3)小企业还可以利用大数据分析来检测市场差距,为目标市场提供新产品和服务。大数据分析为小企业提供了综合收集大数据的能力,并将其分解成可以轻松利用的有意义的小分析。

(4)小企业可以使用大数据分析针对特定的目标市场推出服务内容或投放产品。大数据分析工具使得小企业可以分析其营销策略的有效性,并制定策略来开发针对特定市场的量身定制的产品和服务。量身定制的产品和服务可以用来推动小型企业的销售。

虽然小企业不能像大型企业一样构建大数据基础设施,但小企业可以通过各种方式来获取数据,从而为自身的发展壮大提供基础[14]。

(1)购买第三方数据,如从大数据交易中心购买所需的数据。从第三方购买数据不仅节省了大量的成本,而且可以借鉴第三方的数据分析方式,为自己所用。

(2)与上下游企业或者同行联合获取数据,并充分分享自己的数据,促进参与企业的共同发展。国云大数据分析等平台的诞生,其目的就是为了消除大数据的复杂性,使中小型企业在没有大量的时间或重大的资本预算的情况下使用大数据。

(3)小企业可以以加盟、代理等方式与知名品牌挂上关系,依托他们的数据处理团队。

(4)网络上有各种开放的数据集供小企业自由使用,如人口统计数据、气象数据、消费者习惯数据。

另外,虽然小企业没有大量资金投入数据科学家或研究公司,但他们可以使用各种免费的大数据分析工具。因此,小企业可以利用这些工具而不需要任何巨额的财务投资。

对小企业来说,它不一定要追求数据量有多大,但一定要有大数据思维。有了大数据思维,其就可以利用大数据来确定营销方向、策略等。在应用大数据之前,企业应该考虑以下问题:

(1)企业需要什么?需要解决什么问题?

(2)需要什么样的数据才能解决问题?怎样获取这些数据?

(3)怎样分析这些数据?

(4)怎样呈现数据分析的结果?

(5)需要什么样的软件和硬件?

5.5 大数据时代的创新创业

5.5.1 大数据创新的方向

大数据创新可以从基于数据进行创新、基于业务进行创新、基于数据本身创新这三个方面展开[13]。

(1)基于数据进行创新,即直接分析、统计、挖掘、可视化拥有的数据,发现其中的规律,从而对业务进行创新。基于数据进行创新可分为基于数据规模的创新、基于数据关系的创新、基于数据维度的创新、基于数据时间的创新和基于数据可视化的创新等。基于数据规模的创新指对于收集的大量数据,进行分类统计,针对统计结果,与阈值进行比较,从而发现那些需要改进的业务。例如企业统计各种质量缺陷,然后对这些缺陷进行分类,统计各种缺陷的数量,凡是达到一定数量的缺陷,就是需要改进、需要创新的业务。基于数据关系的创新是针对数据进行各种分类,对分类的数据进行差异比较、排序,分析其与总体的关系,分析其关联关系,针对不同的关系,则可以采取不同的业务创新模式。基于数据维度的创新是采用多个维度来确立对象的名称、分类、层次,根据这种分类,进一步确定对应属性及其阈值,然后根据阈值确立对应的管理模式。由于很多业务存在周期性,但这种周期性规律很多时候是隐藏的,没有掌握相应的规律,就会造成损失,所以要通过数据分析找出这种周期性规律,进行基于数据时间的创新。数据是枯燥的,难以直接发现其规律和隐藏关系,而通过大数据可视化,选择适当的报表形式,则可以根据数据的位置、大小、颜色等直观掌握概况,发现细节,实现洞察。

(2)基于业务进行创新。不同的主体,其业务模式不同,但都存在着多种要素,这些要素最终形成业务,因此基于业务进行创新可以从价值链、业务关联接口处理、业务要素来进行。业务具有系统性,业务的创新首先要从系统的角度考虑,而系统通常以流程、作业的方式构成,需要将其转化为价值链,通过价值链的统计、分析,从而实现优化创新。业务之间存在着大量的数据之间的关联,大数据可以突破企业的边界,可以是产业链的,可以是行业的,也可以是地区、国家、世界的。因此针对业务关联流程,进行数据分析,可以发现很多可以创新的内容。业务要素指相对较小的颗粒度,如商业模式中的客户价值主张,企业中的一个单元作业,对于这样的要素,可以针对创新的目标寻求数据支持。

(3)基于数据本身创新。数据处理也是业务的一部分,可以对获得的大数据进行改进、优化、创新,如从数据处理流程中的采集、存储、分析、可视化等进行创新,也可以从数据、信息、知识、智能角度进行创新。大数据收集之后,分析数据往往会发现数据存在质量问题,这时要根据已有的数据,进行数据的术语定义,制定数据的标准化,从而提升数据处理能力,这属于针对数据定义的创新。大数据中包含了大量的非结构化数据,为了更好地处理数据,实现数据的应用,也可以针对数据中间处理、接口进行创新,对数据进行归一化、统计化、模型化处理。

5.5.2 大数据创业的方向

现有的大数据工具有着技术门槛高、上手成本高、和实际业务结合较差以及部署成本高、小公司用不起等特点。新创企业就可以根据以往这些产品的缺陷，来做更适合市场和客户的大数据分析工具和服务。另外，将大数据工具完整化和产品化也是一个方向。新一代的大数据处理工具应该是有着漂亮界面、功能按键和数据可视化等模块的完整产品，而不是一堆代码。因此，大数据创业面向企业方向，更多的是做工具和服务，如数据可视化、商务智能、客户关系管理等。而在面向个人方向，大数据一个很大的作用就是为决策做依据，以前做决定是"拍脑袋"决定，现在做决定是根据数据结果。个人理财（我的钱花哪去了，哪些可以省下来）、家庭决策（孩子报考哪所大学）、职业发展/自我量化（该不该跳槽，现在薪水到底合适不合适）以及个人健康都可以用到大数据[12]。

如在利用大数据驱动内容生产传播方面，海量信息技术有限公司策划了一次众筹昆曲演出。在该活动中，他们摒弃了传统的手段，基于对大数据的洞察分析，建立了由数据驱动的内容策划、制作和传播新模式。从活动策划期的需求调研、观众画像和创新体验，到宣发期的传播渠道和传播策略，再到演出后期的满意度调研和推广效果评估，都运用到了大数据分析平台。在制定内容生产的策略时，该公司意识到创新的主体是人，要用心体会观众想看什么等问题，通过运用大数据分析和多媒体、多层次的传播策略，使这场活动成为了一次"互联网＋传统戏曲"的成功实践，并创造了"昆曲＋互联网＋大数据"的成功模式。

从传统互联网的人机互联、人人互联，到工业互联网的物物互联，人、机、物三种端各自互联，才带来大数据的产生，利用云进行大数据的存储和计算，实现数据的融合和服务，数据从哪里来，到哪里去，数据如何关联，如何找到市场需求实现价值是关键。

企业在利用大数据进行创业时，需要紧跟时代潮流，密切结合国家发展战略。如 2015年 7 月 1 日，国务院印发了《关于积极推进"互联网＋"行动的指导意见》，明确提出：加快发展基于互联网的医疗、健康、养老等新兴服务，推广在线医疗新模式的要求，推进国家大数据战略，建立人群健康数据库，构建全域性健康服务的模式与产业链。

据世界卫生组织统计，抑郁症已成为世界第四大疾患，到 2020 年可能成为仅次于心脏病的第二大疾病。近 20 年来，中国抑郁症的发病率上升了 8～10 倍，占人口总数比例达4%～8%。有相关调查显示，中国每年有 20 万人因抑郁症而自杀，抑郁症患者总数达 9000万人。与中国抑郁症高发病率、高复发率、高自杀率的特征相反，中国公众对抑郁症信息的知晓率、就诊率和治疗率都很低。有专家统计，十几年前，中国抑郁症患者就诊率还不足10%，而目前的就诊率仍只有约 10%。一些研究单位和企业利用大数据在抑郁症的"识别"和"治疗"方面进行了探索，如利用大数据识别抑郁倾向人群、分析抑郁症药物疗效等。

哈尔滨工业大学"社会网络与数据挖掘"联合实验室与国内社交媒体数据挖掘公司共同展开了一项研究：如何利用社交媒体数据挖掘识别抑郁倾向人群？

他们首先挑选新浪微博用户中被确认为患有抑郁症的患者作为样本，通过计算机强大的计算分析能力，分析样本数据，从这些数据获取规律后，构建预测模型，有了预测模型，计算机就可以扫描新浪微博上的过亿用户。数据分析算法包括自然语言处理、时间序列、机器学习等。

比如在抑郁症患者中，失眠人群比例非常高。因此，失眠会成为语言处理的关键词，机器还会对关键词出现的频率和时间段打分。计算机最终统计的数据比研究人员想象中的更为丰富。存在抑郁倾向的微博用户与普通用户发微博时间有明显差异,这部分人群发微博高峰在23点,其夜间活跃度比普通用户平均高出30%。该群体微博关键词为死、抑郁症、生命、痛苦、自杀。这一群体中60%为女性,40%为男性,女性比例比男性比例略高。

抑郁症倾向人群还有群落聚集趋势,他们会同时关注同类人群。实验室从识别的抑郁症倾向的用户中赋予人工判定,最后确定了约200名抑郁症患者。研究者发现,有多人在微博中称准备自杀,其研究结果经医学机构确认,准确度可达83%。相关研究人员表示,这项研究结果可以作为抑郁症临床诊断之外的新型诊断方法。

研究人员将数据提供给北京、上海的一些精神病医院,得到了不少专家的认可。一些主治医生认为,利用大数据来识别抑郁症患者,有一定的参考价值,一定程度上反映了用户的情绪,可以作为对这个群体初筛的一种方式,但是就此给这些微博用户贴上"抑郁症"的标签还是不行的,因为每个人都会有情感宣泄的时候,如何甄别这些人还是要经过医生的面谈,或者做一些专业测试,比如让这些人填写调查问卷,通过大数据分析算法和模型,可以作为抑郁症患者的初步筛选,再配合专业医生的诊断,家人和朋友的共同努力,可以帮助很多人摆脱抑郁的阴影。

在美国,13%的成年人接受抗抑郁药物治疗,但是根据2015年11月3日发表在《美国医学会杂志》上的一项研究,数以百万计的人使用着有效时间低于一半的强效药。这就导致患者需要尝试几种不同的药物,通常六到九个月的时间才能找到适合自己的那种药。

美国医疗创业公司Iodine通过大数据分析来自匿名病人的报告来获得对药物疗效的意见。Iodine运用数据挖掘来帮助消费者选择适合自己的抑郁症治疗药物,同时利用患者的用药报告来跟踪药物对于抑郁症的治疗效果,在此过程中产生的患者用药效果跟踪数据对保险公司及药企都有价值。Iodine选择了抑郁症这个分布广泛的疾病作为切入点,同时通过软件让用户的体验更好。

用户可以通过Iodine更加容易地获取到适合自己的抑郁症药物,并在App或者网站上输入自己的用药记录及其他的指标来记录自己的康复情况。

Iodine开发的"Start"App能跟踪抑郁症患者用药进展,确定新的药物是否有帮助,或者是否他们和他们的医生应该尝试另一种药。"Start"使用PHQ-9量表,这是一个官方常用的抑郁症自测诊断标准量表。它包含九个问题,比如在过去的两周,某人出现低落、抑郁或绝望情绪的频率如何,选择题的答案范围从"从不"到"几乎每天"。"Start"的特殊贡献是能让病人通过每两周一次的PHQ-9测试,以及回答标志性的问题如体重是否增加等,随着时间的推移来跟踪他们的健康状况。"Start"使用可视化的图表,如曲线图和柱状图来说明病人的状况变化。

"Start"标志着该公司开始以来自病人对某种药品的使用报告的药物信息作为网站特色的一个转变,而现在已经总计有超过10万份的报告。当Iodine的网站在2014年推出时,美国时代杂志称它为药品界的"Yelp"。

抑郁症的问题越来越受到大众的关注,大数据在抑郁症方面的应用也受到了许多研究者的关注。除了以上的案例,在国内目前还有公益机构联合高德地图发布全国抑郁症治疗中心的大数据地图投入使用中。

创新创业者要将大数据应用投入到实际生活和生产活动中,帮助人们解决各种各样的问题,从而实现大数据的真正价值。

5.5.3 创新创业面临的问题与挑战

基于大数据的创新创业也面临着一些问题与挑战,主要有四个方面[12]:

(1)行业间的数据流动性不足,数据获取存在壁垒,企业可以拿到并加以利用的数据仍比较少且信息孤岛现象严重,甚至在很多公司或组织内部,工程、生产、财务、市场等不同部门的数据仍然是孤立的。目前不少创业公司都是基于互联网上公开的数据在进行应用开发,导致数据的来源不足。

(2)随着数据量的急速增长,其安全问题也日益显露出来,受网络攻击的几率大大增加,导致信息管理的成本显著增加。

(3)大数据产业的竞争,其核心是人才的竞争。国内大数据人才非常紧缺,包括数据科学家和数据分析师等,这些人才需要高校和企业一起合作来进行培养。

(4)大数据也存在局限性,不是万能的。大数据分析更偏向分析潮流和趋势,对一些特例无法起到作用。

基于大数据的创新创业才刚刚开始。在数字经济发展迅猛的今天,随着数据扮演生产要素的角色,云计算发挥公共计算基础设施的作用,数据的开放、共享与流动成为可能,数据的融合激发新的生产力。与以往任何一个时代相比,大数据时代的创业创新将拥有更多的机会、更大的空间。虽然现阶段我国数据相关的法规政策尚不完善,基于数据的创业创新实践尚在探索阶段,业务和服务模式还不成熟,不确定性正意味着更多机会,因此我国不断涌现出企业进行基于大数据的新模式的尝试和探索。

但企业不能跟着概念创业,必须从真实需求出发,从企业和用户对数据的需求出发做大数据产品,找准自己的定位。

5.6　延伸阅读

5.6.1　延伸阅读:"互联网＋工业"的魔幻工厂

智能化和互联网颠覆了人们的衣食住行后,将进一步颠覆更多的传统产业。传统的工业制造如何与互联网结合起来,让生产过程更智能?青岛红领集团董事长张代理成为其中的代表[16]。

在张代理的主导下,红领用 11 年时间、投资 2.6 亿元研发出一套由信息化、大数据构建的个性化定制系统。如今红领是全球第一家完全实现西装 100％工业化定制的公司,订单销遍全球。

一般企业在生产线上只能生产同样的产品,红领车间可以在流水线上生产出完全不同的产品,张代理表示:"这不是人能做到的,只有魔幻的概念:红领魔幻工厂以数据驱动,智能智造,用工业化的手段和效率做个性化定制产品,这是它最大的特点。"

一件定制西装,从接单、排料、裁剪到最后的成衣被细分成 N 道工序,每一件衣片上都挂着自己的"专属身份证"。每道工序面前都有一个识别终端,用以识别射频电子标签。工人只要将"身份证"轻轻一扫,这件衣服的信息及需要做的工作在终端显示屏上一目了然。

目前,红领被工信部列为 46 个智能制造试点之一。张代理不无自豪地说道:"数据驱动背后的逻辑是智能智造,现在红领模式就是完全的数据驱动。"

5.6.2　延伸阅读:传统行业如何拥抱大数据变革

大数据会怎样改变一个传统行业的运营模式呢? 在 2016 英特尔中国行业峰会上,英特尔公司销售市场部副总裁兼行业解决方案集团全球总经理香农·波林分享了一个传统农业如何与大数据结合的故事[18]。

他以美国一家非常大的农机公司为例。这家生产拖拉机等农业机械设备的传统行业公司也要拥抱新趋势:他们要把依赖手工和人工劳动力投入的行业转变成依靠技术发展的行业。

他们在拖拉机的维护上做了一些新的技术尝试,比如安装芯片收集 GPS 信息,除了采集拖拉机本身的数据,还通过拖拉机在农田中的耕作收集农田的情况,比如土壤的湿度、温度、构成等。然后根据收集到的土壤信息,他们告诉农民,应该做什么样的农业生产。

现在这家农机公司不仅卖给农民农业机械,卖得更多的是更高端的服务,而这种服务是基于收集的数据。

"这就是创新和变革的力量。"波林说。

实际上,传统行业的竞争格局都在发生变化。行业内生性变革和跨界竞争交织在一起,不断冲击着传统行业的固有业务模式和竞争格局。

在零售业,从云到端的技术和应用为消费者打造了完美的购物体验,打通零售全渠道营销,助用户更加精准、快速地响应市场变化,捕获无限商机;在医疗行业,创新技术正在帮助用户提升运营效率、完善就医体验,让高质量、个性化、便捷的医疗服务触手可及;而在传统金融业,银行正在从古老的限定位置、时间的线下网点服务,转向即时可用、随时随地的个性化金融服务,这使得用户可以更加灵活地应对不断涌现的金融业务创新和技术挑战。

在过去 10 到 15 年,全世界都经历着计算带来商业模式的变革。以云计算、大数据和万物智能互联等为代表的新兴技术正在为全球范围内的商业和企业带来变革。以美国的 UPS 公司为例,每天运输的包裹数量达到 2000 万个,这些邮包如何准确送到用户手中? UPS 用人工智能进行他们的业务。他们打造了一个系统,使用非常先进的远程信息系统 GPS 路由以及卡车司机过去的驾驶数据分析,综合在一起,这个系统能够帮助司机实现最优的路线规划。实际上,一天少开一英里可能不算什么,关键这个数据以年来计算,每年就是 8500 万英里,换而言之,意味着相应量的汽油的节约。

波林认为,很多企业在创新中被颠覆,在未来几年,40%的企业将会以某种方式受冲击:他们可能被收购,也可能因为商业模式不再奏效,完全没有业务。但必须承认的一个事实是:未来的世界是属于新型创新的公司。

5.7　本章小结

本章介绍大数据如何应用到创新创业中去,阐述了大数据时代的创业机会、创业特征和创新特征,介绍了大数据带来的四个思维方式的转变及大数据技术给创新创业带来的机遇,说明了小企业如何利用大数据进行创新创业,同时也指明了大数据时代创新创业的方向,并对创新创业所面临的挑战进行了阐述。

大数据在各个垂直细分行业都有着广泛的应用前景,给创新创业带来了新的方向,给创新创业者带来了新的机遇与挑战。

在大数据时代进行创新创业,要重视思维意识的改变、信息技能的提升、营销手段的更新。

大数据思维包括全样思维、容错思维、相关思维和智能思维。创新创业者要从样本思维转向全样思维,从精确思维转向容错思维,从因果思维转向相关思维,从自然思维转向智能思维。

在当今商业时代,要想成长,不管是大企业还是小企业,都必须有战略地使用大数据。小企业可以通过各种方式来获取数据,从而为自身的发展壮大提供基础。对小企业来说,它不一定要追求数据量有多大,但一定要有大数据思维。

最后,本章阐述了大数据时代创新创业的方向,大数据创新可以从基于数据规模进行创新、基于业务进行创新、数据本身创新这三个方面展开;创新创业者要密切结合国家发展战略选择创业方向;同时,在大数据时代,创新创业也面临着数据资源不足、人才缺乏等困难和挑战。

5.8　习题

1. 大数据与重大的思维转变有关,下面哪些思维转变是与大数据相关的?(　　　)

A. 要分析与某事物相关的所有数据,而不是依靠分析少量的数据样本。

B. 我们乐于接受数据的纷繁复杂,而不再追求精确性。

B. 在数字化时代,数据处理变得更加容易、更加快速,人们能够在瞬间处理成千上万的数据。

D. 我们的思想发生了转变,不再探求难以捉摸的因果关系,转而关注事物的相关关系。

2. 据统计,2015 年我国 60 岁及以上的人口达到 2.22 亿,占总人口的 16.15%。预计到 2020 年,老年人口将达到 2.48 亿,老龄化水平达到 17.17%,其中 80 岁以上老年人口将达到 3067 万人;2025 年,60 岁及以上的人口达到 3 亿,成为超老年型国家[2]。

针对我国人口老龄化现象,分析老年医疗、保健护理、社区养老等老龄产业与大数据相结合所出现的创业机会。

　　3. 企业在应用大数据之前应该考虑哪些问题?

　　4. 结合你所学专业或感兴趣的行业,说明在此专业或行业有哪些方面可以结合大数据的应用进行创新。

参考文献

[1] 孙敬全,孙柳燕. 创新意识. 上海:上海科学技术出版社,2010

[2] 陈承欢,杨利军,高峰. 创新创业指导与训练. 北京:中国工信出版集团,电子工业出版社,2017

[3] Bernard Marr. 大数据专家——小企业也能用好大数据. 宫鑫,刘姝汶,刘婷婷译. 北京:中国工信出版集团,人民邮电出版社,2017

[4] 马小东. 大数据分析及应用实践. 北京:高等教育出版社,2016

[5] 王喜富. 大数据与智慧物流. 北京:清华大学出版社,北京交通大学出版社,2016

[6] 林子雨. 大数据技术原理与应用(第 2 版). 北京:中国中信出版集团,人民邮电出版社,2017

[7] 董超. 一本书搞懂企业大数据. 北京:化学工业出版社,2017

[8] 龚才春. 权威解读:什么是大数据思维. http:// www. sohu. com/a/229687421_100047426. 2019-03-21

[9] 魏梓轩,董隽永. 大数据在高校创业教育中的价值与应用. 北华航天工业学院学报. 2017,27(2):50-53

[10] 王宁江,大数据微创新. 浙江经济,2016(1):42

[11] 杨昆. 大数据时代:如何把握创业方向与机遇. https:// www. qianzhan. com/ana-lyst/detail/220/150921-d4a47216. html. 2018-08-15

[12] 阿里研究院. 大数据时代创新创业的三个方向和四大挑战. 杭州科技,2016(5):56-57

[13] 李正海. 如何利用大数据进行创新. 科技中国,2016(5):27-31

[14] 赵大伟. 互联网思维孤独九剑. 北京:机械工业出版社,2015

[15] iodine. https:// www. iodine. com/. 2019-01-31

[16] 阿里研究院. 2017 年度 20 大创新创业案例. http:// www. aliresearch. com/blog/article/detail/id/21457. html. 2018-07-02

[17] 百度百科. 微创新. https:// baike. baidu. com/item/％E5％BE％AE％E5％88％9B％E6％96％B0/9982874? fr＝aladdin. 2019-04-23

[18] 原春琳. 传统行业如何拥抱大数据变革. 中国青年报,2016-12-06(11)

索　引